HIT

LES JUIFS D'EXTRÊME GAUCHE
EN MAI 68

Yaïr Auron

LES JUIFS
D'EXTRÊME GAUCHE
EN MAI 68

Une génération révolutionnaire
marquée par la Shoah

Traduit de l'hébreu
par Katherine Werchowski

Albin Michel

PRÉAMBULE

> « Car vous avez vécu l'holocauste, vous aussi. Vous êtes né après ? On peut pénétrer dans l'enceinte incendiaire vingt-cinq ans plus tard, cinquante ans plus tard. [...] On peut mourir à Auschwitz après Auschwitz. [...] Avec Auschwitz dans leur passé, vos camarades — juifs et non juifs — s'opposent à ceux qui le leur ont légué. Aux parents, aux penseurs, aux enseignants, aux profiteurs, aux suiveurs, aux meneurs sans idéal, aux prêcheurs sans âme, aux institutions rivées à l'inertie, bref, à cette génération d'adultes, déshonorée et démystifiée, qui vous a mis au monde. »
>
> Elie Wiesel, « A un jeune juif d'aujourd'hui »,
> *Entre deux soleils.*

Ce livre est le résultat d'une réflexion personnelle mûrie de longue date. Par elle, certains aspects, apparemment clairs de mon identité, se sont révélés plus complexes. Israélien, né en Israël, de la même génération que les juifs d'extrême gauche de Mai 68, sujets de cet ouvrage, j'ai grandi et j'ai été élevé dans l'idéologie sioniste qui revendique essentiellement la supériorité, pour ne pas dire la suprématie, de l'Israélien sur le « juif de la Diaspora ».

La guerre des Six Jours a suscité en moi, comme chez d'autres jeunes Israéliens, des questions sur le sens de notre existence en Israël, de notre relation avec l'autre, l'Arabe, le non-juif, de notre lien à la Diaspora, et bien évidemment de notre rapport à la Shoah. Les nombreux débats organisés après la guerre par ceux qui y avaient participé, sur les questions d'identité et de morale, ne préoccupant malheureusement que très peu la jeune génération, ont renforcé mes doutes et mes interrogations.

Deux ou trois années plus tard, alors que ces jeunes gens qui font l'objet de notre étude pensaient trouver des réponses à leurs interrogations identitaires et morales au sein des mouvements de gauche, j'ai rencontré, au kibboutz Révadim* où je vivais, un groupe de jeunes Français, pour la plupart militants de mouvements de jeunesse socialiste juifs. Arrivés en Israël pleins d'enthousiasme, ils nourrissaient des rêves et des espoirs qui se sont révélés par la suite illusoires. Quelques années après, ils quittaient presque tous le kibboutz et Israël. Ils étaient d'abord, comme je l'ai compris plus tard, des « juifs radicaux » et non des « radicaux juifs » (selon la distinction que nous établirons au cours de notre essai). Pourtant, il n'y avait pas de réponse simple et sans ambiguïté à la question de leur identité individuelle et nationale. Ainsi, un grand nombre de ceux qui avaient tenté leur chance en Israël, malgré les difficultés inhérentes à l'abandon de leur patrie d'origine, a fait marche arrière. La question que je me posais alors, et à laquelle je vais essayer ici de répondre, est celle des liens extrêmement complexes, souvent contradictoires, entre juif et universel, « révolution sioniste » et « révolution universelle ».

Cela fait presque quinze ans que j'ai commencé à travailler sur la question de l'identité des radicaux juifs. Depuis, j'essaie d'appréhender, par différents moyens, les tensions inhérentes au particularisme de l'identité juive et à l'universalisme de l'identité humaine. En 1986, j'ai dirigé la publication d'un ouvrage sur ce thème : *Entre Paris et Jérusa-*

---

* Dans le sud du pays. (*Toutes les notes en bas de page sont de la traductrice.*)

lem : morceaux choisis de la pensée juive contemporaine en France, qui avait pour objectif de faire découvrir au lecteur israélien la jeune génération juive française d'après la Shoah, à travers ses pensées, ses interrogations morales et idéologiques, ses recherches et ses œuvres. Cette anthologie rassemblait huit articles d'intellectuels juifs : Alain Finkielkraut, Marek Halter, Bernard Chouraki, André Glucksmann, Bernard-Henri Lévy, Daniel Sibony, Shmuel Trigano et Benny Lévy. On ne peut que regretter qu'il y ait si peu de traduction en hébreu des ouvrages d'intellectuels français. Pour la grande majorité de ces huit personnages, ce livre était une première.

En 1993, j'ai écrit *Identité juive-israélienne*, un livre consacré à l'analyse des sous-identités dominantes dans la société juive-israélienne : laïque, traditionnelle, religieuse, nationaliste et ultra-orthodoxe, ainsi qu'aux fortes tensions qui les tiraillent. Cette recherche a abouti au constat qu'il n'y avait que peu de points communs entre ces sous-identités, si ce n'est le lien à la Shoah, sujet à polémiques ces derniers temps. Les principaux points de tension se focalisaient sur deux pôles : 1. L'écheveau des relations complexes entre religion et nationalisme juif moderne. 2. Les liens entre judéité et identité israélienne. Ces fortes crispations représentent une menace pour le caractère démocratique, tolérant et pluraliste de l'Etat d'Israël.

J'en suis arrivé à la conclusion qu'il fallait reconnaître la pluralité des formes d'existence juive en Israël et en Diaspora, et que cette reconnaissance, comme l'acceptation de cette réalité, n'était pas seulement un impératif moral, mais aussi une nécessité politique qui revêtait pour Israël une importance vitale. Cependant, cette réalité complexe est également susceptible d'engendrer de riches créations intellectuelles, à la condition toutefois qu'il y ait confrontation entre les divers courants, les approches, les traditions, les opinions et les différents modes d'existence, reconnaissant toute légitimité aux autres groupes et restant ouverts et réceptifs aux composantes non juives de la société israélienne.

En 1995, j'ai publié un autre ouvrage : *La banalité de l'indifférence : le lien du Yishouv et du mouvement sioniste face au génocide arménien*. C'était la première étude mettant en lumière des pans entiers de l'histoire du Yishouv[1], du mouvement sioniste et de l'Etat d'Israël totalement occultés par l'historiographie israélienne. Cette recherche avait entre autres finalités la compréhension de ce qui avait motivé cette lacune et l'indifférence envers la souffrance arménienne, dans la réalité et dans la mémoire individuelle et collective israélienne. Je fus amené à ce sujet dans le cadre de mes recherches sur le judaïsme contemporain, et je fus bouleversé et révolté par l'attitude cynique et de déni des gouvernements israéliens successifs ainsi que des personnalités de l'élite politique et universitaire face au génocide arménien. Il m'est alors apparu nécessaire d'éclaircir les manifestations de cette attitude déplorable et de comprendre comment un tel phénomène avait pu se produire dans un pays où la Shoah constituait une des caractéristiques essentielles de son identité.

Il est important de souligner la singularité de la Shoah comparée à d'autres génocides. Toutefois, pendant que se constitue la conscience historique de la société israélienne, il convient de faire en sorte qu'elle n'occulte pas les génocides des autres peuples. Cette lacune, ce « déni » de la conscience historique nous permettra d'appréhender « notre » Shoah dans de plus larges et de plus justes perspectives que ne le permettraient l'expérience juive en particulier et l'expérience humaine en général.

Afin d'analyser les caractéristiques particularistes (juives) et universalistes de l'identité individuelle et collective des radicaux juifs en France, j'ai procédé à plus de soixante-dix interviews. De nombreuses fois pendant ces entretiens et au cours de mon travail de recherche et d'écriture, je me suis demandé pourquoi mon histoire personnelle semblait apparemment si éloignée de la leur. Dans des circonstances différentes, un événement sans aucune incidence sur un individu quelconque peut être capable de bouleverser totalement l'existence d'un autre. Ainsi, les parents de certains radicaux juifs qui vivaient en Palestine dans l'entre-deux-guerres ont-ils décidé d'en partir à l'époque. Leurs enfants, au lieu de naître à Paris puis de rallier la lutte révolutionnaire, auraient pu naître en Israël et devenir — qui sait ? — mes amis, mes camarades de classe, rejoindre les mêmes mouvements de jeunesse, le même régiment, ou tout simplement partager avec moi une même communauté d'idées et d'esprit. Seulement le sort en a voulu autrement... Certains d'entre eux m'ont fait part sincèrement de leurs doutes : « Que serions-nous devenus si nous étions nés en Israël ? »

Que je sois seul ou devant mes étudiants, les paroles de Gershom Scholem auquel je me réfère souvent m'accompagnent toujours. Evoquant le destin de sa famille, il s'interroge sur les voies différentes que lui-même et ses trois frères ont pu emprunter. Deux se sont assimilés. L'un est devenu nationaliste-allemand, l'autre a voulu poursuivre son propre chemin sans aucune attache idéologique. Le troisième avait épousé la Révolution. Après avoir été communiste, puis trotskiste, il mourut à Buchenwald, victime des nazis. Quant au quatrième, Gershom Scholem, il a choisi le sionisme : « Pourquoi l'un fut-il séduit par la social-démocratie allemande et l'autre s'intéressa-t-il au problème juif ? Je n'ai pas de réponse à cela. Ce sont des choix personnels dont nul ne connaît le secret. » On entre ici dans le domaine étroit et sensible dans lequel l'homme façonne et influence d'une certaine façon son destin. Pourquoi, par exemple, Daniel Cohn-Bendit, leader de gauche en France et en Allemagne, n'est-il pas devenu membre d'un kibboutz ou d'un mouvement de jeunesse sioniste comme certains membres éloignés de sa famille ? C'est une des questions complexes, au cœur même de l'histoire juive contemporaine, à laquelle nous doutons que la recherche scientifique puisse apporter une quelconque réponse.

Le travail de recherche qui constitue la base de cet ouvrage n'aurait pu être mené à terme sans le soutien et l'étroite collaboration de radicaux juifs et d'anciens juifs radicaux. J'ai essuyé toutefois deux ou trois refus pour n'avoir pas exhibé de « passeport » idéologique ou politique de sympathisant. Dans ces cas isolés, le fait que je sois israélien fut à l'origine de leur refus de se laisser interviewer, même pour des raisons scientifiques. Les autres, ceux qui avaient abandonné le gauchisme et ceux qui s'en réclamaient encore, étaient disposés, lors de nos entretiens, à me faire partager, avec une étonnante sincérité, leur histoire personnelle, souvent passionnante, complexe, semée d'embûches, de traumatismes et de souffrances, comme pouvait l'être celle des familles juives européennes pendant et après la Seconde Guerre mondiale.

J'ai compris plus tard qu'ils espéraient trouver chez moi ce que j'attendais d'eux. Nous cherchions la même chose : appréhender certains aspects de notre identité en tant qu'êtres humains et en tant que juifs. Par le passé, de jeunes Israéliens avaient déjà désiré rompre avec l'héritage juif de la Diaspora. Les radicaux juifs eux aussi cherchaient à s'émanciper d'une certaine singularité juive en trouvant une réponse à leur judéité dans l'universalité.

La conscience qu'ont certains Israéliens du danger qui guette la société israélienne si elle persévère dans une certaine forme d'ostracisme et les changements de mentalité observés parmi les jeunes juifs occidentaux après les désillusions des solutions universalistes ont créé des conditions favorables au dialogue. Il me semble que je suis comme eux, et qu'au-delà des finalités et des nécessités du travail de recherche, et malgré les immenses divergences qui subsistent, nous aspirons à une forme différente de relations, privilégiant davantage de réciprocité, d'ouverture et de dialogue.

La population israélienne, et particulièrement la nouvelle génération, est coupée dans une large mesure des juifs de la Diaspora qu'elle a le sentiment de ne pas connaître. Cette coupure est surtout visible à l'égard des juifs français. Ces dernières années, une effervescence particulière est sensible chez les juifs français. Le fort intérêt qu'ils portent au judaïsme et leur lien avec Israël en sont les causes essentielles. L'histoire des radicaux juifs est sans aucun doute à l'origine de cet éveil, mais elle n'est pas suffisamment connue en Israël, ni même au sein de l'élite universitaire. Le barrage de la langue empêche les Israéliens de mieux connaître cette communauté, contrairement à celle des pays anglophones. Nous sommes enclins à appréhender le judaïsme français selon des critères empruntés au monde spirituel et culturel du judaïsme anglo-saxon, ce qui fait perdre beaucoup de sa spécificité.

La société israélienne est en proie à un combat aux enjeux cruciaux contre certaines tendances ethnocentriques, fondamentalistes et coercitives. J'aimerais que cet essai contribue, pas seulement de manière limitée et confidentielle propre à toute publication, mais bien au-delà à promouvoir le développement de la pensée démocratique, pluraliste et tolérante. Même celui qui n'adhère pas aux positions des radicaux juifs exprimées ici doit se demander s'il est prêt et capable de passer au scalpel les aspects indéniablement éthiques et humains des actes et des opinions de ces radicaux. Peut-être pourrons-nous ainsi éviter d'être confrontés doublement à la question : « Aurions-nous pu nous comporter différemment en Israël, être moins insensibles et prévenir ainsi la souffrance ? »

La France de cette fin de siècle est engagée dans un difficile processus, douloureux et frustrant, mais en même temps courageux et positif, à travers l'examen de son passé durant la Seconde Guerre mondiale et peut-être aussi pendant la guerre d'Algérie. Il y a quelques temps l'épiscopat français faisait publiquement acte de repentance (dans l'ancien camp d'internement de Drancy) sur sa part de responsabilité dans la persécution des juifs pendant la Shoah. Elle a été suivie par celle du Syndicat national des policiers en tenue (au Mémorial du martyr juif à Paris), puis par celle du conseil national de l'ordre des médecins. A Bordeaux, s'est ouvert en octobre 1997 le procès de Maurice Papon, ancien préfet de police et ancien ministre, accusé de complicité de crimes contre l'humanité pour avoir participé à la déportation des juifs de Bordeaux vers les camps d'extermination. Jusqu'au milieu des années 90, les dirigeants français voyaient dans le régime de Vichy une parenthèse dans l'histoire de la République française. Les mythes candides de la France officielle de l'après-guerre sont aujourd'hui en train de s'effondrer. L'idée est de plus en plus répandue que le régime de Vichy ne fut pas le fait d'une escouade de traîtres collaborateurs, mais la large et navrante corruption des différents appareils du pouvoir, dont l'Etat lui-même, la police et la justice. D'où l'émergence de brûlantes interrogations éthiques quant à la place de la morale dans le service de l'Etat et les limites de l'obéissance de ses agents. Les arguments selon lesquels la France d'après-guerre n'avait été en rien responsable des « dérives » illégales du régime de Vichy, et qui soutiennent que « les policiers et les fonctionnaires français ignoraient le sort des juifs déportés », s'effondrent désormais.

Le Premier ministre Lionel Jospin a fait preuve d'humanisme et de détermination lors de sa courageuse allocution du 20 juillet 1997 à l'occasion du cinquante-cinquième anniversaire de la rafle du Vel' d'Hiv'. « Nous ne voulons pas oublier, déclara-t-il, non seulement parce que nous le devons à ceux qui ont tant souffert, mais aussi pour éclairer notre conscience et pour que le sentiment de l'imprescriptible dignité de la personne humaine guide à l'avenir nos actes. » C'est la véritable contribution, à mon sens, de la recherche historique. Elle ne peut se cantonner au passé et doit se rattacher au présent et influer sur l'avenir.

Je crois — et peut-être en cela les lecteurs me suivront-ils — que les radicaux, juifs et non juifs, ont contribué de manière essentielle à l'examen de conscience auquel on procède actuellement en France, même si cela intervient avec un retard de plusieurs dizaines d'années. Leur lutte obstinée et leur perspective morale (parfois naïve et quelque peu simpliste) auxquelles la société française se doit d'être reconnaissante, sont aujourd'hui reprises par la majorité de la société politique française conquise.

Je voudrais remercier mon père Anton pour avoir par son talent, son abnégation, son ouverture d'esprit participé à la rédaction de cet ouvrage, ainsi que Avi Autman. Je remercie également Jeannine (Levana) Frenk pour sa collaboration et ses remarques pertinentes sur le manuscrit d'origine.

La version israélienne de ce livre est le résultat d'une recherche entreprise dans le cadre d'un projet dont le sujet porte sur la conscience de l'identité nationale. Ce projet est organisé par The Institute for Research in the History of Zionism in Memory of Chaim Weizman, à l'université de Tel-Aviv, en association avec The Ben Gourion Research Center, à l'université Ben-Gourion du Néguev.

PREMIÈRE PARTIE

LES RADICAUX

CHAPITRE PREMIER

« Radicaux juifs » et « juifs radicaux » dans les années 60 et 70

> « L'événement marquant de ma conscience politique est ma participation à une manifestation lorsque j'avais environ dix-huit ans. Après avoir été arrêtée par la police, je me suis dit : Les policiers sont comme les Allemands, ils font la même chose. J'avais soudain pris conscience que rien n'était terminé, et que tout continuait insidieusement. »
>
> LS, militante maoïste.

A la fin de son essai *Juifs et Révolution* publié au milieu des années 70, l'historien et intellectuel israélien Yaakov Talmon écrivait : « On pouvait croire il y a peu de temps encore que l'affaire "juifs et révolution" était définitivement close. Mais, il semblerait maintenant que de nouvelles pages d'histoire s'écrivent sur les bancs des universités en ébullition d'Europe et d'Amérique et pendant les rassemblements agités de manifestants déchaînés[1]. » Talmon s'interroge sur ce qui peut pousser ces jeunes à se révolter et même à prendre la tête des insurgés : « Ce n'est un sentiment ni d'oppression, ni d'humiliation, car ils sont tous pour la plupart issus de familles aisées, et le monde leur est grand ouvert. » Il prend toutefois en compte certaines raisons qui pourraient justifier leur choix révolutionnaire. La « moindre » culpabilité que ressentent les juifs par rap-

19

port à leurs camarades non juifs « du fait de l'intensité de leur sensibilité, d'un refus de résignation et d'un esprit de lutte obstiné » provient, au moins en partie, « d'un manque d'enracinement stable et de l'absence d'ancrage dans l'existence juive ». D'après Talmon, le manque d'enracinement et d'attache dans l'existence juive s'exprime par la haine de soi. Selon lui, les jeunes radicaux juifs se vengent, à leur manière, de leurs parents qui leur avaient inculqué des valeurs révolutionnaires pour les abandonner par la suite.

Le mouvement contestataire

Dans les années 60 et 70, s'est élevée en Europe et aux Etats-Unis une violente vague contestataire dénonçant l'ordre social établi. Le mouvement contestataire et la « révolte étudiante » qui ont balayé les pays occidentaux et d'autres dans la foulée (Europe de l'Est, Amérique latine, etc.) ont sans aucun doute marqué un tournant dans l'histoire de la société occidentale et industrielle de la seconde moitié du XXᵉ siècle. Ces phénomènes ont vu l'émergence de mouvements dénommés *New Left* (Nouvelle Gauche) dans les pays anglo-saxons, et désignés sous le terme de gauchisme ou extrême gauche en France et dans d'autres pays européens.

A la fin des années 60 et au début des années 70, le mouvement contestataire et les membres de la Nouvelle Gauche ont eu une énorme influence sur les modes d'existence et les normes établies, incontestablement sur les plans culturel, idéologique et politique, bien que n'ayant touché qu'une minorité de jeunes gens, parmi lesquels très peu d'étudiants. L'importance du mouvement contestataire, de la révolte étudiante et des organisations d'extrême gauche ne peut être évaluée à la seule aune des réponses idéologiques, et à plus forte raison politiques, apportées. Leur influence doit être appréciée au regard des interrogations et des réflexions suscitées quant à la place de l'homme dans la société moderne, son aliénation, son exploitation, le sens de la liberté, les relations entre individus et entre les deux sexes. Ils ont réussi, sans modifier l'ordre social existant, à influer sur les modes de vie et à entraîner des changements dans les normes culturelles et comportementales. Mais l'importance idéologique et politique du mouvement contestataire s'est peu à peu affaiblie, jusqu'à presque disparaître dans de nombreux pays.

La portée et la signification de la « révolte étudiante » en France dépassent celles des autres pays occidentaux. Dans les derniers jours de mai 1968, le régime de de Gaulle si stable, si sûr et si autoritaire comparé à ceux des autres pays européens, fut près de s'effondrer. On eut souvent le sentiment que le slogan qui battait le pavé parisien « de la révolte à la révolution » allait devenir réalité [2].

Les manifestations de l'extrême gauche des mois de mai-juin 1968 et de la gauche traditionnelle s'étendirent à la France entière, et réunirent des dizaines de milliers, parfois même des centaines de milliers de personnes. Entre le 6 et le 13 mai 1968, puis entre le 25 mai et le 16 juin, des manifestations furent organisées tous les jours. Neuf comptèrent plus de cent mille participants, et celle du 13 mai à Paris frôla le million de personnes. Même lors de la manifestation pour de Gaulle du 30 mai, six cent à huit cent mille personnes furent dénombrées. Pendant la dernière semaine du mois de mai, la grève générale décrétée par les organisations de gauche, le Parti communiste, et les grandes organisations syndicales, mobilisa huit à neuf millions de participants [3].

Dans un sondage réalisé à la fin des années 80, la majorité des Français considérait que les événements de Mai 68 constituaient l'un des faits les plus marquants de l'histoire de France après la Seconde Guerre mondiale [4]. Chaque année au mois de mai, et particulièrement pour les dixième, quinzième et vingtième anniversaires, les médias ont toujours couvert abondamment le rappel des événements. De nombreux ouvrages sur le sujet ont connu une large diffusion, comme en 1988 les deux épais volumes du désormais best-seller *Génération*. Personne n'ignore plus à quelle génération il est fait référence.

Il faut chercher les raisons de la vague contestataire et de l'effervescence révolutionnaire de la jeunesse (au début, surtout des étudiants et des lycéens) dans l'évolution de la société occidentale après la Seconde Guerre mondiale. Une abondante littérature y est consacrée sur laquelle il n'est pas dans notre intention de nous étendre ici.

Mais il n'a été prêté que peu d'attention à la forte représentation juive au sein des mouvements contestataires. Des articles polémiques ont cependant été écrits, stigmatisant les radicaux juifs dans leur lien hostile à Israël et leur haine de soi. Toutefois, aucune recherche sérieuse n'a jamais été consacrée aux aspects juifs de l'identité de ces radicaux ni à l'analyse du lien entre juif et radicalisme [5]. Pour des raisons méthodologiques, il n'est pas facile de démontrer que le nombre de juifs ayant participé à la révolte étudiante et aux mouvements d'extrême gauche est sensiblement supérieur à celui des non-juifs. Il est en revanche aisé de montrer que les juifs ont été dans une large mesure à la tête des jeunes insurgés.

Une illustration de la proportion flagrante de juifs dans les mouvements contestataires se retrouve dans une publication de mai 1982 à l'occasion du quatorzième anniversaire de Mai 68. Dans le supplément du *Matin Magazine*, émanation du quotidien *Le Matin*, l'un des organes les plus proches du Parti socialiste, fut publiée la liste des personnalités marquantes de Mai 68. Parmi les cent cinquante-trois noms, nous avons pu répertorier cinquante-cinq noms juifs, et il est fort probable que nous ne les ayons pas tous identifiés [6]. Sur les « quatre grands » de Mai 68, Daniel Cohn-Bendit, Alain Krivine, Alain Geismar, Jacques Sauvageot, les trois premiers sont juifs [7]. Dans les « repères biographiques » indexés à la fin de *Génération I*, sur les vingt-neuf personnalités recensées, nous avons identifié au moins seize juifs.

A ce stade déjà, il convient de dire que si la grande majorité des jeunes juifs de la Diaspora avait entrepris des études supérieures — selon diverses évaluations plus de 80 % — cela ne suffit pas à expliquer ce phénomène.

La population juive constitue entre 1 et 2 % de l'ensemble de la population française, et au sein de la population étudiante, les juifs n'étaient qu'une infime minorité, bien que fortement représentés au sein des instances dirigeantes des groupes contestataires étudiants.

Daniel Cohn-Bendit, symbole s'il en est de la révolte étudiante, fait référence dans son livre *Le grand bazar,* avec le cynisme qui le caractérise, à la forte représentation juive au sein de la direction des mouvements révolutionnaires : « Cette majorité d'intellectuels juifs pose d'énormes problèmes, sauf en Allemagne, où il n'y en a plus [...] En France, les directions nationales des groupes d'extrême gauche pourraient parler yiddish, même si elles n'étaient pas d'accord entre elles[8]. »

La célèbre boutade sur l'organisation trotskiste, la Ligue communiste révolutionnaire[9], l'une des plus importantes organisations pendant les événements de Mai 68, est suffisamment significative : « Pourquoi ne parle-t-on pas yiddish au bureau politique de la Ligue communiste révolutionnaire ? A cause de Bensaïd ! » Daniel Bensaïd est juif d'Afrique du Nord, né en France. Sur les douze membres du bureau politique de la Ligue à ses débuts, s'ajoutaient à Bensaïd dix autres juifs originaires d'Europe de l'Est et un seul membre non juif.

Il en était de même au sein de la direction des autres organisations trotskistes où les juifs représentaient une majorité non négligeable, si ce n'est la grande majorité des militants. Nous verrons que dans les autres organisations de gauche le nombre de juifs était relativement plus faible, bien qu'éloquent au sein des instances dirigeantes du Mouvement du 22 mars à Nanterre. Le mouvement maoïste, la Gauche Prolétarienne, avait à sa tête deux juifs, Alain Geismar et Pierre Victor (Benny Lévy). Celui-ci devint par la suite le secrétaire particulier de Sartre ; il est aujourd'hui rabbin et vit à Jérusalem. A la tête de la nouvelle direction de l'organisation étudiante du Parti communiste français dans les années 70 se comptaient également de nombreux juifs, après la désertion de l'ancienne génération de militants qui avaient fondé les organisations d'extrême gauche. L'appartenance des juifs au mouvement contestataire et leur présence notoire parmi les dirigeants entraîneront des réactions de l'extrême droite et de certains pays arabes, pour lesquels le phénomène dans son ensemble revêtait un caractère juif. D'autres dénoncèrent encore la spécificité juive des mouvements de la Nouvelle Gauche[10].

Les militants juifs de gauche étaient sans aucun doute minoritaires par rapport à l'ensemble de la population juive étudiante. Mais ils représentaient un pourcentage plus important que celui des militants de gauche dans l'ensemble de la population étudiante française[11]. Cela étant, il convient de souligner que, comme d'autres élites réformatrices, ces étudiants représentaient une « minorité active » ou « représentative » et non « hors norme ». Ils formaient un groupe beaucoup plus large d'étudiants qui sans être membres actifs du mouvement le soutenaient et l'encourageaient, au moins de manière passive. Une grande partie — vraisemblablement la majorité — des étudiants soutenait ces mouvements sur le plan idéologique, constituant un réservoir humain en puissance, particulièrement utile en temps de crise[12]. Cela a pu se vérifier lors des manifestations de mai-juin 1968, et dans une moindre mesure dans les années 1972-1973.

« *Radicaux juifs* » ou « *juifs radicaux* »

Les jeunes juifs militants, qui souvent étaient à la tête de la révolte étudiante, n'agissaient pas en tant que juifs, ni ne mettaient en avant des objectifs spécifiquement juifs. Leur combat était celui de radicaux français, embrassant la cause universelle et cosmopolite. Pendant toutes ces années, la question juive ne les préoccupait pas, et les nombreux juifs qui avaient rejoint les rangs des mouvements de gauche faisaient fi de leur appartenance. C'étaient des

« radicaux juifs » et non des « juifs radicaux »[13]. Les radicaux juifs faisaient abstraction de leur judéité et ne s'en réclamaient pas, prenant ainsi bien soin de dissocier leur radicalisme de leur appartenance juive. Les juifs radicaux, en revanche, mêlent radicalisme et judéité. La différenciation entre ces deux formes de radicalisme n'est pas toujours évidente ni sans équivoque, toutefois, nous serons amené à l'utiliser, faute d'autre définition satisfaisante.

Yosef Gorny insiste lui aussi sur la distinction entre « juifs radicaux » (qu'il utilise en alternance avec « radicalisme juif ») et « radicaux juifs ». Dans le chapitre sur le « radicalisme révolutionnaire » de son ouvrage *La quête de l'identité nationale*, il décrit largement le phénomène des juifs radicaux en Amérique du Nord[14].

Dans notre étude, cette distinction s'applique concrètement à ceux qui peuvent être définis comme « juifs radicaux », c'est-à-dire ayant appartenu à des structures juives ou sionistes radicales, comme l'OJR ou le Lazer en France (voir plus loin). Les « radicaux juifs », comme nous l'avons vu, militaient dans des structures générales de gauche. Cela dit, ils ne formaient pas pour autant un groupe homogène. Ces radicaux juifs, bien que n'ayant pas eu souvent conscience du sens et de la portée de leur judéité, ne s'en cachaient pas ni ne la niaient. Ainsi, Alain Geismar, aujourd'hui mathématicien émérite, qui après avoir été l'un des principaux acteurs de la Nouvelle Gauche, partit — comme il le dit lui-même — en quête de sa judéité, affirmait près de dix ans après les événements : « On m'aurait dit en mai : "Tu fais ça parce que tu es juif", j'aurais réellement pensé que les gens étaient cinglés[15]. »

Au contraire, nombreux sont ceux qui ont fait le lien entre leur engagement politique et leur judéité à la fin des années 60 et au début des années 70. Pierre Goldman, l'un des personnages emblématiques de l'extrême gauche (sur lequel nous reviendrons largement), avait choisi comme épigraphe à son livre *Souvenirs obscurs d'un juif polonais né en France* une phrase de Léopold Trepper, leader de l'Orchestre rouge, réseau d'espionnage soviétique pendant la guerre : « Je suis devenu communiste parce que je suis juif. »

Daniel Cohn-Bendit au début du *Grand bazar* écrit : « L'extrême gauche, comme la gauche, a toujours répugné à se poser le problème de l'identité individuelle. Pour définir quelqu'un, on se réfère toujours à son appartenance de classe. Mais notre identité est le fruit de multiples expériences, parmi lesquelles le cadre de vie de notre enfance joue un rôle important. La famille est une cellule qui est à l'image des injustices sociales. Mais même dans ce cadre-là, bien d'autres influences structurent notre identité. Cette société m'impose un rôle viril — je suis un garçon, plus tard un homme — juif allemand, rouquin, plus ou moins beau. Je ne peux pas y échapper car toutes ces données interviennent en permanence dans mes rapports aux autres. Pour déterminer ma place dans la vie, je dois apprendre à déchiffrer mon identité. Les dimensions multiples de ma personnalité témoignent aussi de l'expression de l'incohérence de la société moderne [16]. »

Au cours des interviews que j'ai menées au début des années 80, presque tous les radicaux juifs (ceux qui à l'époque étaient encore militants d'extrême gauche) et les juifs ex-radicaux ont fait le lien entre leur appartenance juive et leur combat, selon l'impact qu'avait eu sur eux la Shoah. Les interviews conduites en 1972 avec des radicaux juifs, à l'époque où le gauchisme n'était pas encore en perte de vitesse, confortent déjà l'idée selon laquelle un grand nombre reconnaissait le lien entre judéité et lutte révolutionnaire [17].

Ainsi témoignait une activiste maoïste, née en 1931 : « La conscience politique que j'ai acquise dès l'âge de dix-neuf ans s'explique à mon avis parce que je suis juive, que j'avais quatorze ans à la fin de la guerre, et que je savais qu'il y avait eu des nazis et des fascistes qui avaient combattu les juifs [18]. » Il n'est pas impossible que chez un nombre non négligeable de militants la conscience claire et manifeste de la Shoah se soit développée ultérieurement, par étapes, à un âge de plus grande maturité, après l'explosion révolutionnaire de Mai 68.

Les radicaux juifs se définissaient eux-mêmes majoritairement comme juifs, ou parfois, lorsqu'ils n'accordaient qu'une importance relative à leur identité, comme « d'origine juive ». La désignation « juif » est plus significative et plus contraignante que celle « d'origine juive » qui n'est pas à proprement parler une dénégation, mais n'est pas non plus une reconnaissance d'appartenance de facto. Quoi qu'il en soit, leur appartenance juive était pour eux un fait indéniable. Beaucoup se considéraient comme « juifs existentialistes » ou « juifs malgré eux », en écho à la définition de Sartre et à son analyse de la condition juive. Selon lui, le juif est celui que les autres perçoivent comme juif, et non un homme doté nécessairement de caractéristiques juives spécifiques. « Le juif est un homme que les autres tiennent pour juif », écrit Sartre en 1946 [19]. Il s'excusa plus tard d'avoir tenu ces propos. Mais que, pour les radicaux juifs, le souvenir de la Shoah fût devenu une donnée fondamentale de leur identité, confirma par une ironie douloureuse et cynique de l'histoire le postulat de Sartre selon lequel parfois, ce n'est pas le juif qui détermine la spécificité de l'identité juive, mais le non-juif. Ainsi s'affichait l'un des dirigeants de la révolte étudiante : « Je me suis toujours considéré comme juif, "juif" et non "d'origine juive", mais pas en tant que juif ayant des particularités juives. Un juif pour moi n'est pas lié à quelque chose de concret, si ce n'est à la Shoah [20]. »

Les radicaux toutefois n'utilisaient pas le terme « israélite », plus obscur et plus confus que celui de « juif ». Son usage se rattache à l'idée, répandue dans le judaïsme français après l'Emancipation et au début du XIXe siècle, que le judaïsme en tant que religion est l'expression unificatrice légitime des juifs qui permet de les distinguer des autres citoyens français. Dans cette optique, les juifs de la nation française sont des « Français qui ont épousé la loi mosaïque ». Le terme « israélite » est resté en vogue au sein des institutions juives et de la société française aux XIXe et XXe siècles.

La perception identitaire véhiculée à travers le terme « israélite » et l'idéologie cachée derrière le « Français de religion mosaïque » se sont perpétuées au sein des institutions communautaires, même après la Shoah. Mais ces usages ne correspondaient ni n'évoquaient rien pour les nombreux jeunes pour qui la religion n'était pas une composante importante de leur identité individuelle. Certains suggèrent, au contraire, que le fait pour beaucoup d'avoir revendiqué leur judéité, justement parce qu'ils étaient radicaux, expliquerait que le terme « juif » ait pris le pas sur celui d'« israélite » à partir des années 60[21]. De ce point de vue, les radicaux juifs — les « juifs non juifs » — ont joué un rôle important dans le changement de la perception identitaire de la communauté juive française, à travers le glissement sémantique d'israélite à juif.

Cette même militante maoïste à laquelle il est fait référence plus haut raconte : « J'ai connu, dans mon enfance, beaucoup d'antisémitisme, avant la guerre, pendant bien sûr, et encore après. J'ai beaucoup souffert des manifestations d'antisémitisme après la guerre, jusqu'à ce que je prenne pleinement conscience de ma judéité. C'était au début des années 60. Depuis, je n'ai plus de problème d'identité, et je peux y faire face. Des circonstances m'ont amenée autrefois à cacher ma judéité. Une fois, pendant six mois, dans une école en montagne. Puis, pendant un an et demi alors que j'étais à Cuba, au milieu des années 50. Mon mari voulait alors s'en cacher, mais ce n'est pas une explication suffisante. Je ne lui aurais pas cédé si j'avais vraiment voulu en faire état. La vérité est que probablement, après toute la souffrance que j'avais subie à cause de mon appartenance juive, j'entretenais avec elle une relation négative, et lorsque j'ai quitté la France, j'ai préféré l'occulter dans un pays où personne ne me connaissait. Mais cela m'est vite devenu insupportable. Je me suis mise à réagir, dès que j'entendais des propos antisémites, même ambigus, ou qui ne m'étaient pas spécialement destinés, je

répliquais aussitôt : "Sachez-le tout de suite, je suis juive !"
Cela s'est produit de nombreuses fois. Je me souviens précisément de nombreux incidents avec mes élèves [elle est professeur de yoga], même avec les plus âgés, qui pouvaient avoir entre quarante et cinquante ans. J'entendais parfois des propos comme : "Oui... elle est israélite..." dans des conversations qui ne me concernaient pas. Je réagissais alors : "Qu'est-ce que vous avez contre les israélites ? D'abord on ne dit pas israélite mais juive." Je ne pouvais supporter d'entendre le mot "israélite". Maintenant, je choisis des élèves qui me conviennent aussi sur ce plan. »

Pendant une période plus ou moins brève, à un moment de leur existence, une partie des radicaux juifs de la même génération, et souvent même leurs parents, ont pu tenter de passer sous silence leur judéité. Ces périodes de dénégation appartiennent à leur passé, en général consécutives au traumatisme de la Seconde Guerre mondiale. Mais dès l'instant où ils ont embrassé le radicalisme, rares sont ceux, si jamais il y en eut, qui ont continué de cacher leur identité. Toutefois, si les radicaux juifs ne niaient ni ne dissimulaient leur judéité, ils ne l'affichaient pas pour autant ostensiblement. Aucun lien ni aucune complicité ne s'est créé entre eux à cause de leur appartenance juive. La préférence était donnée, comme dans beaucoup de mouvements militants, à l'intérêt général plutôt qu'à l'intérêt particulier. Cela avait pour conséquence de ne pas prendre en considération les problèmes privés, « marginaux » pour ainsi dire, selon la terminologie militante pour laquelle « tout est politique ».

Tout ce qui jusqu'ici a été énoncé n'est pas en contradiction avec la nécessité de l'expression individuelle, et il est intéressant de souligner la tendance anarchiste et l'accent mis sur la libération individuelle lors de l'explosion de Mai 68. L'expression de la protestation individuelle était patente dans les slogans, tracts, manifestes, caricatures et graffitis. Parmi les nombreux slogans, expressions des désirs individuels, nous n'en relèverons que quelques-uns comme : « Soyons réalistes, demandons l'impossible », « Le rêve est réalité », « L'imagination au pouvoir », « Tout, tout de suite », « L'anarchie c'est moi », « Je t'aime. Oh ! Dites-le avec des pavés ! », « Ni Dieu ni maître », ou encore : « Il est interdit d'interdire »[22]. Mais ce courant anarchiste spontané et libérateur, qui eut une très grande influence sur l'éveil et l'explosion de Mai 68 et sur le mode d'expression de la contestation, perdit par la suite de son ampleur.

Les courants trotskistes et maoïstes, qui représentaient alors les principaux mouvements d'extrême gauche après 68, eurent un impact politique et militant important. Certains de ces mouvements, empreints d'un fort dogmatisme, virent le jour au milieu des années 60. Ils n'étaient pas prêts pour les mêmes raisons politiques, idéologiques et organisationnelles à ouvrir le débat sur l'identité individuelle. Ce n'est qu'au début des années 70, après la poussée féministe, que les choses changèrent avec l'organisation de débats. On commença alors à accorder une certaine importance à l'individu, au particulier, à la différence et aux minorités.

Marc Kravetz, l'un des ténors de l'extrême gauche dans la seconde moitié des années 60, aujourd'hui journaliste témoigne : « La référence aux racines [de l'origine ethnique] est apparue dans les années 70. Avant on ne parlait pas de soi. Personne n'aurait eu l'idée de le faire, et si quelqu'un l'avait fait, il n'aurait eu aucun écho. C'était à l'opposé de la vision que nous avions du monde. C'est seulement plus tard que certains ont commencé à s'intéresser aux racines, aux origines, aux sources et à partir en quête de l'individualité. »

Marc Kravetz, dont les parents, rescapés de la Shoah, étaient résistants, revient sur ses relations avec Pierre Goldman, l'un de ses meilleurs amis, aux mêmes antécédents familiaux : « Nous passions des nuits entières à refaire le monde. Et s'il y a un sujet que nous n'avons jamais évoqué, c'est bien celui-là [la Shoah et ses répercussions]. Voyez-vous, il arrive souvent que les choses les plus importantes ne soient jamais dites. Nous étions plus proches l'un de l'autre que de nos camarades de la même génération et de la même sensibilité politique. Peut-être justement à cause de ce non-dit, d'une sorte de "complicité" que recouvrait ce silence. Jamais nous n'en avons parlé. C'est curieux... Si aujourd'hui cette conversation devait avoir lieu, cela serait tout à fait différent[23]. »

Il s'avère par ces différents témoignages que les radicaux juifs ne cachaient pas leurs origines, sans les afficher pour autant. Ainsi il arrivait parfois que leurs camarades juifs ignorent leur identité. L'exemple suivant illustre la complexité et la « bizarrerie » de cette situation. A.R. est aujourd'hui sociologue à la faculté de Nanterre. Selon ses dires, elle n'a jamais caché ni nié ses origines juives. En 1968, elle faisait ses études de sociologie à Nanterre aux côtés de Daniel Cohn-Bendit. Si étrange que cela puisse paraître, elle ignorait, ou plus exactement, n'était pas consciente qu'il était juif. Elle apprit qu'il n'était pas français un jour où il lui dit ne pas avoir le droit de vote. Ce n'est qu'alors qu'elle comprit qu'il était juif. Mais comment pouvait-il en être autrement avec un nom pareil ! A posteriori elle ne comprend toujours pas comment elle n'avait pu s'en rendre compte plus tôt[24]. Cela étonne d'autant plus lorsque l'on connaît le penchant naturel des juifs, propre à toutes minorités, à rechercher et à identifier leurs semblables. Ces juifs se sentent « plus à l'aise » s'ils savent être en compagnie d'autres juifs, même s'il n'existe aucun lien particulier entre eux.

Un autre témoignage, celui d'une ancienne militante, longtemps active au sein de la Ligue, jette sur ce phénomène un éclairage supplémentaire[25].

« Je ne me suis jamais demandé à l'époque, du moins pas consciemment, qui à la Ligue était juif ou pas. C'était alors le cadet de mes soucis. Que l'on fût juif, noir ou jaune ne m'intéressait pas. Ce qui m'intéressait c'était ce que pensaient les uns et les autres. La Shoah a toujours été importante pour moi, mais j'étais communiste dans une organisation révolutionnaire. Je ne recherchais pas le juif dans la Ligue.

— Vous saviez que l'antisémitisme existait et qu'il y avait

eu la Shoah. Comment pensiez-vous résoudre le problème ?

— Par la révolution socialiste.

— Et à présent ?

— La même chose. A la Ligue je ne voyais aucune différence entre les individus, quelles que soient leur couleur et leur origine. Il semblait également évident à mes yeux que l'organisation était à l'image du futur. Il était clair pour moi que pour tous ceux qui se trouvaient là, juifs ou pas, la Shoah était (du moins me semblait-il) une chose terrible. Il fallait faire en sorte de changer la société afin que cela ne se reproduise plus, et éliminer tout ce qui pourrait conduire à un nouveau génocide. Je me sentais tout à fait à l'aise avec les gens qui se trouvaient là. J'avais le sentiment d'être à ma place sans une once de racisme ou d'antisémitisme. Je n'avais jamais rencontré d'organisation si totalement et si profondément antiraciste. En revanche, il m'est arrivé d'être témoin de manifestations d'antisémitisme dans d'autres organisations de gauche (au Parti communiste, au Parti socialiste, et dans des organisations syndicales). »

Est-ce parce qu'elle comptait de nombreux juifs que la Ligue apparaissait à ses yeux comme une organisation non raciste, y compris à ceux qui s'en affranchirent et à ceux de ses plus virulents détracteurs ? Ou est-ce parce qu'elle était antiraciste qu'elle fut rejointe par tant de juifs ? Les deux éléments sont semble-t-il liés, même s'il est impossible d'établir un lien évident de cause à effet.

Juifs et radicalisme

Le pourcentage relativement élevé de radicaux juifs dans les années 60 et 70 de ce siècle est lié au phénomène connu de l'histoire juive depuis l'Emancipation, à savoir le pouvoir d'attraction du radicalisme et l'attrait pour la lutte révolutionnaire. Ce phénomène s'observe également en France, surtout au début du siècle et entre les deux conflits mondiaux. Mais il convient d'expliquer ce qui différencie la lutte révolutionnaire par le passé du militantisme radical des années 60 et 70. Cela nous permettra de répondre à la question qui nous préoccupe : pourquoi tant de jeunes juifs dans ces années-là, dans une proportion bien supérieure à celle de jeunes non juifs, ont-ils été amenés à soutenir les mouvements radicaux de l'extrême gauche ?

Quiconque attendrait une réponse tranchée et consensuelle serait déçu. Il existe un vaste champ d'hypothèses et d'explications, liées pour certaines aux différents aspects de la culture juive. Certains soulignent les spécificités individuelles, d'autres les processus historiques, d'autres encore mettent en relief les caractéristiques sociologiques et psychologiques des juifs, en tant que minorité. Bien qu'il n'y ait dans aucune des hypothèses avancées d'explications totalement satisfaisantes, il est intéressant de relever les plus notables, dont les influences sont indéniables, parce qu'elles représentent des outils conceptuels au cœur des débats actuels.

La confluence entre la tradition humaniste juive et la spécificité intellectuelle française aboutirait « presque inéluctablement », selon certains, au radicalisme des étudiants juifs. La tradition juive a toujours privilégié les études supérieures. Ainsi, plus de quatre-vingts pour cent de ces jeunes juifs ont eu accès à l'université. Là ils ont été confrontés à la tradition française de l'intellectuel engagé, agitateur et contestataire. La rencontre de ces deux traditions a, selon toute vraisemblance, entraîné de nombreux juifs dans le sillage de la contestation de gauche.

Une autre hypothèse met en avant une explication culturelle : il y aurait dans le comportement des dirigeants des mouvements contestataires des éléments messianiques, propres à la culture juive. Des variations de cette même hypothèse insistent sur les points communs entre les notions de justice et d'égalité de la religion et de la philosophie juives et celles de la philosophie et de l'histoire politique françaises.

Selon l'« hypothèse de l'opprimé » (*Underdog Hypothesis*),

ce n'est ni la tradition ni la culture qui ont poussé les jeunes juifs vers les mouvements contestataires, mais plutôt un sentiment d'inégalité. Les juifs ont été dans une très large mesure, durant de longues périodes, une minorité opprimée, voire persécutée. Ce sentiment d'inégalité en a conduit beaucoup à s'identifier à d'autres laissés-pour-compte, ouvriers, paysans, groupes ethniques opprimés et minorités diverses. L'ironie de l'histoire veut que le mouvement contestataire éclatât précisément au moment où les juifs jouissaient d'une égalité politique, à la faveur d'un essor économique et d'une tolérance sociale sans précédent.

Les analyses historiques mettent en lumière le lien continu entre juifs et mouvements de gauche. La Révolution française a posé les premiers jalons historiques. Par la suite, les juifs ont joui de l'Emancipation et de l'égalité des droits. A partir du XIXᵉ siècle, on observe de la part des juifs un soutien aux partis de gauche, pour leur être « favorables ». Les jeunes juifs dans les années 60 ont été attirés par l'extrême gauche, tout comme leurs parents, leurs grands-parents avaient été séduits avant eux par les partis de gauche « traditionnels », socialiste et communiste. Selon cette analyse, chaque génération apparaît plus à gauche encore que la précédente. Elle se trouve renforcée par l'« hypothèse des langes rouges » (*Red Diaper Hypothesis*). Celle-ci soutient que les radicaux juifs des années 60 penchaient davantage pour les partis de gauche que les jeunes non-juifs, leurs parents ayant appartenu autrefois à des organisations de gauche juives ou non juives.

Mais, d'un autre côté, il convient de rappeler qu'appartenir à l'extrême gauche signifiait aussi une lutte sans merci contre la gauche institutionnelle « orthodoxe » incarnée par les Partis communiste et socialiste, auxquels avaient appartenu leurs parents. Ce point de vue vient souligner que la contestation visait autant la génération des parents que l'establishment politique de gauche.

D'autres théories avancent des arguments psychologiques complexes, mettant au compte de la haine de soi l'attrait pour le radicalisme. Selon cette hypothèse, les individus opprimés ou issus des classes inférieures adoptent à leur égard, de manière consciente ou non, des images négatives. Certains cherchent également à s'extraire de la situation ou du statut de minorité dans lequel ils se trouvent enfermés. Le juif émancipé ou en partie affranchi déteste être identifié comme juif, et n'est ainsi pas disposé à s'identifier aux autres juifs. En devenant gauchiste, il devient « seulement » redevable envers la classe ouvrière internationale et les peuples opprimés par l'impérialisme capitaliste. Comme nous le verrons plus tard, une partie des radicaux juifs manifeste une certaine hostilité envers Israël et certaines institutions juives (peut-être peut-on y voir une manifestation de la haine de soi), comme envers quiconque aurait pu collaborer avec l'Allemagne pendant la Seconde Guerre mondiale. Il ne faut toutefois pas voir dans la haine de soi une composante majeure de leur engagement.

Presque toutes ces hypothèses, rapidement évoquées, tentent d'expliquer le radicalisme juif sans accorder d'importance à l'époque (les années 60) ou au lieu (la France). Ce parti pris ne résiste pas à l'examen de la réalité. Depuis la fin du XIXe siècle jusqu'aux années 60, la condition des juifs a subi de profondes modifications sur les plans de l'emploi, du statut socio-économique et politique. Il convient aussi de prendre en considération la baisse de l'antisémitisme en tant que force politique et caractéristique sociale importante dans les pays démocratiques occidentaux après la Seconde Guerre mondiale et la Shoah où des sommets de cruauté et de violence ont été atteints. La société juive a également connu un processus rapide de sécularisation, lié d'une part à l'accélération de l'assimilation et d'autre part au renforcement de son intégration dans la société non juive.

Nous essaierons de prouver que les événements principaux de l'histoire juive moderne, la Shoah, la création de l'Etat d'Israël, et la guerre des Six Jours, ont entraîné des changements fondamentaux dans la question essentielle, complexe, problématique, et parfois véritablement contradictoire, de l'identité individuelle et juive des radicaux juifs. Au fil de notre essai, nous chercherons à montrer l'influence importante, parfois déterminante de la Shoah et ses conséquences sur les motivations, conscientes ou non, qui les ont projetés dans les mouvements contestataires.

Une grande partie de cet ouvrage est consacrée à la description et à l'analyse de la signification, des répercussions et du rôle complexe du lien au fascisme et à la Shoah pour les juifs nés dans les années 30 et 40 (les « enfants de la guerre ») et pour ceux nés dans les années 50 (les « enfants des rescapés »). Nous nous attacherons à montrer comment l'idéal révolutionnaire des radicaux juifs est venu s'imbriquer dans l'identité juive. Le fascisme, la Shoah et ses répercussions constituent sous différentes formes le cœur de leur engagement politique et de leurs positions idéologiques. Ils sont même la composante majeure, parfois unique, de l'identité de ces « juifs non juifs ».

Le lien des radicaux avec le sionisme, l'Etat d'Israël, l'antisémitisme moderne, le conflit israélo-arabe, que traitent les différents chapitres de l'ouvrage, a lui aussi été profondément influencé par leur rapport à la Shoah. La relation entre juif et radicalisme dans les années 60, si seulement elle fut abordée, n'a jamais été analysée en profondeur ni de manière satisfaisante sous cet angle.

Les sources

Ce travail de recherche se concentre sur les aspects spécifiques de l'identité individuelle des radicaux juifs. Une littérature abondante et variée traite de la période agitée des années 60 et 70. Toutefois, ces études n'ont porté que peu d'attention à l'analyse des aspects juifs de ce phénomène. On trouve dans l'imposante littérature générale des années 60 et 70, et dans celle plus spécialisée, de nombreuses références sur les sujets abordés dans cet essai. Ce travail voudrait passer au crible de la critique ces références et en refaire l'analyse.

Les périodiques des organisations étudiantes et d'extrême gauche des différentes tendances (trotskistes, anarchistes, maoïstes) constituent une source supplémentaire d'information. La dimension idéologique et intellectuelle incontestable de ces organisations se manifeste entre autres à travers une presse riche et variée et des publications à grande diffusion sur des sujets idéologiques et politiques. Une partie de cette presse a été publiée sous le manteau à différentes périodes, conséquence logique de la lutte du pouvoir contre les organisations d'extrême gauche. D'autres sources proviennent de revues juives, reflétant le processus de changement d'une frange de radicaux juifs en juifs radicaux. Nous utiliserons ces périodiques essentiellement pour ce qui concerne l'examen d'événements spécifiques comme le procès de Leningrad, l'attaque terroriste aux jeux Olympiques de Munich et l'attentat de la rue Copernic.

Au cours des années 70 et 80, est apparue une littérature biographique et autobiographique liée aux radicaux, dont les radicaux juifs, ainsi qu'une littérature plus spécialisée traitant des juifs français après la guerre.

Les interviews de radicaux juifs, parmi lesquelles celles menées de 1972 à 1984 et en 1993, sont l'autre élément important de la préparation de cette étude. Entrent dans cette catégorie ceux qui ont été militants dans des organisations d'extrême gauche pendant un certain nombre d'années. Les entretiens ont pu se prolonger pendant des heures ; parfois même plusieurs rencontres ont été nécessaires. Les questions posées étaient directement ou indirectement orientées. Il ne fait aucun doute que ces témoignages ont une large part de subjectivité, et que l'analyse rétrospective de leur passé, juif et révolutionnaire, pèche par les faiblesses inhérentes au témoignage autobiographique. Mais l'utilisation de ces sources, de façon critique et vigilante, leur infirmation ou confirmation à la lumière d'autres documents que nous possédons, peuvent se révéler d'un grand intérêt[26].

La tenue de ces interviews ne s'est pas focalisée sur l'histoire de la Nouvelle Gauche, mais plutôt sur la personnalité individuelle, juive, du militant de gauche en tant que radical juif. L'identité et l'identité juive en particulier de ces militants sont le cœur même de notre sujet.

CHAPITRE II

L'obsession du passé

Radicaux, « enfants de la guerre », nés à la fin des années 30 et pendant la guerre

> « La guerre nous avait jetés là
> D'autres furent moins heureux
> La guerre nous avait jetés là
> Nous vivons comme hors-la-loi. »
>
> Barbara, « Mon enfance », 1968.

> « Nous sommes tous des dissous en puissance.
> Nous sommes tous des juifs allemands. »
>
> Chant de contestation populaire de Mai 68.

Mai 68, expression paroxystique de la contestation ou courant insurrectionnel, n'est en aucune façon un « événement juif ». Toutefois, Mai 68 revêt des spécificités juives indéniables, authentiques et profondes. Ce sont dans une large mesure des motivations juives qui ont propulsé toute une génération de jeunes juifs dans la lutte révolutionnaire universelle. Elles trouvent leurs fondements dans les événements du passé le plus proche, la Seconde Guerre mondiale et la Shoah.

Les événements de 68 ont eu une influence profonde, parfois traumatisante, parfois formatrice, et semble-t-il durable, sur leurs différents acteurs. Ils ont culminé dans l'explosion contestataire de gauche entraînant avec elle une foule de sympathisants. Cette « pseudo-révolution » est restée gravée dans les consciences et la mémoire de cette

« génération », tout comme le cri de ralliement « nous sommes tous des juifs allemands », l'un des slogans symboliques et représentatifs de la révolte étudiante en France. Né spontanément après l'expulsion de France de Daniel Cohn-Bendit, repris par la foule battant le pavé, il est devenu le thème de chants populaires contestataires, de multiples posters et tracts diffusés pendant les événements. Ce slogan, ancré dans de nombreuses mémoires, a incontestablement une portée symbolique. Les symboles, comme chacun sait, sont particulièrement significatifs dans les soulèvements populaires, les révoltes et les mouvements de masse.

Ces jeunes qui avaient vu le jour à la fin des années 30 ou pendant la guerre, devenus adultes à la charnière des années 50, ont formé le noyau du mouvement contestataire, dont les principaux objectifs étaient la lutte antifasciste, anticolonialiste et anti-impérialiste. Ils ont été les instigateurs des organisations de la Nouvelle Gauche, qui bientôt allait se hisser au premier rang des événements de mai-juin 1968. Leur expérience passée dans des actions de protestation et leur maturité ont sans aucun doute contribué à la forme prise par cette révolte. « Avoir trente ans en 68 » impliquait être né avant la Seconde Guerre mondiale et avoir vécu ses traumatismes.

Pour les juifs, et ils étaient nombreux dans ce groupe, cela signifiait, avant tout, avoir été un enfant juif pendant la guerre. « Avoir eu huit ans en 1945 », cela voulait dire avoir vécu la Shoah enfant, et avoir souffert directement et non pas « seulement » à travers l'expérience des parents. Ces juifs avaient vécu la Shoah dans leur chair et dans leur âme. La souffrance et les stigmates de ces événements restaient gravés en eux à des degrés divers. Il nous semble nécessaire d'établir une subdivision dans la génération de 68, comme nous l'avons déjà vu auparavant, entre ceux qui étaient enfants pendant la guerre, les « enfants de la guerre », et ceux nés après. Lorsque nous avons tenté d'éclairer le lien entre l'expérience de la Shoah et l'appartenance aux mouvements révolutionnaires, les réponses

ont été sans équivoques. Une très forte majorité des intervenants a fait le lien entre les deux. Même si les expériences individuelles varient, même si les explications du lien
entre la Shoah et l'option révolutionnaire comportent des
nuances d'un témoignage à l'autre, celui-ci reste sans ambiguïté. Cela ne signifie pas pour autant que celui qui était
enfant juif pendant la guerre a nécessairement épousé par
la suite la cause révolutionnaire. Mais ce lien apparaît
comme incontestable pour une frange non négligeable de
militants[1].

Ces jeunes juifs étaient pour la plupart des enfants d'immigrants de l'Est réfugiés en France. Cela a eu une indéniable influence sur leur existence ainsi que sur celle de leurs
parents même avant que la guerre n'éclate. Souvent réfugiés sans statut politique, et même sans permis de séjour,
leurs parents vivaient de façon précaire et dans une semi-
illégalité. Ils faisaient partie, pour la majorité, des classes
inférieures et travaillaient dans des emplois de service ou
dans la confection sans permis de travail. Sous cet angle,
l'enfance des radicaux juifs nés ces années-là apparaît
comme comparable à celle de la génération précédente,
accablée par la misère et les persécutions. Elle ressemble
moins à celle de la génération née après la guerre dont les
familles avaient connu une certaine mobilité socio-économique qui a pu leur permettre d'accéder aux classes
moyennes, voire supérieures.

Fils d'immigrants nouvellement arrivés en France, leur
situation était pire que celle des juifs français de longue
date. Dès le début de la guerre, le régime de Vichy avait
établi une distinction nette entre les «juifs étrangers» et
les juifs citoyens français, menant une politique d'exception et livrant ces «juifs étrangers» aux Allemands. Cela
eut pour conséquence une proportion de victimes beaucoup plus importante parmi eux.

Les quelques radicaux juifs dont les familles vivaient en
France depuis déjà plusieurs générations faisaient partie
des classes moyennes, parfois même supérieures. Leurs
familles s'étaient fondues, d'une manière ou d'une autre,

dans l'idéologie de l'Emancipation à tendances assimila-
tionnistes. C'était celle véhiculée par les termes d'« israélite », de « Français de religion mosaïque », caractéristique
du judaïsme français jusqu'à la Seconde Guerre mondiale,
et même souvent encore jusqu'à la guerre des Six Jours en
1967. Leurs parents avaient parfois été tentés de refouler
le sens profond et spécifique de la Shoah pour n'y voir
qu'un « accident » ; les enfants militants d'organisations
d'extrême gauche rejetaient cette explication. Beaucoup
mirent en corrélation leur optique révolutionnaire et le
phénomène de la Shoah, voyant même en elle le prétexte
à leur radicalisme. Souvent leurs sentiments à l'égard de la
Shoah et de ses conséquences étaient l'essence même de
leur judéité, empreinte d'une plus forte signification que
celle de leurs parents.

Dans les pages qui suivent nous rapportons l'histoire de
radicaux juifs qui ont, enfants, vécu la Shoah et ont ensuite
embrassé la cause révolutionnaire. Chacun a sa propre histoire, ses propres interrogations. La singularité de chaque
récit nous oblige à mettre en garde contre toute généralisa-
tion. Nous ne pouvons qu'essayer de relever des points
communs. Il faut rappeler qu'il ne s'agit pas d'une étude
sur les enfants de la Shoah, ni sur ceux des rescapés, sujets
abondamment traités ces dernières années, mais plutôt
d'un essai qui cherche à appréhender les motivations des
radicaux juifs, dont beaucoup étaient enfants de rescapés
ou avaient vécu la guerre à un très jeune âge[2].

DANIEL COHN-BENDIT, « Dany le Rouge », reste dans de
nombreuses mémoires le personnage emblématique des
événements de Mai 68, et vraisemblablement aussi celui de
la révolte étudiante dans le monde entier. Il est né en
France dans une famille de juifs allemands qui avait fui
l'Allemagne en 1933. Bien que né en 1945 après la Libération, son enfance est caractéristique de celles des radicaux
juifs « enfants de la guerre » (abordés précédemment).
Comme sa mère, il n'a comme carte d'identité qu'une

carte d'apatride, avec le statut de « réfugié d'origine allemande » stipulé par le ministère de l'Intérieur. En 1951, son père retourne en Allemagne. Cohn-Bendit s'y rend pour la première fois en 1958 avec sa mère et son frère, au chevet de son père atteint d'un cancer qui meurt l'année suivante. En 1963, il perd sa mère et, en 1965, après avoir passé en Allemagne son baccalauréat, il rentre en France.

Tous les analystes de Mai 68 s'accordent à dire que la contribution de Cohn-Bendit a été fondamentale. Instigateur du Mouvement du 22 mars à Nanterre, il a joué un rôle central dans l'émergence du mouvement à Paris, étant le chef de file de la révolte étudiante pendant tout le mois de mai, jusqu'à son expulsion. Il semble que, plus que tout autre, Cohn-Bendit fut l'homme qui par son action et sa personnalité réussit à défier l'ordre et les institutions du régime gaulliste et du Parti communiste. Provocateur, iconoclaste, il incarnait le révolutionnaire anarchiste, devenant dès lors la « cible » d'attaques et de calomnies de la part du pouvoir et des partis de gauche traditionnels. Mais il s'attira aussi leur foudre parce qu'il était nomade, étranger, juif, rouquin, apatride et « bohème ». Il devint le symbole du révolutionnaire et, comme il s'avérera par la suite, celui du révolutionnaire juif. Aux yeux des contempteurs de la révolution et du changement, Cohn-Bendit incarnait le révolutionnaire juif, l'« intrigant perpétuel », le juif étranger, séducteur, agitateur, trublion, instigateur de l'anarchie en appelant à un ordre nouveau... dans la pure tradition juive révolutionnaire issue de Moïse, Jésus, Marx, Rosa Luxemburg, et de nombreux autres encore. Ainsi ce juif était-il un parfait bouc émissaire. Selon la logique de ses nombreux détracteurs, Cohn-Bendit et les autres juifs, fils d'immigrants, à la tête du mouvement, dont ils ne manquaient pas de souligner les patronymes « non français », étaient des « étrangers ». L'honneur national avait été bafoué : qu'un « étranger » fût à la tête du mouvement, expliqua Cohn-Bendit, comme s'il n'y avait pas suffisamment de « bons Français » pour cela. « Les gens ont peur [de la signification] de Mai 68 et prennent comme bouc émissaire un étranger. » Cette réaction d'après lui était compréhensible, mais le pouvoir s'en servait comme d'une arme[3]. (Dans les années 70, ce sera Pierre Goldman qui à son tour symbolisera pour beaucoup le révolutionnaire en général, et le révolutionnaire juif en particulier.)

Daniel Cohn-Bendit s'est lui-même défini dans une interview comme « français de naissance, juif par hasard, allemand par nonchalance ». Il explique : « Né d'une famille juive, je suis juif, je n'y peux rien. Cela explique que je n'aie jamais dit : "Palestine vaincra", que j'ai toujours été dans la contradiction "juif, sans vouloir être sioniste" ou que, sans être pro-israélien, j'ai toujours dit "oui, mais". "Juif par hasard" veut aussi dire qu'aujourd'hui encore on me dit que je suis un étranger parce que je suis un des résidus de la Seconde Guerre mondiale. Ni français, ni allemand, mais juif sans nationalité. "Français de naissance", je suis né en France, mon frère est français et j'ai vécu dix-huit ans en France. Toute personne née en France a le droit à la nationalité française. "Allemand par nonchalance", mes parents après la guerre pensaient qu'ils iraient peut-être en Amérique et ne m'ont pas déclaré à la préfecture, ce qui a rendu très compliquée toute procédure de naturalisation. Alors, si on m'arrête, je montrerai ma carte de réfugié[4]. »

La législation française permit au pouvoir de ne pas lui octroyer la nationalité française parce qu'il n'avait pas résidé en France entre seize et dix-huit ans. Comme il n'était pas considéré comme français, le ministre de l'Intérieur, Christian Fouchet, put l'expulser en mai 1968 au motif que « la présence de l'étranger sus-désigné sur le territoire français est de nature à compromettre l'ordre public ». Cet arrêté fut pris en vertu de l'article 25 de l'ordonnance du 2 novembre 1945 sans aucune formalité ni aucun avertissement préalable, aucune communication des motifs et aucune possibilité de défense.

Le 22 mai au matin, Cohn-Bendit quittait la France pour une « tournée révolutionnaire » en Hollande et en Allemagne. Le ministre de l'Intérieur profita de son départ pour annoncer qu'il était désormais interdit de séjour en France. Cohn-Bendit répliqua : « Les frontières sont longues... je reviendrai. » L'après-midi du 24 mai, Dany le Rouge réapparut, escorté par un millier d'étudiants allemands, à la frontière entre la France et l'Allemagne. Après avoir passé la douane allemande, il fut conduit aux autorités françaises qui lui notifièrent formellement son interdiction de séjour, et il fut donc expulsé vers l'Allemagne. Au même moment, quatre mille étudiants strasbourgeois l'attendaient du côté de la frontière française. Dans la nuit du 24 mai, la protestation antigaulliste gagnait la France entière : c'était la « nuit des barricades » à Lyon, Strasbourg, Nantes et Paris. Le lendemain, des barricades s'élevaient également à Bordeaux. Les principaux slogans ces nuits-là évoquaient l'interdiction de séjour de Cohn-Bendit en France : « Nous sommes tous des juifs allemands », « Les frontières on s'en fout », « Nous sommes tous des indésirables ». Des posters à l'effigie de Cohn-Bendit et des chants contestataires sur ces thèmes se propageaient dans tout Paris.

L'interdiction de séjour dont avait été frappé Cohn-Bendit fut maintenue jusqu'en 1978. Toutes les demandes, protestations, pétitions émanant de personnalités, d'organisations, de mouvements et de partis de tous bords restèrent sans effet. Même la requête de l'éditeur de son livre *Le grand bazar* pour permettre à Cohn-Bendit de ne venir qu'en simple visiteur fut rejetée par le ministère de l'Intérieur en ces termes : « Le temps n'est pas encore venu d'autoriser cet étranger à revenir sur notre territoire. »

Parmi ceux qui ne criaient pas : « Nous sommes tous des juifs allemands », il y avait d'un côté la droite et le gouvernement, et de l'autre les membres du Parti communiste français et de la CGT, la plus grande organisation syndicale de travailleurs, inféodée au Parti communiste. D'autres slogans lors de la contre-manifestation gaulliste du 30 mai s'élevaient sur les Champs-Elysées (et non pas au Quartier latin). A côté de « De Gaulle n'est pas tout seul », « Mitterrand c'est raté », « Le communisme ne passera pas », on pouvait aussi entendre : « La France aux Français » et « Cohn-Bendit à Dachau ».

La haine de l'étranger, autre visage de la France, s'exprima dans toute son ampleur lors de cette manifestation. Des groupuscules d'extrême droite, soutenant de Gaulle, donnèrent libre cours à des propos haineux. Les remarques fielleuses à l'encontre de Cohn-Bendit s'étaient déjà fait entendre auparavant. Ainsi, sur les tracts diffusés par le « comité de défense de la République du XVIIIe arrondissement », on pouvait lire : « Ce que les troupes nazies n'ont pas réussi, monsieur Cohn-Bendit se promet de le faire. Il veut voir notre nation à feu et à sang. Eh bien non ! Le peuple français est assez grand pour régler ses propres affaires. Non au fascisme de Cohn-Bendit ! Non au nazisme noir ! Tous derrière le drapeau tricolore [5] ! »

La haine des juifs et l'antisémitisme avaient dans ce cas précis conduit à une utilisation perverse et cynique de la terminologie antinazie et antifasciste, avec la nette conscience de la connotation négative de ces termes dans l'opinion française de ces années-là. Mais l'association avec les dangers du fascisme et du nazisme était ici faite avec Cohn-Bendit, le juif, l'étranger. *Minute*, journal d'extrême droite, affirmait le 2 mai 1968 : « Ce Cohn-Bendit doit être pris par la peau du cou et reconduit à la frontière sans autre forme de procès. Et si nos autorités ne s'en sentent pas le courage, nous connaissons un certain nombre de jeunes Français que cela démange d'accomplir ce geste de salubrité publique. » Cet avertissement avait été publié le jour même où des groupuscules étudiants d'extrême droite, peu nombreux certes, mais très bien organisés, s'étaient laissés aller à la provocation dans le Quartier latin. Des propos similaires furent également tenus par le Parti communiste et par des poujadistes, qui manifestaient ainsi la rancœur des commerçants et des petits artisans [6].

Le Parti communiste français fut contraint, lors des événements de mai-juin 1968, de combattre sur deux fronts : contre le régime gaulliste et contre les trotskistes, maoïstes, guévaristes et anarchistes qui avaient pris la tête de la contestation et du mouvement étudiant. Orthodoxe par nature, très fort et bien organisé à l'époque, il était intraitable dans sa lutte contre la Nouvelle Gauche, particulièrement parce que depuis le début des années 60 de nombreux jeunes avaient déserté ses rangs pour aller grossir ceux des organisations d'extrême gauche. Georges Marchais, l'homme fort du parti, devenu par la suite son secrétaire général, signa le 3 mai 1968 dans L'*Humanité* un article cinglant contre « l'anarchiste allemand Cohn-Bendit et ses amis » : « Ces faux révolutionnaires doivent être énergiquement démasqués, car, objectivement, ils servent les intérêts du pouvoir gaulliste et des grands monopoles capitalistes. » Après l'arrêté d'expulsion prononcé à l'encontre de Cohn-Bendit, la CGT déclara : « Il semble bien que les mises en garde que nous avons faites, avant même que le Premier ministre ait fait allusion à l'appartenance dudit individu [Cohn-Bendit] à une organisation internationale, soient en train de se confirmer. »

Toutefois Georges Marchais n'avait pas désigné Cohn-Bendit sous les termes de « juif allemand », comme certains ne s'en privaient pas, mais sous ceux d'« anarchiste allemand ». Cette expression revêtait néanmoins une forme d'antisémitisme larvé utilisée à des fins politiques[7]. En revanche, il y avait incontestablement dans le slogan « Nous sommes tous des juifs allemands » l'expression d'une profonde solidarité envers Cohn-Bendit et ce qu'il représentait, l'étranger, l'exclus, l'indésirable, la victime... La foule s'était insurgée contre l'arrêté d'expulsion et contre les propos tenus par Marchais sur l'« anarchiste allemand ». Les slogans « Nous sommes tous des juifs allemands » et « Cohn-Bendit à Dachau » exprimaient deux conceptions antagonistes à l'égard de la minorité, de l'étranger, du marginal, de l'autre, du juif. Parmi les jeunes juifs ayant pris une part active aux événements et au mouvement contestataire, nombreux étaient ceux qui voyaient dans le slogan « Nous sommes tous des juifs allemands » l'expression d'une identification, d'une fraternité et d'une communion profonde, caractéristiques de Mai 68.

Il est intéressant de relever ici un autre événement lié à la biographie de Cohn-Bendit, en tant que juif, fils de rescapés de la Shoah. Il y fait référence dans un chapitre de son livre sous le titre « Dommage que tu n'aies pas crevé à Auschwitz ». Le 3 mai 1968, au terme d'une fiévreuse journée de manifestations, Cohn-Bendit avait été arrêté et conduit à la PJ, au quai des Orfèvres. Un policier s'était alors adressé à lui en ces termes : « Mon petit père, tu vas payer. C'est dommage que tu n'aies pas crevé à Auschwitz avec tes parents parce que, comme ça, on n'aurait pas à le faire aujourd'hui. » Le lendemain, il était relâché, mais il confessa par la suite : « J'ai eu très, très peur[8]. » Pierre Goldman, radical juif emprisonné dans les années 70 pour avoir commis des vols à main armée et deux homicides volontaires (ce dont il fut acquitté par la suite), relate un incident similaire. Alors qu'il se trouvait au dépôt, un policier avait entrouvert la porte de sa cellule en l'apostrophant : « Où il est Goldman ? C'est toi... Les Allemands ils auraient dû te foutre au four ! Y a pas assez de youpins qui ont cramé, pourriture de youde[9] ! »

ANDRE GLUCKSMANN, philosophe, l'un des piliers de Mai 68, a vu dans le slogan « Nous sommes tous des juifs allemands » la vibrante expression d'une osmose entre jeunes juifs et non-juifs de la même génération, bouleversée dans son ensemble par les horreurs d'Auschwitz et des autres camps de la mort. Pourtant, de jeunes juifs ont voulu prendre leurs distances par rapport à ces manifestations d'identification collective, forts du sentiment qu'« un étranger ne pouvait pas comprendre », mais aussi craignant qu'à travers cette identification la singularité juive, la leur, ne s'efface.

André Glucksmann est de la plus grande discrétion sur sa biographie. « Il est difficile de résumer brièvement une biographie sans évoquer ses propres parents, ce qui n'est pas facile. » Glucksmann a été membre actif du mouvement maoïste. Puis il s'est impliqué dans de nombreux combats publics avec d'autres camarades, dont Bernard

Kouchner, Marek Halter, Daniel Cohn-Bendit, etc. Aujour-
d'hui encore il reste très critique envers le pouvoir et les
institutions. Il fut parmi les personnages phares de ce que
l'on a appelé les « Nouveaux Philosophes ». Ses ouvrages
jouissent d'une grande popularité tant en France qu'à
l'étranger.

Il naît à Lyon en 1937 dans une famille d'immigrants
juifs arrivant d'Allemagne. Ses parents, d'origine tchèque
et roumaine, après avoir vécu plusieurs années en Palestine, étaient partis dans les années 30, mus par la foi
communiste, combattre le fascisme en Allemagne ! En
1936, ils fuirent l'Allemagne pour la France. Mais la lutte
et la guerre ne prenaient pas fin pour autant, car sa mère
rejoignit un réseau clandestin de résistants dont la plupart
des membres furent tués. Son père qui opérait pendant la
guerre à Londres, considéré par les Anglais comme indésirable, fut embarqué de force avec d'autres hommes sur un
bateau qui fut mystérieusement torpillé. André Glucksmann, selon ses propres paroles, « est né dans la guerre ».

Ne donnant aucun détail sur sa propre biographie, il
prétend pourtant ne pas cesser d'en faire l'analyse et
qu'elle se retrouve dans chacun de ses ouvrages. De la
guerre, il retient qu'il avait trois ans lorsqu'elle éclata et
cinq ans de plus lorsqu'elle s'acheva. « J'ai vécu tout au
long de la guerre en sachant que j'étais juif, et en portant
un nom français. Mon père est mort, ma mère, mes sœurs
et moi-même avons été sauvés. Il est évident que cette expérience particulière m'a profondément influencé. » Mais
elle ne fut pas comprise par certains, dont des hommes
pourtant cultivés, qui n'avaient pas vécu la même épreuve.
Un exemple frappant de l'incompréhension de l'influence
de la Shoah sur les survivants se retrouve dans les discus-
sions entre psychologues sur l'identité en général, et plus
particulièrement sur le sens du nom patronymique.

« J'avais deux noms, un vrai et un faux, et j'étais le seul
à savoir lequel des deux était le vrai. Cela crée un curieux
lien à l'existence lorsque l'on a trois, quatre, voire même
cinq ans. » Il se souvient qu'après la guerre, alors qu'il se

trouvait dans un foyer de l'OSE, Organisation de secours à l'enfance chargée de secourir les enfants juifs pourchassés à travers l'Europe, on lui avait demandé de rédiger son autoportrait physique et moral. D'éminents psychologues, étudiant l'influence de la guerre sur les enfants, l'avaient classé, selon son témoignage, dans la catégorie des enfants sur lesquels la guerre n'avait eu aucun impact, parce qu'il s'exprimait convenablement. Il est évidemment difficile et compliqué de discerner quelle influence la guerre a pu avoir, et comment a pu être déterminant le fait d'être un enfant à l'époque, mais un enfant de trois ou quatre ans, affublé d'un faux nom et qu'il faut cacher, a une expérience et une existence que les autres enfants n'ont pas en général. « Pour moi, précise-t-il, cela témoignait de la faillite scientifique et morale de la psychologie, plus que d'une étude véritable sur l'enfance et la guerre. »

Plus tard, lorsque nous serons confrontés aux récits de ceux qui étaient enfants pendant la guerre, et qui ont ensuite embrassé la lutte révolutionnaire au sein des organisations d'extrême gauche, nous saisirons peut-être mieux les influences et les incidences de la Shoah, malgré les limites évoquées par Glucksmann quant à la capacité de pénétrer les profondeurs des âmes et de parvenir à une réelle analyse psychologique. Bien qu'il soit difficile de tirer des conclusions de ces récits individuels, ils permettent néanmoins de resituer dans ces témoignages la place primordiale de la Shoah.

MICHELE FIRK était enfant pendant la Shoah. Elle est née en 1937 de parents polonais et n'oublie pas le port de l'étoile jaune, les persécutions racistes, ses terreurs de petite fille qui ne cherchait qu'à se cacher ou à fuir, ni l'attitude des Français pendant la guerre. A dix-neuf ans, elle adhère au Parti communiste, mais déjà à la fin des années 50 elle s'inscrit en faux contre ses positions, puis soutient activement le FLN pour l'indépendance de l'Algérie[10]. Dans les années 1962-1963, elle séjourne à Cuba et revient convaincue du bien-fondé de la « ligne cubaine ». Elle y retourne encore plusieurs mois en 1965. Parallèlement, elle collabore à la Voix communiste et milite pour Saint-Domingue et le Vietnam.

Elle prend contact avec les militants des FAR, les Forces armées révolutionnaires guatémaltèques, et part pour un premier voyage au Guatemala entre mai et septembre 1967. En août 1969, un commando guérillero des FAR auquel elle appartient exécute l'ambassadeur américain au Guatemala. Au début du mois de septembre, alors que la police guatémaltèque vient l'arrêter, elle se donne la mort d'une balle dans la bouche, pour ne pas livrer d'informations. Elle ne trahissait ni elle-même, ni ses principes, ni ses camarades. Que ce soit conscient ou pas, elle n'avait pas non plus trahi le souvenir du courage et du sacrifice des combattants de la Résistance de la Seconde Guerre mondiale. Elle avait prévenu son amie Jeannette Pienkny (voir plus loin) qu'elle agirait ainsi au cas où elle se ferait prendre. La définition de « juive polonaise internationaliste », comme pour plusieurs de ses camarades d'enfance, lui convient davantage que celle de « juive française ».

Dans la lettre d'adieu qu'elle laisse à ses camarades à la veille de son départ pour le Guatemala, Michèle Firk aborde la nécessité de son combat pour l'idéal auquel elle croit, l'éventualité qu'elle puisse ne pas revenir, et demande que l'on ne déforme pas son combat, sa finalité et ses motivations. Elle se définit elle-même comme une « combattante révolutionnaire ». « Nous sommes des citoyens du monde et le monde est vaste. Ici ou là, peu importe, il n'est point de fatalisme géographique[11]. » Elle décide de s'engager corps et âme dans la lutte anti-impérialiste. « Il n'est pas honteux, bien au contraire, de faire de la lutte révolutionnaire l'axe de sa vie, autour duquel tout le reste ne sera qu'accessoire. » Selon elle, le combat contre le fascisme permet d'affronter le passé et le présent, un passé qui se perpétue et s'immisce dans le présent pour finir par faire partie de lui-même. Le combat contre le fascisme, l'antisémitisme et l'impérialisme n'est pas l'apanage du passé. Il se poursuit toujours de manière concrète et sensible dans le présent.

L'essentiel est de s'engager dans la lutte : « Mes moyens sont limités et faibles. Cependant, je les ai mis tout entiers dans le combat et je refuse à quiconque le droit de me voler les idées au nom desquelles je me battrai jusqu'à la mort, celles du Che, de Fidel, du peuple vietnamien. » Elle voulait changer le monde par la lutte violente. Elle ne chercha pas à cacher sa judéité, sans toutefois particulièrement s'en réclamer. Au contraire elle combattit toujours toute forme d'oppression[12].

En 1969, ses camarades publièrent un livre à sa mémoire, au plus fort de la contestation étudiante[13]. Les articles qui le composent traitaient entre autres du lien entre sa judéité et ses choix politiques. Elle était critique de cinéma. Ce recueil contient quelques articles qu'elle avait rédigés au cours des années 60. Certains, d'un ton très personnel, montrent à quel point le souvenir de la Shoah l'avait profondément marquée. Il faut souligner qu'ils furent écrits à une époque où l'on n'évoquait pas encore directement et publiquement l'histoire des juifs de France, ni la vision qu'en avaient les Français au moment de la Shoah.

Dans une critique du film de Claude Berri *Le vieil homme et l'enfant* (1966) qui traite de la Seconde Guerre mondiale en France, elle aborde la question de l'antisémitisme, de la Shoah et de son expérience en tant qu'enfant[14]. Sur la manière dont on percevait le juif en France dans les années 30 et 40, elle écrit : « C'était lui la cause des malheurs de la France, le JUIF, cupide, il aspirait, pompait les ressources du pays et pendant des années j'ai cru que le juif Süss s'écrivait "le juif suce". » Elle devient plus cinglante, se fait plus personnelle encore : « Nous, nous avons reconnu ce mot, *juif,* en caractères gothiques au centre d'une étoile jaune, sur les revers où nous frottions nos joues quand nos parents nous prenaient dans leurs bras. Et devant les grilles des jardins publics, nous épelions une inscription : Réservé aux enfants, interdit aux juifs. Notre mère nous entraînait. Etions-nous enfants ou juifs ? Maman, *qu'est-ce que c'est qu'un juif* ? Papa, nous sommes *juifs* ? Chut ! *tu veux notre mort* ? Nous avons su que nous étions marqués d'un sceau invisible, si honteux pourtant qu'il n'admettait aucune allusion [15]. »

Elle poursuit : « En apprenant à parler, nous avons appris à nous taire. La moindre de nos espiègleries devenait un crime. Nous avons très vite compris la "situation" ; nos parents n'étaient pas tout-puissants puisqu'ils avaient peur et nous nous trouvions chargés d'une responsabilité qui nous écrasait [...] Par la force des choses, nous avons été des enfants à l'intelligence précoce dans un monde où, seule, résonnait la voix des imbéciles. » Dans la suite de cet article, elle évoque la question de la relation avec l'autre : « Selon les époques et les latitudes, le juif sera remplacé par l'Arabe ou le nègre, ou simplement par l'ouvrier. [...] La bêtise et l'ignorance sécrètent une haine infinie contre tout ce qui est "différent" et qui risque d'ébranler le monde derrière lequel elles sont retranchées [16]. » Et de conclure : « Nous refusions de nous reconnaître dans le portrait que ceux-ci traçaient de nous-mêmes : avions-nous donc tous les pieds plats, les cheveux frisés, le nez busqué ? Nos parents, humbles artisans fourreurs ou tailleurs, avaient bien d'autres soucis que de courir faire des affaires. »

Dans un autre article sur *Le vieil homme et l'enfant* [17], intitulé « Pourquoi les coiffeurs ? », du début de 1967, elle critique certains aspects du film qui, selon elle, ne forcent pas l'antisémite à reconnaître sa responsabilité : « Derrière la façade en guimauve se cache un sujet jusqu'à présent tabou, celui de l'antisémitisme. [...] L'apparence du vieil homme et l'enfant a été soigneusement "banalisée". [...] Les personnages en présence sont un juif enfant qui "sait" et qui a conscience que sa vie dépend de son silence et un vieil antisémite fort en gueule et fort de son droit à l'antisémitisme, portrait sans aucun doute fidèle de ce que furent un nombre élevé de Français pendant la guerre et de spectateurs dans la salle. »

Elle considère que l'antisémitisme n'a pas disparu : « En

médecine on dit que la crise douloureuse est le symptôme de la maladie elle-même. Et c'est pourtant cette dernière qu'il faut soigner. On ne résout rien en faisant disparaître le symptôme. [...] Quand la conjoncture n'est pas propice (ce qu'elle fut au temps de l'affaire Dreyfus ou sous la botte hitlérienne) l'antisémitisme abandonne sa forme virulente de "crise douloureuse". [...] A la fin du film, Pépé range au grenier le portrait de Pétain et se prépare à vivre dans un monde qui fera de nouveau place aux juifs, un peu moins nombreux peut-être. [...] Il se taira, car la loi ne sera plus de son côté [...]. Plus tard, s'il vit encore, il deviendra poujadiste, puis bouffera allégrement du bicot jusqu'à l'indépendance de l'Algérie. [...] Ensuite ? Il se taira de nouveau jusqu'à ce qu'une nouvelle occasion surgisse. [...] Les salles sont pleines de pépés qui rigolent quand Michel Simon déclare : "Les juifs ont fait le malheur de la France." [...] Nous avons tous connu cet antisémite dont "le meilleur ami est juif", ce qui lui donne le droit d'être plus antisémite qu'un autre. [...] Le jour où on lui racontera l'histoire selon laquelle il faut envoyer au four crématoire les juifs et les coiffeurs, il demandera le plus ingénument du monde : "Pourquoi les coiffeurs ?" »

En 1960, Michèle Firk fait la critique du film bulgare *Etoiles* [18]. Ce film traite de la question de la responsabilité individuelle d'un soldat allemand dans l'envoi vers Auschwitz d'un convoi de juifs grecs, retenu quelques jours dans un village en Bulgarie. Elle fait la distinction entre la passivité (la non-participation au mal) et l'engagement dans la résistance, par l'aide aux persécutés. Elle parle avec chaleur des juifs « voués au sacrifice plutôt qu'à la lutte et dont on aime mieux faire des martyrs que des héros ». Cependant elle ajoute : « Cette résignation n'est pas désespérée. [...] Un long travelling découvre les juifs les uns après les autres, se livrant aux menues occupations de la vie, soignant les malades et apprenant à lire aux enfants, comme si leurs jours n'étaient pas comptés. [...] Cette foi immense en l'avenir, cette confiance dans les hommes et cette participation à la souffrance de chacun sont les traits caractéristiques de Ruth [l'héroïne juive du film].» Bien que soutenant et participant physiquement à la lutte violente, elle exprime une grande sympathie pour ces juifs «résignés à leur sort», ne les blâmant pas de ne pas s'être révoltés ni d'être «allés comme un troupeau à l'abattoir». C'est selon elle un des rares films à condamner le spectateur passif (spectateur du film et spectateur dans l'existence) et à le pousser à l'action, c'est-à-dire à la révolte. Il faut se souvenir qu'en 1960 beaucoup condamnaient en paroles la guerre d'Algérie, mais très peu s'y opposaient de manière active. Avec pour toile de fond la Seconde Guerre mondiale, Michèle Firk se réfère à la réalité de la guerre d'Algérie, considérant que l'on ne peut se borner à une opposition passive contre l'agression et la guerre.

Il n'y a pas pour A.K. (qui a demandé à conserver l'anonymat) de qualificatifs ni de termes assez justes pour définir ce qui lui est arrivé [19]. On pourra aisément à travers ses propos déceler des contradictions, un manque de clarté et des difficultés d'expression. Les efforts que nous avons entrepris avec elle pour tenter d'éclairer ce qu'il est advenu de sa judéité montrent à quel point les concepts que nous utilisons sont relatifs, insatisfaisants et insuffisants pour sonder les problèmes et les sentiments. Des termes comme «assimilation» ou «dénégation» communément repris par la recherche universitaire ne peuvent ici convenir.

«Je me demande, à la lumière des événements, ce qui m'est arrivé. Comment tout cela a-t-il pu se passer? J'ai jeûné à Auschwitz le jour de Kippour, vous savez ce que ça signifie? [...] Il y avait au fond de moi, incontestablement, un dilemme insurmontable. Je suis progressivement devenue pour le judaïsme une sorte de bâtarde. Je n'ai jamais caché ma judéité, c'était de toute façon impossible.» Elle désigne le numéro tatoué qu'elle a sur le bras. Puis elle ajoute: «En me reniant moi-même, je me suis débarrassée de la question juive, et je me suis engagée dans quelque chose d'extérieur à moi-même. J'ai occulté ma judéité de la même façon que je me suis reniée moi-même. Ce n'est pas le judaïsme que je rejetais, c'était moi-même, et toute mon histoire personnelle. Les questions "d'où je viens", "qui suis-je", "qui est mon père" (qui n'est jamais revenu) resurgissaient en moi alors qu'il était trop tard. Ma sœur a épousé un non-juif. Aujourd'hui, à soixante ans, elle s'est inscrite à l'université pour faire un premier cycle d'hébreu et s'est mise à apprendre le yiddish. Mais moi, je suis une bâtarde. Dans ce monde, je reste une bâtarde. »

A.K. est plus âgée que les autres intervenants de ce groupe. Ses parents, arrivés en France d'Europe de l'Est en 1920, avaient milité dans des organisations sionistes françaises. Avec ses frères et ses sœurs, elle a aussi fréquenté des organisations juives. « Mais nos parents ont tout fait pour que nous soyons français, dit-elle. J'ai été à l'école publique et mes parents s'obstinaient à parler en mauvais français. » En 1945, à la fin de la guerre, elle revient d'Auschwitz. Elle a dix-sept ans. Son père n'a pas survécu, et sa mère s'est remariée à un juif sioniste. « Dans notre relation conflictuelle avec notre beau-père, dans l'attente du retour hypothétique de notre père, nous avons commencé à nous opposer à Israël qui imperceptiblement s'éloignait de nous. » Elle s'engagea alors dans les années 60-70, entre trente et quarante ans, dans le combat de jeunesse qu'elle n'avait pu mener jusqu'alors à cause de la guerre, en luttant pour les Algériens, les Vietnamiens, les Cambodgiens et les Palestiniens.

Dans les années 1947-1948, elle avait songé émigrer en Israël. L'histoire tragique d'*Exodus* l'avait marquée comme beaucoup d'autres à l'époque. Partir en Israël répondait à l'attente de tout juif, mais aussi à son désespoir et à sa profonde détresse après ce qu'elle avait vécu pendant la guerre. C'était un peu, précise-t-elle, « comme les jeunes résistants qui ne s'étaient pas retrouvés ni n'avaient trouvé leur place en France après-guerre et étaient restés en marge de la société. Ils sont partis en Inde ou en Chine où on leur promettait un monde meilleur ». A.K. n'est jamais partie vivre en Israël. Sa famille s'y est opposée. « L'idée apparemment n'était pas assez ancrée en moi, autrement je serais partie contre leur gré », conclut-elle.

Les relations avec sa famille étaient très conflictuelles. « Ma famille, comme beaucoup de familles juives, était névrosée, déchirée, morcelée, et ne me comprenait pas, moi, l'adolescente qui revenait des camps. Il y avait un énorme fossé entre ceux qui avaient été dans les camps et qui en étaient revenus, et ceux qui n'y avaient pas été. Le retour fut à plusieurs niveaux plus éprouvant que les camps eux-mêmes. Ça on n'en parle jamais. La réintégration et la réadaptation sociales ont été très difficiles, particulièrement dans un pays où nous avions des comptes à régler, et qui jusqu'à ce jour ne l'ont toujours pas été. La "réinsertion" du rescapé a été extrêmement douloureuse. L'expression de "rescapée des camps", chargée de douleur et de détresse, n'était pas auréolée de la gloire de la Résistance et ne forçait pas le respect. Outre la culpabilité que nous éprouvions déjà à l'égard des autres — ceux qui n'étaient pas revenus —, on nous faisait sentir combien l'écart, le fossé qui nous séparait d'eux était immense. La communauté juive, elle non plus, ne comprenait pas. »

Le rejet des autres l'a conduite, dit-elle, à se rejeter elle-même. « Je pense que j'appartiens à une génération qui pour continuer à vivre après la guerre a dû faire l'impasse sur ses origines. Nous n'avions pas d'autre choix. Il fallait payer un prix tellement fort le fait d'être juif. Le monde après la guerre était encore très antisémite. Lorsqu'on s'appelait Rosenberg comme moi, que l'on avait un nom juif, il était impossible d'échapper à des conversations qui finissaient toujours par un débat sur l'antisémitisme. J'ai, dans une certaine mesure, rejeté le judaïsme, mais je voulais me taire, je devais me taire pour tout ce qui touchait à la question juive. »

A.K. s'est mariée à un non-juif, puis a divorcé tout en conservant le patronyme de son ancien mari. Pendant une courte période qui s'est achevée en 1956 avec l'invasion de la Hongrie par l'Union soviétique, elle a été membre du

Parti communiste français. Puis elle a milité contre la guerre d'Algérie, en partie dans la légalité et en partie dans l'illégalité et la clandestinité. Elle n'hésita pas à aider les Algériens dans leur combat contre la France, y compris en cachant des combattants algériens et en les aidant à fuir. Elle alla ensuite au Vietnam, en Chine, au Laos, pour aider ces peuples dans leur lutte contre le pouvoir colonial, qu'il soit américain ou russe. A la fin des années 60 et au début des années 70, elle rejoignit l'organisation maoïste, la Gauche prolétarienne et milita pour la cause palestinienne. Son aide aux Palestiniens n'excéda pas la simple propagande, même si elle contribua par son action à répandre une image violemment anti-israélienne [20].

« Lorsque je suis revenue des camps, j'ai éprouvé un sentiment de culpabilité... Il était impossible de vivre dans un monde pareil, je ne pouvais pas vivre dans ce monde, il fallait tout faire pour qu'il change. Je me suis dit que je consacrerais mon existence au combat pour rendre les gens plus heureux. Il m'a fallu beaucoup de temps pour que je comprenne que c'était d'une certaine manière une fuite. Ça, je peux le dire maintenant. Avant j'en étais incapable. Je disais que j'agissais dans la bonne direction, que j'aidais ceux qui souffraient pour accéder à un monde meilleur. J'étais dans la bonne voie, influencée aussi par les idées du XIXe siècle. Si nous parvenions à changer la société, nous parviendrions à changer l'homme. J'ai été aussi témoin de mauvaises choses au sein des ethnies et des peuples pour lesquels je me battais, mais je me disais qu'il était interdit de donner une arme (de propagande) à l'ennemi, l'impérialisme américain. Je suis allée pour la première fois aux Etats-Unis en 1979, et j'ai alors détesté la gauche européenne pour avoir colporté tant de mensonges sur l'Amérique. »

Je lui demande si la lutte révolutionnaire a été pour elle une fuite. « La blessure de la guerre était si profonde, me répond-elle, que je n'avais pas d'autre choix. Mais lorsque j'ai été confortée dans l'idée qu'il fallait changer la société, c'est devenu quelque chose d'extrêmement profond, fortement ancré en moi. » L'un des points communs caractéristiques chez une bonne partie des radicaux juifs est leur quête d'universalité, leur intérêt pour les opprimés du monde entier, plus que pour les problèmes concrets et locaux du pays dans lequel ils vivent. Cette particularité, frappante chez A.K., est peut-être même chez elle poussée à l'extrême.

« Vous vous préoccupiez du monde entier. Etait-il donc si difficile pour vous de penser à votre peuple ?

— J'avais été obligée de me débarrasser de tout cela pour pouvoir continuer à vivre. Israël n'était ni mon problème ni mon combat. Je n'y vivais pas. Il y avait là-bas des juifs ? Bien... Dans les camps aussi, il y avait des juifs, toutes sortes de juifs... Je ne trouvais pas ma place dans la communauté juive. J'avais perdu mes racines et je n'en avais pas trouvé d'autres. Ce n'est que lorsque le mouvement révolutionnaire m'est apparu avec plus de lucidité que j'ai progressivement commencé à changer d'opinion sur Israël et sur le judaïsme. En 1975-1976, j'ai eu une crise d'identité, et la réalité s'est alors confrontée au rêve. C'est alors peut-être que je me suis mise en quête de mes racines. »

Le sentiment de « non-appartenance » s'est poursuivi jusqu'en 1981 où intervient soudain un changement notable. Un soir d'été 1981, elle regarde à la télévision française un reportage sur un congrès d'anciens rescapés qui allait se tenir à Jérusalem à Yad Vashem*. Le lendemain, elle s'envole pour Israël pour la première fois de sa vie et y reste une semaine. Elle découvre alors le pays surtout à travers Jérusalem. « Je ne suis allée nulle part ailleurs, je ne suis restée qu'à Jérusalem où j'ai découvert mes racines. C'est de là que je viens, là sont mes origines. Avant d'aller à Jérusalem, j'avais été à Florence pendant un mois pour mon travail, mais je n'ai rien trouvé là-bas. Par contre, Jérusalem, c'est le tombeau de David, c'est la terre où mon nom est gravé. C'est aussi Yad Vashem dont j'ignorais jusqu'alors l'existence. Auparavant je méconnaissais totale-

---

* Mémorial de la Shoah.

ment Israël. Ma mère qui s'y rendait régulièrement m'avait invitée à m'y rendre. "Tu voyages dans tellement de pays", me disait-elle. Mais c'était complètement refoulé. Je n'arrivais pas à franchir le pas. »

A Jérusalem, elle rencontre également d'autres survivants, dont certains qu'elle n'avait pas revus depuis la guerre. « Cette rencontre était pleine de force et d'intensité. Les gens qui étaient là aimaient la vie. C'était très émouvant. »

L'environnement familial d'ALAIN GEISMAR, juif né en 1939, est sensiblement différent de celui de nombreux radicaux juifs[21]. Il n'est pas fils d'immigrants, mais est issu d'une famille alsacienne installée en France depuis plusieurs générations, profondément intégrée, n'ayant conservé du judaïsme que quelques traditions folkloriques[22]. « Mes parents ne parlaient pas yiddish, mes grands-parents à peine. Il restait des bribes de traditions culturelles, comme la carpe farcie, quelques interjections en yiddish, vraiment ce qu'il y a de plus mince dans la symbolique, ce qui reste quand on a tout oublié. » Son père était officier dans l'armée française, tout comme son grand-père, blessé lors de la Première Guerre mondiale : « On me disait que nous étions plus français que les Français eux-mêmes, parce que nous avions choisi la France. » (En 1871, lorsque l'Allemagne avait envahi l'Alsace, sa famille avait choisi la France.)

Pour Alain Geismar, comme pour beaucoup d'autres radicaux juifs, être juif dans les années 60 se résumait pratiquement à une seule chose : la Shoah. « Pour moi le judaïsme, c'était l'expérience de la Shoah. Je m'étais toujours considéré comme juif, "juif" et non "d'origine juive". Mais celui de Sartre, celui désigné par l'antisémite, et non un juif de facto. Etre juif pour moi ne se rattachait à rien de concret, en dehors de la Shoah. Ma famille n'était plus pratiquante depuis déjà de nombreuses générations. J'ai trouvé le certificat de mariage de mon grand-père à la synagogue, et c'est à peu près tout. Je vais vous donner un exemple : mon premier fils est né dans les années 60, il s'appelle François et n'a pas été circoncis. Mon second, né en 1972, s'appelle Pierre (en souvenir de Pierre Overney, un camarade de la Gauche prolétarienne, tué la même année par un vigile devant l'usine de Billancourt) et n'a pas non plus été circoncis. Quant à mon troisième fils, né au début des années 80, il s'appelle Elie et a lui été circoncis. » C'est l'époque où Geismar revient sur ses positions violemment anti-israéliennes. Il écrit en février 1981 un article intitulé « Prêt à défendre Israël[23] ».

Il poursuit : « Pour un enfant juif, même très jeune, traverser la guerre était un événement dont l'influence était fondamentale. Dans les choses les plus banales, dans le fait de changer de nom... Mais par la suite mon appartenance juive n'a eu que très peu d'influence sur mon adolescence, si ce n'est une plus grande sensibilité à ce qu'avait été la guerre, l'extermination d'un peuple. Un sentiment qui s'est encore exacerbé avec le retour des survivants des camps et la disparition de ceux qui ne sont jamais revenus » (dont son père).

Sa famille, comme cela s'est parfois produit après la Shoah dans les familles juives françaises, et particulièrement dans les familles les mieux intégrées (que d'aucuns désignent souvent comme « assimilées »), avait essayé de minimiser la signification de la Shoah. La confrontation avec tout ce que la Shoah sous-entendait était difficile pour qui était demeuré en France après la guerre, et peut-être davantage encore pour qui espérait s'insérer dans la société française, « être français comme les autres », pour ne pas dire « plus français que les Français eux-mêmes ». « Adolescent, raconte-t-il, on m'a abreuvé d'histoires sur la guerre et convaincu que tout cela était bien fini. N'est-il pas écrit : "Liberté, Egalité, Fraternité" ? Même à l'école, en dehors de quelques cas où l'on m'a traité de "sale juif", il ne s'est rien passé d'anormal, parce que aussitôt après la guerre l'antisémitisme n'osait plus s'afficher. On nous avait expliqué qu'il s'était produit un horrible cauchemar, qui était à présent terminé, que la Shoah était un terrible accident de l'histoire, qui ne se reproduirait plus jamais. Il n'y avait plus de racisme, les enfants n'avaient plus à se cacher. » Dans la manière d'exposer la Shoah aux enfants en particulier, on en minimisait l'importance, soit pour tenter d'atténuer ses répercussions et prévenir de trop profondes blessures, soit pour l'éluder, même au prix de silences révélateurs.

« Tout ce qu'on m'avait raconté comme n'étant plus possible — les tortures, le mépris de l'homme, l'extermination d'un peuple — a recommencé. Et cette fois, c'est nous qui en étions responsables. Dans le même uniforme militaire que portait mon père lorsqu'il fut tué en 1940 en combattant les nazis. Je l'ai vu sur une photo lorsque j'étais enfant. Cela m'a révolté et profondément affligé. C'est ce qui a décidé de mon engagement contre la guerre d'Algérie, contre l'armée, contre les tortures, et m'a amené à entrer en contact avec le FLN. J'ai alors adhéré à la logique interne du mouvement et du militantisme, logique qui explique peut-être l'origine de ma révolte, celle d'un enfant juif vivant à l'époque de la guerre froide. » La Shoah et l'antisémitisme ont eu pour conséquence, selon lui, qu'il ne se sente pas tout à fait français, qu'il ne soit pas « un Français comme les autres ». Ses parents qui croyaient être « des Français comme les autres » ont découvert, et lui avec, que cela n'était pas forcément évident pour les autres Français.

« J'avais dix-huit, vingt ans à l'époque de la guerre d'Algérie et la question s'imposait dans toute son acuité : Fallait-il ou non s'engager dans la guerre contre le mouvement de libération nationale algérien ? Pour moi qui avais alors dix-huit ans, les souvenirs de l'Occupation et de la Gestapo étaient encore très présents. Ce que nous, les Français, faisions était pour moi insupportable... Il y avait aussi les tortures, les disparitions en France et en Algérie. L'idée que je devais revêtir dans deux semaines l'uniforme militaire m'était insupportable. Je ne pensais pas que la France était l'Allemagne nazie, ni que les soldats étaient des SS, mais c'était quelque chose de comparable. Non pas identique, mais comparable... Il s'était produit des choses terribles : des soldats incendiaient des villages... Des camarades avaient été arrêtés. J'avais là-bas un ami soldat. Il a vécu des choses horribles. Il m'a appelé un jour de permission, et nous nous sommes donné rendez-vous pour le lendemain. Mais entre-temps, il s'était suicidé. Je ne voulais en aucun cas avoir à participer à un génocide local. En 1957-1958, on avait le sentiment que cela recommençait. J'étais devenu le bourreau, le tortionnaire. C'était moralement insupportable, et totalement inexcusable.

« Je me souviens avoir été plusieurs fois arrêté à l'époque lors de contrôles de police. J'ai la peau mate. La police française, en armes, me demandait brutalement mes papiers. Puis venaient les excuses : "Pardonnez-nous, nous pensions que vous étiez algérien. Excusez-nous, nous pensions que vous étiez arabe." Le racisme est intolérable, et ne peut que réveiller le souvenir des juifs qui avaient été arrêtés quinze ans plus tôt. »

La lutte contre la guerre d'Algérie a été l'une des étapes principales dans la formation de l'extrême gauche française. En marge de la gauche traditionnelle, des socialistes aux communistes qui appelaient à la « paix en Algérie », étaient apparus des groupuscules de militants français qui combattaient pour l'indépendance de l'Algérie.

Autour de quelques intellectuels plus âgés, s'étaient regroupés des jeunes gens qui s'opposaient à la guerre que faisait leur pays. Ils étaient minoritaires alors, et durent se battre en usant de moyens légaux et illégaux. Beaucoup parmi eux sont devenus plusieurs années plus tard les ténors des organisations d'extrême gauche en France. C'est un phénomène propre au mouvement contestataire en France dans les années 60 et dont il ne faut pas négliger l'importance. Certains voient dans la manifestation du 27 octobre 1960 contre la guerre d'Algérie, en dépit des réserves émises par le Parti communiste français, une date clé dans la constitution du noyau de l'extrême gauche. En décembre 1961, les jeunes en colère de la « génération de la guerre d'Algérie » avaient constitué le Front universitaire antifasciste, le FUA, pour affronter des groupuscules d'extrême droite pour le contrôle du Quartier latin. En peu de temps, le mouvement s'était amplifié et avait attiré des milliers de participants à Paris et en province[24].

Un grand nombre de juifs faisait également partie de la « génération de la guerre d'Algérie ». Ils furent, au regard de leurs témoignages, plus sensibles et réagirent avec plus de véhémence que les autres à cause de leur passé. « Plus jamais ça », déclarèrent certains d'entre eux[25]. Ils étaient également conscients que, pendant la guerre d'Algérie, les généraux de l'armée, le système judiciaire et l'administration étaient en grande partie dans la continuité de l'époque de Vichy. Quelques-uns des personnages de notre étude (Michèle Firk, Alain Krivine, Marc Kravetz, Alain Geismar, Bernard Kouchner, et d'autres moins illustres) ont pris une part importante dans ce combat. Pourtant la guerre d'Algérie n'était pas leur guerre. Après la Seconde Guerre mondiale, ils n'étaient plus exactement des « Français comme les autres ». Ils ne pouvaient se contenter de s'abstenir, d'être neutres, de se dérober ou de refuser d'y participer. Ils s'engagèrent activement, parfois violemment contre elle. La lutte contre la guerre faisait partie d'eux-mêmes. A la fin des années 50, on pouvait relever au sein de la petite minorité, quantitativement marginale, qui luttait contre la guerre d'Algérie, une forte présence juive.

L'une des protagonistes de l'action clandestine contre la guerre d'Algérie m'a dit un jour : « Quatre-vingt-dix pour cent de ceux qui faisaient partie des réseaux clandestins étaient juifs. Disons... Peut-être pas quatre-vingt-dix pour cent mais quatre-vingt-cinq pour cent. » Même si ces propos paraissent exagérés, il semble que la proportion de juifs dans ces groupes ait été très élevée.

Les sentiments qu'avait suscités chez Alain Geismar la guerre d'Algérie se retrouvent également chez d'autres radicaux juifs. Les événements traumatisants du présent avaient fait émerger la mémoire du passé. Le fait d'être juifs explique souvent cela, même s'ils avaient le sentiment que les événements n'étaient pas de même nature.

JEANNETTE PIENKNY, qui dans sa jeunesse avait changé son nom en Jeannette Habel, était une amie d'enfance intime de Michèle Firk[26]. Avant que celle-ci ne s'envole pour l'Amérique latine en mai 1968, Jeannette avait tenté, en vain, de la convaincre de rester à Paris et de se mêler à la révolte étudiante qui prenait alors de plus en plus d'ampleur. Michèle avait dit à Jeannette au cours de l'une de leurs longues conversations que, si elle se faisait prendre pendant ses activités clandestines en Amérique latine, elle ne pourrait pas faire face à la torture, et qu'elle préférerait se tirer une balle dans la bouche plutôt que de livrer ses camarades[27]. C'est exactement, on l'a vu, ce qu'elle fit.

Comme Michèle, Jeannette se souvient des dures épreuves de la Shoah qui ont laissé des plaies ouvertes et marqué à jamais son existence. Elles sont toutes les deux issues de familles juives laïques d'Europe de l'Est, survivantes de la Shoah, et nourries au lait du communisme. Elles passaient souvent les vacances et les week-ends ensemble, et, adolescentes, avaient l'habitude de se retrouver à Paris, place de la République. Les témoignages de Jeannette et de Michèle mettent en relief deux éléments centraux, qui les ont conduites, comme d'autres, au militantisme radical. Le premier, et peut-être le plus important, est une certaine propension juive, influencée par les affres du destin, à soutenir les peuples opprimés dans leur lutte pour leur indépendance et leur libération nationale. Le second provient de la responsabilité directe qui incombe selon elles aux Français dans l'infortune des juifs pendant la guerre.

Le père de Jeannette, juif polonais né à Lodz, était arrivé en France en 1936. Il fut persécuté par la police française en tant que militant communiste. Il partit alors pour l'Allemagne, puis revint en France. Lorsque la guerre éclata, comme de nombreux immigrants juifs d'Europe de l'Est, il s'engagea dans l'armée française. Il fut arrêté par les Allemands et revint de captivité cinq ans plus tard en 1945. Jeannette, née en 1938, ne connut son père qu'à son retour.

Sur la période de la guerre et ses influences, elle

raconte : « Moi et mes camarades avons un souvenir précis de la guerre, du port de l'étoile jaune, des miliciens français et des nazis. Tous ceux de ma génération n'oublient particulièrement pas la milice française. Chez mes parents on disait : "Il faut se méfier des Français." Il était clair que nous ne nous sentions pas français. Nous nous méfiions de ceux qui n'étaient pas juifs. Nous savions déjà, à un très jeune âge, qu'il fallait craindre quiconque n'était pas juif, qu'il fût allemand ou français... Les rafles étaient menées de pair par les miliciens français et les soldats nazis. J'ai des souvenirs extrêmement précis, je me souviens de camarades qu'on raflait, qui pleuraient et criaient. On ne peut pas oublier... Ils passaient devant nous... Nous aussi, on est un jour venu nous chercher. Une fois, nous n'étions pas là. Une autre, nous n'avons pas été arrêtées grâce à mon père qui était prisonnier de guerre français interné en Allemagne, et ma mère possédait un certificat qui pouvait en témoigner [28]. »

Jeannette poursuit : « Je ne me suis jamais sentie française, nous n'étions pas français. Pendant la guerre, j'ai été envoyée dans plusieurs endroits différents, j'ai dû changer de nom, et apprendre par cœur des prières catholiques. A trois ou quatre ans déjà, je savais ce qu'il fallait dire ou ne pas dire. Cela a été un profond traumatisme. » Ce traumatisme, dû au sentiment d'étrangeté et d'aliénation, est une donnée fondamentale, selon elle, pour comprendre sa génération. Il revient sans cesse dans les propos des multiples intervenants. Cela étant, il faut dire que tous dans cette génération n'ont pas vécu cette épreuve avec la même intensité.

Dans les années 1952-1954, Jeannette était avec un groupe d'amies, des filles d'immigrants juifs comme elle, proche du mouvement Hashomer Hatsaïr*. La guerre d'Algérie avait consommé sa rupture, comme celle de ses cama-

---

* La Jeune Garde : mouvement de jeunes pionniers sionistes fondé à la fin de la Première Guerre mondiale en Pologne et qui a donné son nom au mouvement de la même sensibilité politique. Se revendique comme socialiste et sioniste.

rades, avec le mouvement sioniste. L'universalisme, l'impérieuse nécessité de s'engager pour « une cause actuelle », de soutenir la lutte de tous les opprimés avaient eu raison du particularisme du mouvement sioniste, pourtant ouvert aux problèmes universels. Comme Jeannette le dit elle-même : « Toute une génération de jeunes en France était en train de se convertir au radicalisme, et nous, nous nous sommes identifiés à la guerre de libération du peuple algérien, aux dépens de Hashomer Hatsaïr et du sionisme. » Le phénomène selon lequel des militants des mouvements de jeunesse sionistes-socialistes avaient abandonné leurs mouvements, au moment de la mobilisation de la jeunesse française, au profit du combat collectif, s'est reproduit lors de l'émergence radicale dans la seconde moitié des années 60. Certains désertèrent alors les mouvements sionistes-socialistes, accusés de pusillanimité et de particularisme, en faveur de la lutte pour les Vietnamiens et les autres peuples du tiers-monde.

Jeannette tente d'expliquer : « Nous nous sentions juifs, mais nous n'adhérions pas à n'importe quelle forme de nationalisme. Les juifs avaient été ceux qui avaient souffert, ils avaient été un peuple apatride, opprimé, et s'identifiaient à tous ceux dont le sort était le même. C'était une identification instinctive, non rationnelle, à la lutte contre l'oppression.

— Vous êtes-vous engagée dans la lutte d'autres peuples ?

— Oui. Mais nous ne voyions pas cela comme la lutte d'autres peuples. C'était toujours la même chose. La colonisation, l'extrême droite, le fascisme n'avaient pas changé. Il y avait des points communs qui subsistaient même après la guerre, l'impérialisme, mais aussi l'antisémitisme. Ce fut au début une identification spontanée, puis par la suite un soutien, un choix politique. Il y avait dans l'OAS (Organisation de l'armée secrète, l'organisation militaire clandestine qui agissait contre de Gaulle et s'opposait au retrait militaire français) quelque chose qui rappelait la croix gammée... L'extrême droite continuait d'exister et c'était toujours la même droite. »

Que l'histoire ait changé, c'était toujours la même droite française, et qu'il y ait eu des changements au sein de l'extrême droite française, cela ne changeait rien à ses yeux. « Celui qui disait "à bas les juifs" disait ensuite "à bas les Algériens". Les anciens miliciens français étaient ceux-là mêmes qui étaient venus grossir les rangs des tortionnaires de l'OAS [29]. » Ainsi l'identité du juif opprimé et persécuté se perpétuait-elle en se fondant dans le combat des laissés-pour-compte de notre temps, les Algériens d'abord, les Palestiniens ensuite [30].

Jeannette fut l'un des piliers de l'UEC, l'Union des étudiants communistes, dont elle se détourna par la suite. Elle fit partie des leaders incontournables de la Jeunesse communiste révolutionnaire, devenue par la suite la Ligue communiste révolutionnaire. Au début des années 60, gagnée par l'enthousiasme révolutionnaire cubain, elle fit un long séjour à Cuba. Après 68, elle milita à la Ligue pour développer le militantisme ouvrier et faire baisser la fièvre militante estudiantine.

Chez BERNARD KOUCHNER aussi, on retrouve la même identification à ceux qui souffrent et la nécessité d'être à leurs côtés [31]. Il est né en 1939, d'un père juif et d'une mère non juive, ce qui lui fait dire : « Selon les circonstances, je me sens plus ou moins juif. »

Bernard Kouchner pense lui aussi que le fait de vouloir être meilleur que les autres est lié probablement à la souffrance du passé juif. Ce « désir » serait peut-être motivé par la volonté de rendre les autres eux-mêmes meilleurs afin d'empêcher qu'une telle souffrance ne se renouvelle. La pérennité de la souffrance dans l'histoire juive crée ainsi la nécessité de s'engager et de lutter pour les opprimés. Il nous semble que nous rejoignons ici la dialectique plus ou moins manifeste de l'« élection », vision mystique, prométhéenne, idéaliste, et élitiste à différents niveaux, selon laquelle le juif serait destiné à souffrir et à se battre pour la justice, contre le racisme et l'iniquité.

Un paradoxe existe selon Bernard Kouchner dans le fait que, parallèlement à la conscience juive d'être aux côtés du faible, il existe aussi « la volonté d'oublier que nous sommes juifs ». Cela explique, entre autres, le nombre important de juifs dans les organisations d'extrême gauche. Peut-être qu'en cela résidait l'espoir, voire la croyance, que si l'on pouvait changer le monde, l'antisémitisme disparaîtrait. Dans l'engagement politique révolutionnaire, il n'y avait pas seulement la volonté d'oublier, de s'affranchir ou d'occulter l'appartenance juive et peut-être même la Shoah, des faits lourds de signification pour cette génération de militants. Il y avait aussi la quête identitaire du révolutionnaire ou de l'internationaliste, nécessaire à cause du poids trop lourd à porter du particularisme de l'identité juive, mais à cause aussi du souvenir obsédant du juif, victime impuissante. L'identification à l'internationalisme était beaucoup plus valorisante et plus facile à supporter que l'identité du juif en tant que victime.

Bernard Kouchner a été l'un des fondateurs du Front universitaire antifasciste (FUA). Il est également médecin, journaliste et écrivain. Il créa d'abord avec un autre camarade l'organisation Médecins sans frontières, puis Médecins du monde, et partit en mission humanitaire au Biafra, en Amérique latine, en Jordanie, plusieurs fois au Liban, en Erythrée, au Kurdistan, en Irlande, au Tchad et au Vietnam, en Yougoslavie, au Rwanda et ailleurs[32]. Ministre de 1988 à 1993, il devint l'une des personnalités les plus populaires du monde politique au début des années 90. Il remplit à nouveau depuis 1997 une fonction ministérielle.

C'est sa sensibilité particulière à la souffrance et à l'oppression qui motiva la création de Médecins sans frontières et de Médecins du monde : « L'oppression est unique, il n'y a pas plusieurs catégories d'oppression, il n'y a ni droite ni gauche. Je n'ai plus aujourd'hui aucune illusion quant à la question de savoir comment agiront les opprimés lorsqu'ils seront libérés, ni ce que feront les minorités lorsqu'elles se mueront en majorité. Mais il y a une règle dans l'existence à laquelle je ne déroge pas : être du côté de la minorité lorsqu'elle souffre, et être toujours à l'écoute de la réalité, au mépris des étiquettes politiques. » Ainsi Bernard Kouchner choisit-il de se trouver auprès de ceux qui souffrent le plus.

Pendant la guerre d'Algérie, il comptait parmi les contestataires de l'UEC. D'après lui, « la lutte contre la guerre d'Algérie était un combat contre le racisme, dans la lignée humaniste, en faveur des Algériens qui voulaient leur pays. Pour nous l'OAS c'était l'extrême droite, des fascistes, et elle était devenue l'ennemi à abattre ». Il ne fait aucun doute dans son esprit que la mobilisation des juifs contre la guerre d'Algérie fut imputable à la Shoah : « C'était une lutte qui voulait s'opposer à ce que la violence se renouvelle, et qui, bien évidemment, se rattachait à la question de savoir ce que nous aurions fait si nous, nous avions été là. Pourquoi cela s'était-il produit ainsi ? Pourquoi nos parents ne s'étaient-ils pas battus davantage ? J'ai toujours pensé ainsi. Avant je ne le disais pas, mais aujourd'hui oui, je peux le dire : quand j'étais au Biafra, au Salvador, en Afghanistan ou au Vietnam, j'ai toujours pensé que c'était la place du juif. Les juifs doivent être là où l'homme souffre. C'est ce qu'être juif veut dire. Avant je ne le disais pas, car je ne me sentais juif que lorsqu'un juif était agressé, j'étais juif face à l'antisémitisme. Je me souviens de la chute de Saigon. Pendant des années nous avions attendu ce moment. Nous étions alors dans l'un des hôpitaux de Médecins sans frontières. Les Américains étaient partis, les bombardements avaient cessé, le silence régnait, quelques instants plus tard arrivèrent les Nord-Vietnamiens. Nous étions trois médecins juifs dans le bloc opératoire et je me suis dit : "Il manque ici un goy." Peut-être est-ce de la psychanalyse de cuisine, mais je sais que ce militantisme a des fils qui le rattachent à la Shoah, qu'il existe en moi une volonté profonde de comprendre, de me prouver à moi-même comme aux autres que je n'ai pas peur et que je suis capable de me battre contre la guerre. » Et d'ajouter :

« C'est chez moi un aspect très important de ma personnalité, mais assez enfoui. Je ne peux en parler qu'avec des juifs ou des amis très proches, ou encore lors de soirées arrosées. »

Bernard Kouchner a eu à l'égard du conflit israélo-arabe une position plus modérée que la plupart de ses camarades d'extrême gauche. Déjà à la fin des années 60, alors que majoritairement ceux-ci soutenaient passivement ou activement la lutte palestinienne, il avait participé aux côtés de Marek Halter au Comité international en faveur de la paix au Proche-Orient. Il avait en particulier séjourné en Jordanie pour apporter une aide médicale aux Palestiniens. Pendant la guerre de Kippour, Médecins sans frontières avait proposé une assistance médicale aux populations civiles syriennes, israéliennes et égyptiennes. L'Egypte avait suggéré que le convoi humanitaire et médical soit envoyé au front. Israël avait repoussé la proposition encouragée par la Syrie. Kouchner et ses camarades étaient restés à Damas et n'avaient prodigué finalement aucun soin. Le gouvernement syrien n'avait jamais eu l'intention de faire appel à leur assistance médicale, mais avait voulu les utiliser à des fins politiques[33]. En 1982, au moment de la guerre du Liban, Kouchner signait dans *Le Monde* un article qui fit grand bruit où il déclarait que le camp d'Ansar n'était pas un camp de concentration : il réfutait les violentes attaques formulées alors à l'encontre d'Israël.

EMMANUEL KARLIBACH est l'un des rares parmi les radicaux juifs des années 60 à être issu du judaïsme religieux (vers lequel il retournera par la suite). En cela il ressemble davantage aux révolutionnaires juifs du siècle dernier ou des vingt premières années de ce siècle[34].

Il est né en Allemagne en 1935 dans une famille juive orthodoxe. Il a connu l'Europe en guerre « en pleine ébullition ». Sa famille se réfugia d'Allemagne en Belgique, puis de Belgique en France. Ils gagnèrent la zone sud, non pas comme français, mais comme « étrangers » allemands...

Ils se cachèrent dans le Midi, puis après quelques vaines tentatives pour émigrer, ils s'installèrent en Suisse jusqu'en 1945. Il a quatorze ans lorsque son père meurt. Sa mère et lui, fils unique, partent alors en Israël, elle à Tel-Aviv, lui au kibboutz religieux Yavné*. Mais ils ne réussissent pas à s'intégrer en Israël et reviennent à Paris. Emmanuel Karlibach est d'abord envoyé dans un des foyers de l'OSE, puis il devient interne à l'école juive religieuse Maïmonide à Paris.

Beaucoup de facteurs ont contribué selon lui à son engagement politique : « La guerre que je ne parvenais pas à digérer, l'éclatement de ma famille, mes interrogations concernant ma foi, tout cela en pleine adolescence. Rétrospectivement je crois qu'il y avait dans mon engagement politique la contestation de tout un ensemble, une profonde révolte... contre la guerre, les gens qui avaient trouvé la mort, le fait que j'en aie réchappé, et que le monde continuait cependant d'exister. Cet engagement était profondément lié au devoir de ne pas abandonner les morts de la Seconde Guerre mondiale... Qu'au moins ils ne soient pas morts pour rien... Au début j'étais tiraillé. L'existence de Dieu, la bonté divine me posaient des problèmes depuis la guerre. Comment Dieu menait-il le monde ? A ce jour je n'ai pas trouvé de réponse. C'est insoluble... La vie continue. Malgré tout on peut se jurer à soi-même de refuser d'éluder le sujet et de ne pas passer simplement à autre chose. Même s'il est nécessaire de tourner la page, il y a un devoir de mémoire à respecter. On ne peut commencer l'histoire en 1945, en 1948 ou en 1950. Ce serait une erreur. La grande peur que le passé soit oublié subsiste. »

Lorsque la question du réarmement de l'Allemagne refit surface, il en fut terriblement tourmenté. Il militait alors dans une organisation inféodée à Moscou : « C'était toujours cette nécessité de ne pas abandonner les morts. Si nous avions agi différemment en 38, 39 ou 40... Nous avons tenté de changer la vie, de refaçonner l'histoire, de transformer le sinistre scénario. On savait qu'il était impossible

---

* Dans le sud du pays.

de refaire l'histoire, mais au moins fallait-il ne pas la négliger, s'en préoccuper et la travestir ! Entre seize et dix-huit ans, j'ai remis en question ma foi et ma pratique religieuse. Je suis devenu athée, bien que je fréquentais une école religieuse de stricte observance. Ce fut en tant qu'adolescent un conflit très violent. Aujourd'hui je verrais davantage mon engagement politique comme la version laïque de ce que j'appellerais des penchants moraux. C'était une manière de réinvestir toute la morale que l'on m'avait inculquée dans mon éducation juive. Mes parents étaient orthodoxes mais ma mère disait toujours que les grands juifs de l'histoire étaient Maïmonide, Spinoza, Rosa Luxemburg et Erich Muehsam [35]. »

Sa mère meurt en 1956 et, dit-il : « Je me retrouve totalement seul. » Il se retrouve également apatride, ne parvenant pas à acquérir la nationalité française. « C'est une situation complexe que d'être apatride... Il est difficile de trouver du travail. Les gens ne comprennent pas. » Il acquiert en 1958 la nationalité allemande.

La dette contractée envers les morts lui fait expliquer, entre autres, son retour à la religion, après une rupture de vingt-cinq ans. Durant cette longue période, il passe du PCF à une organisation trotskiste, puis à une autre. Il rejoint ensuite le courant libertaire anarchiste puis séjourne quelques années en Yougoslavie. De retour à la fin des années 70, il embrasse à nouveau le judaïsme religieux. Il apprend alors l'hébreu, les sources du judaïsme religieux, mais aussi l'arabe, voyage en Israël et redevient pratiquant [36].

Il s'interroge : « Comment pourrais-je me définir aujourd'hui ? Ex-radical juif, ex-juif ? Juif pratiquant ? [...] Que peut-on déduire de mon histoire ? Deux choses me paraissent évidentes : premièrement, je suis arrivé au militantisme avec mes problèmes et l'espoir de pouvoir les résoudre. Deuxièmement, j'ai doté mon action de ce qu'il y avait de meilleur et de plus précieux dans la tradition juive, la valeur humaniste et la quête messianique de la solidarité universelle. »

ANIA FRANCOS était aussi enfant pendant la Seconde Guerre mondiale. Elle fut cachée pendant l'Occupation et ballottée d'une famille d'accueil à une autre. Ania est issue d'une famille juive dont la mère est polonaise et le père russe. Elle fait partie, comme Jeannette Habel et Michèle Firk, du groupe d'adolescentes qui se retrouvaient chaque week-end place de la République. Bien qu'elle n'ait jamais appartenu à une organisation spécifique, elle était ce qu'on peut appeler une journaliste et un écrivain engagé, qui à une certaine époque prit même violemment parti contre Israël. La longue liste des ouvrages qu'elle publia peut témoigner des questions qui la préoccupaient : Cuba, l'Afrique du Sud, les Palestiniens, l'Algérie, puis plus tard les femmes dans la Résistance pendant la Seconde Guerre mondiale. Dans les années 60, elle séjourna pendant de longues périodes en Algérie et à Cuba.

Son dernier roman, *Sauve-toi Lola*, raconte l'histoire du combat de Lola, en réalité son double, contre le cancer qui la ronge et qui entraînera finalement sa mort[37]. Le livre, à base d'éléments autobiographiques, décrit sa lutte contre la maladie. De nombreuses références sont faites au combat des juifs pendant la Seconde Guerre mondiale, en particulier celui de sa propre famille, pour en réchapper. C'est une lutte pour la vie. Le roman est écrit sur un mode sarcastique, mêlant les impressions de Lola sur sa maladie à celles de sa famille pendant la guerre.

Quelques courts extraits viennent souligner l'impact et le sens profond de la Shoah dans l'existence de Lola, qui est comme nous l'avons dit le pendant de l'auteur. La souffrance des juifs dans les camps ne cesse de la tourmenter, mais l'aide également et la soutient dans son propre combat : « En vérité, je vais t'avouer, ma France : je suis une vraie salope. Plus il y a de morts, plus je jubile secrètement. C'est pas moi : c'est elle, c'est eux. Je passe au travers de la statistique. "C'était pareil au camp, m'a dit tante Rivke. On était toujours triste de la mort d'un camarade, mais en même temps on se disait : moi, je suis là. Ils ne m'ont pas encore eue." Elle me répète régulièrement, la survivante : "Vivre est un devoir sacré. Comporte-toi comme moi à Birkenau. Dis-toi : c'est un film que je vois, un livre que je lis"[38]. »

Devant se rendre pour des soins à l'hôpital, elle a du mal à s'y résoudre : « Pour m'obliger à franchir cette grande porte de fer blanc qui mène de l'autre côté de la vie, je me contais à nouveau la légende : un SS se tient derrière moi, de sa mitraillette il me pousse ; un SS avec une tête de mort sur son calot bien sûr, [...] un de ces vieux amis du camp de Birkenau [...] Puis, respirant profondément, je me murmurais en yiddish (cette langue qui fait peur, comme disait Kafka, et qui seule donne confiance pour lui tenir tête) : "*Lolkèlè*, mon petit agneau, ne *krekhtes** pas. Tant qu'on n'est pas à la porte de la chambre à gaz, il y a de l'espoir." Une fois de plus, j'utilisais la bonne vieille ruse de : rien de pire que Hitler ne peut m'arriver[39]. »

Ailleurs, elle relate une dispute avec sa demi-sœur à qui elle fait partager ses terreurs et ses sentiments. Celle-ci lui dit : « Tu n'es qu'une juive snob... N'oublie jamais que ton arrière-grand-mère vendait des harengs à Varsovie. Pour toi, Auschwitz, c'est la Cinquième Avenue à New York. » « Un an plus tôt nous nous étions châtaignées comme des chiffonnières car je refusais de regarder à la télévision *Holocauste*, le qualifiant de feuilleton obscène. "Qu'est-ce que tu en sais ? m'avait perfide répondu ma douce demi-sœur, t'as même pas été déporté ! Pour qui tu te prends ?" Ce "t'as même pas été déportée", jamais je ne le lui pardonnerai[40]. »

Elle sait décrire avec la plus grande justesse les sentiments de douleur et de frustration qui la tenaillent : « Etait-ce ma voix ou celle de ma mère qui gueulait en bégayant : "Ça suffit cette vie de lumpen ! Ici ce n'est pas un hôtel. Dehors ! Rentrez chez vous !" La folle — moi — se précipita dans sa chambre en claquant la porte, se prit la tête à deux mains et commença à se donner des coups contre le mur, comme, enfant, elle l'avait vu faire tant de fois. Puis,

---

* Geindre ridiculement en yiddish.

75

la comédie ayant assez duré, je me déshabillai devant l'immense miroir entouré des images de mon petit musée personnel : le républicain espagnol atteint dans le dos, Capa, le garde mobile qui sourit lors de la rafle du Vel'd'Hiv, le 16 juillet 1942, le petit garçon à la casquette, les mains en l'air dans le ghetto de Varsovie, le regard d'une petite fille dans une mechta des Aurès, un jeune juif bronzé, un *koufieh* palestinien sur la tête, mon père à Haïfa en 1925, des femmes noires, ayant perdu leurs chaussures, qui courent au milieu des cadavres à Sharpeville, en Afrique du Sud, and so on... Bon. Je me caressai le sein gauche, je fis rouler la bosse et je me dis qu'elle se trouvait justement là où ma mère trente-sept ans plus tôt avait cousu l'étoile jaune[41]. »

L'angoisse et le lien complexe et douloureux de Lola (Ania) à la Shoah et à sa famille existaient chez elle comme chez de nombreux autres juifs de la même génération avant même l'émergence du radicalisme, comme elle l'explique au fil de son roman. On l'évoquait et on la comprenait moins auparavant, mais cela ne signifiait pas pour autant qu'elle occupait une place moins centrale dans son existence.

REGINE DIKOIS-COHEN[42], juriste et professeur d'université à Paris, est née en France en 1940. Ses parents étaient arrivés dans les années 30, son père d'Algérie, sa mère de Roumanie. Son histoire personnelle met en relief deux éléments de sa biographie hors du commun : ses parents étaient des « juifs honteux », qui cachaient leur judéité, probablement par peur, et peut-être par honte. Au contraire, Régine, malgré la vague révolutionnaire, et peut-être à cause d'elle, accepte son appartenance juive, et la revendique même. Le second élément, découlant probablement du premier, est le soutien de ses parents (en fait de son père) à la droite, voire à l'extrême droite. Aussi y a-t-il eu de très fortes dissensions entre elle et sa famille. Sa lutte et sa rébellion contre son père ont été plus violentes que ne l'ont été celles ayant pu opposer, par exemple, des parents communistes à leurs enfants militants d'extrême gauche.

Sa famille avait été traumatisée par la Seconde Guerre mondiale. « Chez moi, on ne disait jamais aux autres que l'on était juif. Mon père jeûnait à Kippour, mais il le faisait en cachette prétextant être malade. À cause de la guerre, tout se faisait en cachette et il régnait une peur permanente. Ma sœur en a été profondément marquée. Elle n'a jamais dit à son propre fils qu'il était juif. Née en 1937, elle a vécu la Shoah de façon plus douloureuse et plus aiguë que moi-même, et d'une certaine façon s'est blindée. Elle a reproduit le mode de vie de mes parents, l'essentiel étant de ne rien dire sur ses origines et de rester discret. Moi, en revanche, je les revendiquais énergiquement. J'étais obsédée par quiconque portait un nom juif. Je ne pouvais pas ne pas le remarquer. Mes parents ont encore peur aujourd'hui, lorsque je pars en Israël, que je leur envoie une carte postale. Ils craignent qu'en la voyant le concierge pense qu'ils aient un lien quelconque avec ce pays peuplé de juifs, et découvre alors leur identité.

« Ma famille est très juive, même si mes parents refusent de reconnaître leur judéité et la dissimulent. J'ai vécu dans un cadre familial totalement juif, cent pour cent juif, et en même temps dans une famille qui occultait tout cela. Pendant la guerre, mes parents ont dû s'enfuir et se cacher. Mon père a fait changer son nom de David Cohen en Danis-Coln en 1958, alors qu'il n'y avait pas particulièrement d'antisémitisme en France[43]. J'ai été confrontée à quelques incidents antisémites sans gravité à l'école à cause de mon nom. Mon père qui a réussi à remettre ses affaires à flot dans les années 50 prétend que sa vie s'est améliorée de manière significative depuis qu'il a changé de nom. » Régine, quant à elle, a adjoint à son nom marital (son mari n'est pas juif) le nom de Cohen.

Pendant des années, elle a été militante communiste. Mais très vite elle s'est opposée à la ligne officielle du parti, se mettant à soutenir activement l'indépendance de l'Algérie et le FLN. Elle ne peut pas affirmer avec certitude s'il y a une corrélation entre son appartenance juive et son aide à la population algérienne. Dans le réseau de soutien à l'Algérie auquel elle appartenait, la majorité des militants était en fait d'origine juive. Il n'est pas moins important de rappeler, dit-elle, que « la famille de mon père, en Algérie et en France, et surtout mon père ont soutenu l'OAS. Mon soutien au FLN était également peut-être une forme d'opposition à mon père dont je n'ai jamais pu admettre le côté raciste et anti-arabe. Jamais je n'ai pu supporter la manière dont il parlait des "bicots". En 1934, il a rejoint pendant une courte période l'extrême droite française, jusqu'à ce qu'il réalise son antisémitisme.

« Je sais que beaucoup de choses me révoltaient, comme l'oppression par exemple. Déjà très jeune j'étais sensible à toute forme d'humiliation, qu'elle fût dirigée contre un individu ou une collectivité. Pendant la guerre d'Algérie, ma judéité a refait surface. Mais je me sentais également très française[44]. Je n'avais pas le sentiment de me battre contre mon pays, mais contre la politique d'un Etat qui commettait des choses ignobles. Oui, rares sont ceux qui ont armé l'ennemi. Cela me posait des problèmes. Je ne suis pas de nature extrémiste, mais je voulais être du côté des faibles et des opprimés. Je n'ai pas eu l'impression d'agir en traître. Ce n'était pas mon pays. C'était un pays qui faisait d'horribles choses[45]. Si mon pays accomplissait des actes répréhensibles, alors peu m'importait que ce soit mon pays. Je suis citoyenne du monde. Le fanatisme (nationaliste) faisait également partie de la France, c'était franchement dégoûtant. »

Elle fut finalement exclue du Parti communiste en 1968 pour avoir soutenu activement l'extrême gauche pendant les événements de Mai. Dans les années 70, elle milita au MLF, puis adhéra à la Ligue des droits de l'homme et au MRAP (Mouvement contre le racisme et pour l'amitié entre les peuples). En 1979, elle devint rédactrice en chef d'une revue juridique de gauche. Elle participa pendant un temps à des rencontres entre intellectuels juifs ex-militants de gauche qui, désireux de renouer avec leurs racines, débattaient de pensées et de textes juifs. Elle fut profondément choquée lorsque éclata la guerre du Liban : « Pour la première fois j'éprouvais de la culpabilité en tant que juive. » Elle rejoignit alors l'association Des juifs contre la guerre du Liban. Plusieurs années après, rétrospectivement, elle finit par se faire à l'idée que ses parents aient dissimulé leur judéité. Mais elle n'accepte toujours pas la relation qu'entretenait son père avec les Arabes : « Qu'il soit juif ou non, cela m'est égal. Mais un juif se doit d'avoir des valeurs[46]. » Quant au côté « juifs honteux » de ses parents, elle ajoute : « D'un côté je suis en colère contre eux d'avoir une telle attitude, mais d'un autre je les comprends mieux aujourd'hui et je ne peux pas vraiment leur en vouloir. C'était une question de vie ou de mort, de survie même. Avant cela me révoltait, mais plus maintenant. Je ne sais pas comment j'aurais agi à leur place. On peut comprendre leur "discrétion" à la lumière des persécutions et de la terreur qui régnait alors. »

Bien que sa famille n'ait été ni déportée ni exterminée (une partie s'est exilée en Algérie et lui doit son salut), l'influence de la guerre a été très forte. « Il y avait les brimades, le rejet, mais les mots eux-mêmes sont réducteurs face au sens profond des événements [...] La personnalité se forge dans les premières années de l'existence. Pour moi, l'enfance se résume aux abris, à l'exclusion, à la peur, quoique je n'aie pas de souvenirs très précis avant l'âge de quatre ans. Je ne pense pas qu'un jeune enfant puisse assumer tout ça. Etre si petit et devoir se cacher. Je ne vois pas comment il est possible de vivre une période aussi difficile, alors qu'on vous rejette, sans que cela ait de répercussions politiques ultérieures. J'en connais certains, ma sœur par exemple et d'autres encore, qui n'ont pas réagi en s'engageant politiquement. Chez moi en revanche, le fait de ne pas supporter l'exclusion est dû directement à la guerre. Je prépare actuellement un doctorat sur l'exclusion. Pendant des années, j'ai cherché un sujet qui puisse m'intéresser, et ce n'est pas un hasard si en définitive j'ai fait ce choix.

« Je suis toujours attirée par une sorte d'élitisme juif, mais en même temps une autre partie de moi-même cherche continuellement à disparaître (elle éclate de rire). J'ai l'impression de ne pas réellement exister et j'ai toujours peur que cela recommence. Je suis un peu paranoïaque. De surcroît j'ai en moi un sentiment diffus de mépris à l'encontre de qui n'est pas juif. J'ai parfois un fort sentiment de supériorité à cause de l'éthique juive que je ne connais pourtant pas vraiment ! C'est un sentiment un peu ridicule, avouons-le, et confus. D'un autre côté, j'ai toujours l'impression d'être exclue et à part. »

PIERRE GOLDMAN est né en 1944 à Lyon. Ses parents ont pris part à la lutte antinazie au sein d'une organisation juive proche du Parti communiste. Sa mère est retournée vivre en Pologne en 1947, et il a grandi dans différentes familles, notamment chez la sœur de son père, qui en 1949 s'était remarié à une juive d'origine allemande. A partir de 1950, il vient s'installer chez son père et sa belle-mère. En 1963, il rejoint l'Union des étudiants communistes, vivier des futurs leaders des organisations de la Nouvelle Gauche. Au milieu des années 60 déjà, Goldman s'inscrit en faux contre la ligne officielle du PCF. Contrairement à la majorité de ses camarades gauchistes, il n'accorde que peu d'importance aux événements de Mai 68 qui lui semblent « trop enfantins ». En revanche il retourne en Amérique latine, où il avait précédemment séjourné, pour y soutenir le mouvement révolutionnaire, le seul vrai combat à ses yeux. A son retour en 1970, il participe à plusieurs vols à main armée, et est finalement arrêté, accusé d'avoir commis deux homicides volontaires. Il n'avouera jamais ces meurtres. Au terme de son procès qui émut la France entière, il fut condamné à la prison à perpétuité. Pendant son incarcération il écrivit *Souvenirs obscurs d'un juif polonais né en France*[47]. A la suite de la révision de son procès, il fut acquitté et libéré en 1976. En 1979, il est assassiné. A ce jour, le motif du meurtre n'a toujours pas été élucidé.

Pierre Goldman n'attribuait pas, comme il a été dit, beaucoup d'importance aux événements de Mai 68. Il prit ses distances avec le mouvement étudiant, englué selon lui dans l'immaturité politique, bien que désireux d'être pris au sérieux. L'appel à la solidarité avec Cohn-Bendit à travers le slogan « Nous sommes tous des juifs allemands » suscita son indignation. « Cette attitude qui aurait pu ou dû m'émouvoir ne me toucha nullement. Je pensais au contraire avec irritation : les cons, ça aussi ils veulent l'être ! »

Dans son livre *Un K. incompréhensible Pierre Goldman*, l'écrivain et metteur en scène Hélène Cixous tente d'expliquer cette réaction négative de Goldman en affirmant que toute identification superficielle était à ses yeux comme une trahison, un refoulement de la mémoire : « Non, vous n'êtes pas des juifs allemands. Il y a des moments où l'identification est une façon de voler, de trahir, une sorte de refoulement qui n'est pas loin d'une suppression. Où la mémoire se fait complice du plus cruel oubli[48]. »

Goldman qualifia les événements de 68 d'« excitation pornographique » et d'« onanisme collectif ». « La part de la rêverie y était plus grande que celle de la réalité », parce que le pouvoir jugeait ses opposants à travers une contestation stérile et impuissante à ses yeux. Le pouvoir avait excité l'imagination mais les manifestants « ne savaient pas qu'ils jouaient ». Il faut souligner que Pierre Goldman a toute sa vie été obsédé de n'avoir pas été résistant, de n'avoir pas vécu à l'époque des combattants du ghetto de Varsovie... Son rêve, dont l'issue inéluctable était la mort, eût été d'être partisan. Il ne voyait pas son destin dans celui d'un militant du mouvement contestataire, mais dans celui d'un dirigeant et d'un meneur révolutionnaire.

Dans son livre, il exprime ses impressions avec une naïveté et une sincérité confondantes, ses sentiments, son rapport à la Shoah, à sa judéité et à Israël. Son obsession quasi maladive de la Shoah, comme nous le verrons plus tard, donne toute la spécificité individuelle et psychologique du personnage. Ses obsessions touchèrent sensiblement la jeune génération d'après la Shoah. L'ironie du sort veut qu'elle ait scandé lors de son procès : « Nous sommes tous comme Pierre Goldman », et après son assassinat : « Nous sommes tous des juifs polonais nés en France. » De nombreux ouvrages et articles ont été consacrés au personnage et à son procès. D'aucuns le comparèrent à celui de K. du roman de Kafka, d'autres à Dreyfus. Il fut soutenu par de nombreux intellectuels et hommes politiques. Nombre de ses contemporains, y compris ses plus ardents détracteurs, virent en lui le symbole de la génération d'après la Shoah en France. Chacun se retrouvait dans son livre, décelait ce quelque chose d'enfoui jamais exprimé jusqu'alors[49]. C'était justement lui, Goldman, « le marginal », « l'inadapté », « le violent révolutionnaire », « l'exilé de l'intérieur », « l'exilé jusqu'au-boutiste » qui incarnait cette « génération perdue ». Les remarques tirées de l'influence de la Shoah sur Pierre Goldman sont communes, d'une manière moins extrême, à beaucoup de ses contemporains juifs.

Il incarne les derniers spasmes du gauchisme moribond des années 70. Beaucoup ont vu dans son procès celui de la « révolution introuvable », selon l'expression de Raymond Aron. Le meurtre de Goldman symbolise la mort de la révolution, sa disparition physique ou du moins spirituelle. Son destin est tout à fait représentatif de l'amertume et du désespoir de nombreux radicaux à la fin des années 70[50].

Mais d'autres éléments caractérisent également tout particulièrement Pierre Goldman : « internationaliste et exilé », « inadapté », « marginal », « combattant de la révolution mondiale antibourgeoise »... Tout cela ne pouvait pas bien finir. Il était en fait « un révolutionnaire sans révolution ». « Fondateur de la MOI [Main-d'œuvre immigrée, organisation clandestine antinazie agissant conjointement avec le PC dans laquelle se trouvaient de nombreux immigrants, dont de nombreux juifs], né vingt ans plus tôt, Giscard aujourd'hui irait fleurir sa tombe du côté du Vercors[51]. » Mais les temps de la Résistance et de l'Orchestre rouge étaient révolus, et Goldman, déçu et désespéré après son retour d'Amérique latine, avait choisi la délinquance.

Ainsi s'ouvre le chapitre intitulé « Curriculum vitae » : « Je suis né le 22 juin 1944 à Lyon, en France, en France occupée par les nazis (longtemps j'ai pensé que j'étais né et mort le 22 juin 1944). Je suis d'origine juive et je suis juif[52]. » Plus loin il écrit : « Je suis né juif et en danger de mort. Je n'avais pas l'âge de combattre, mais, à peine en vie, j'eus l'âge de pouvoir périr dans les crématoires de Pologne. Les enfants étaient les premiers à être assassinés. »

L'idée obsessionnelle de la mort fait intrinsèquement partie de son existence. Elle s'accompagne d'un violent sentiment de culpabilité pour n'avoir pas appartenu à la génération de ses parents, pour ne pas s'être battu et n'avoir pas été résistant. Elle s'accompagne aussi du « complexe juif guerrier » que l'on retrouve dans l'âme israélienne et qui peut paraître surprenant chez un radical juif tel que Goldman. Elle va de pair aussi avec un fort sentiment d'étrangeté à son époque et à son environnement. Le personnage de Pierre Goldman est tout à fait significatif pour appréhender la génération juive française d'après la Shoah, parce qu'à plusieurs niveaux il brise des tabous, il « extirpe » ce qui n'avait presque jamais été énoncé auparavant.

Son rapport obsessionnel à la mort revient en permanence tout au long de ses souvenirs. Ainsi écrit-il : « Ma longue obsession de la mort prend source dans mon premier souffle. Je ne sais pas d'instant — dans mon souvenir — où je n'aie cette lancinante pensée de la mort. Je savais, sans doute, que je venais de la mort, et, à peine dans la vie, je me préparais à y retourner. Je vivais dans cette attente (biblique)[53]. » Cette obsession morbide ne pouvait être interrompue que par une existence ayant un sens véritable. Mais pour Goldman la vie n'avait de sens que par le courage. Ce courage qu'il respectait, qu'il vénérait, était celui de ses parents, celui des combattants juifs. Le fait de ne pas avoir vécu à leur époque et de ne pas avoir agi comme eux ni être parvenu à égaler leur courage physique et moral le tourmentera jusqu'à la mort.

Parti voir sa mère en Pologne (restée, selon ses propos, antisémite, même après la guerre), il se rendit dans l'ancien quartier juif disparu. « Je vis le cimetière où se livrèrent les derniers combats de l'insurrection du ghetto et où nul homme ne pouvait pénétrer s'il n'avait la tête couverte. Et il m'était significatif que ces juifs eussent livré leur ultime bataille dans un cimetière, comme si cela devait être l'unique endroit où leur mort eût le sens de la vie [54]. » Pendant son séjour en Pologne, il cessa de haïr la violence. « Je conservais toujours en mon tréfonds une répulsion rabbinique pour la force brutale. Enfant, j'avais horreur de tout exercice physique. Je restais dans cette rêverie fragile où j'étais dans un autre temps, passé et à venir. On m'envoyait aux Eclaireurs de France et j'eus du dégoût pour l'aspect paramilitaire de leurs saines activités. [...] Quand il m'arrivait d'être provoqué ou attaqué, craintif et maladroit que je fusse, je ripostais toujours. Je respectais cet enseignement que me donna mon père un jour [55]. »

La Seconde Guerre mondiale l'a marqué à jamais : « J'avais grandi dans la mémoire de la Résistance, d'une certaine Résistance (celle des communistes français). (...) Etre ou ne pas être français n'avait jamais été, pour moi, une question : je ne me la posais pas. Je crois que j'ai toujours su que j'étais simplement un juif polonais né en France [56]. »

Il pensait que les fascistes, le mal absolu selon lui, avaient disparu du monde réel. Que leur existence était tout aussi incongrue que pouvait l'être celle de créatures issues d'un autre temps. Elève dans un lycée de banlieue à la fin des années 50, il avait découvert que le fascisme existait bel et bien, qu'il n'était pas mort avec l'effondrement des puissances de l'Axe. Il rencontra des jeunes et des enseignants, ardents défenseurs du régime de Vichy, mais aussi des fascistes militants. La lutte antifasciste à l'époque, la seule digne d'être menée selon lui et susceptible de conduire à la guerre civile, ne pouvait qu'être liée au Parti communiste. Ce n'est que plus tard, au tout début des années 60, qu'avec de nombreux autres jeunes il prit ses distances avec le PC et poursuivit la lutte antifasciste dans le cadre de la Nouvelle Gauche. Goldman est à l'image de la phrase de Trepper, mise en exergue au début de son livre : « Je suis devenu communiste parce que je suis juif. »

Sa relation complexe à la force s'exprime par sa volonté antifasciste. En 1964, il se met au karaté et fait par la suite partie du « service d'ordre » de l'UEC, dans l'espoir d'un renouveau de guerre civile[57]. Il apprend ce sport pour « accorder un peu [son] corps à [son] esprit ». « Issu d'une lignée de rabbins et de tailleurs humiliés, meurtris, assassinés, dont je porte la marque indélébile et pérenne, je pratique des mouvements de samouraï et je pense que le Japon traditionnel fut aux côtés des fascistes allemands. Je suis complètement étranger à cet exercice martial, à cette culture, et il faut que je m'y brise pour m'y plier, pour y entrer[58]. »

D'un autre côté, il devient insoumis et refuse de faire son service militaire, ce qui décevra amèrement son père. Cette question soulève le clivage entre la génération des parents immigrants et leurs enfants nés en France, dans leur lien avec le pays. Les parents étaient mus par la nécessité de s'intégrer dans la société française et de s'en prévaloir. Les enfants quant à eux n'étaient plus obligés de prouver leur appartenance en se fondant dans le moule social français. Que Pierre Goldman ait été insoumis renforce davantage encore le sentiment d'étrangeté, caractéristique essentielle de son identité.

« J'étais donc insoumis. Appelé à revêtir l'uniforme, je me dérobais à ce devoir. Je sentais que je trahissais la preuve que je devais fournir à la France de mon appartenance à la communauté nationale. J'étais un juif qui refusait le rite de l'intégration dans la nationalité. Et je trahissais mon père, sous-lieutenant de réserve, médaillé militaire. Hormis l'amertume et la tristesse de lui causer de la douleur, de bafouer son patriotisme de juif immigré (et naturalisé d'avoir été soldat français), je me souciais peu de cette trahison. Je n'avais pas de preuve à donner. On me la donnait depuis toujours, en silence, depuis que j'étais né et bien que je fusse né en France, en même temps où il m'était refusé de naître français — je n'avais pas de preuve à donner parce que, profondément, je n'avais jamais été français. *Exilé indéfiniment, infiniment, définitivement, je n'avais pas de patrie, pas d'autre patrie que cet exil absolu, cet exil juif diasporique*[59]. »

Bien qu'ayant refusé de faire son service militaire, il voulait participer à un combat physique, voire à une guerre civile, contre la tendance fasciste de la société. En prévision, il avait rédigé un projet de constitution de guérilla urbaine[60]. Ses idées étaient trop extrémistes pour la gauche comme pour les organisations de la Nouvelle gauche. Il espérait que son choix de l'Amérique latine le changerait profondément. « Je pensais, en quittant la France, qu'au Venezuela je connaîtrais des épreuves majeures qui me changeraient. Changer ou mourir, telle était aussi mon obsession. Parvenir à ne plus être ce que j'étais... Je pensais également qu'il était important que je périsse avant l'âge de trente ans et qu'il fallait que je meure purifié des scories honteuses que je charriais[61]. »

Il revient en France et devient malfaiteur sans trop savoir pourquoi. Il ne vole pas pour l'argent. Dès qu'il l'a volé, il le dépense ou le donne aussitôt. Il commet ainsi trois vols à main armée. Mais « il n'est pas un gangster comme les autres ». Il est obsédé par l'éventualité de voler ou tuer un juif[62]. Lors d'un de ses hold-up, il n'arrive pas à braquer une femme[63]. Son rapport complexe à la force apparaît encore ici[64]. Goldman avoua ses méfaits et reconnut qu'il devait payer pour cela. Mais il ne reconnut jamais le meurtre des deux femmes lors d'une tentative de hold-up, crime pour lequel il fut arrêté et condamné à la prison à perpétuité lors de son premier procès. Dans ses souvenirs, il explique : « Il me semble que j'eus alors le désir — que je n'identifiai pas — d'être accusé de ces meurtres : dans cette accusation je serais *un étranger absolu*[65]. »

Sa belle-mère vint pour la première fois lui rendre visite neuf mois après le début de son incarcération. Son père, quant à lui, attendit deux ans, seulement après s'être convaincu de l'innocence de son fils dans les deux meurtres et qu'il avait véritablement changé (il entreprit durant sa réclusion d'étudier la philosophie). Goldman tenta d'apaiser sa belle-mère en lui disant que la prison n'était en rien comparable à un camp de concentration nazi ni à un camp de rétention (dans lequel elle fut détenue en 1939 en tant qu'allemande et ressortissante d'un pays ennemi, bien que juive). Il confesse que l'univers carcéral ne lui pèse pas outre mesure : « J'étais un juif polonais, mon échine était raide, j'étais originellement préparé au malheur, apte à l'affronter, et Fresnes n'était pas Auschwitz... Au Venezuela, j'avais risqué des châtiments majeurs et implacables. Et, de tout temps, j'avais prévu qu'un jour je me trouverais dans une situation qui interpellerait décisivement mon courage moral. Je souffrais seulement d'être empêché de pouvoir repartir en Amérique latine, de pouvoir y aller chercher un nouveau combat. Mais je pensais qu'un jour je sortirais et que j'aurais encore la force de lutter, de mourir. Ce désir de combattre, je le conservais au fond de moi comme un joyau, comme un diamant. Il signifiait que j'aimais, dans la liberté, non pas les veules félicités où l'on se vautre, mais d'y risquer la mort dans une essentielle rébellion [66]. »

Un point supplémentaire, qui mérite d'être relevé, et qui est des plus significatifs dans la relation qu'entretient Goldman avec la Shoah est illustré à travers la « preuve » qu'il apporte pour se disculper. Il jure à son père, à sa mère et au rabbin de la prison, non au nom de Dieu mais devant les six millions de juifs exterminés pendant la guerre, qu'il n'a pas tué les deux femmes. Ils le crurent [67].

Avec le récit de Pierre Goldman s'achève ici la restitution des témoignages de quelques radicaux juifs qui avaient vécu la guerre eux-mêmes de la manière la plus directe qui soit. Nombreux étaient ceux parmi les ténors de l'extrême gauche qui avaient été frappés dans leur chair et dans leur âme du sceau de l'étoile jaune. Certains étaient les survivants directs des camps d'extermination, ceux que les assassins et collaborateurs français avec lesquels ils partageaient un espace commun n'avaient pas réussi à éliminer. L'impact de cette épreuve avait été, comme nous l'avons vu, extrêmement fort. Parmi les possibilités qui leur étaient offertes après la guerre, comme le reniement et la perspective assimilationniste, le judaïsme religieux, le sionisme ou le militantisme dans les organisations de la gauche radicale, ils avaient opté, à un certain moment de leur existence, pour le militantisme révolutionnaire. Ce fut parfois un choix ponctuel, parfois aussi un choix à plus longue échéance.

Le choix de ces jeunes pour le radicalisme politique révolutionnaire fut lié, comme nous l'avons dit, à l'expérience de la Shoah. Dans de nombreux cas, il en découle directement, ce qui explique qu'ils aient voulu changer le monde. Ce n'était pas le choix d'une solution idéologique et politique particulière, nationale ou ethnique, mais un choix idéologique et politique à portée universaliste. Il s'est souvent heurté à un certain particularisme pour des raisons que nous étudierons plus tard.

L'expérience de la Shoah est liée à la volonté d'aider, de secourir les opprimés, les laissés-pour-compte. Les « enfants de la guerre » avaient façonné leur conscience politique à l'époque de la guerre d'Algérie. Ils ne pouvaient se résoudre à ce que dans leur pays l'on torture ou l'on tue, eux à qui la Seconde Guerre mondiale avait inculqué des valeurs morales qui leur commandaient de se battre, parfois même de façon violente. Le combat contre la guerre d'Algérie les distinguait des plus jeunes radicaux juifs nés dans les premières années après guerre. Ceux-là avaient forgé leur identité politique dans la seconde moitié des années 60. Les événements marquants furent pour eux la guerre des Six Jours et Mai 68.

Toutes ces choses n'étaient pas aussi claires à l'époque. Elles faisaient partie du non-dit et du refoulé aux effets parfois ravageurs. Ces jeunes étaient avant tout révolutionnaires, mais savaient, même s'ils n'en parlaient pas, si ce n'est avec humour, que leur identité juive déterminait leur engagement politique. Celle-ci était avant tout pour eux, et parfois exclusivement, l'expérience de la Shoah.

CHAPITRE III

La douleur de la génération de la paix

Les « enfants des rescapés », nés à la fin des années 40 et au début des années 50

> « Je suis fière que la Ligue ait enfreint la loi dans son combat contre le fascisme. L'extrême gauche a lutté contre l'antisémitisme, le racisme ; son action a été primordiale. Il y avait un slogan : « Antisémites, tremblez ! » Si les antisémites tremblaient, c'était bien grâce aux gauchistes. »
>
> Joëlle Ada, ancienne trotskiste.

Aux radicaux juifs, qui, enfants, avaient vécu la Seconde Guerre mondiale, viennent s'ajouter à la fin des années 60 et au début des années 70 ceux nés après la guerre. Si, en 1968, les « enfants de la guerre » avaient la trentaine, les « enfants des rescapés » avaient environ vingt ans. Jusqu'à présent, il n'a pas été fait de distinction claire entre ces deux générations. Elle nous semble pourtant nécessaire car elles apparaissent très différentes, tant dans leur expérience personnelle que sur le plan de la maturité idéologique. Cela implique une autre approche de la part du chercheur, comme bien sûr du lecteur.

Les « enfants de la guerre » avaient formé la base dirigeante des mouvements contestataires en esquissant leur idéologie et les finalités politiques. Les « enfants des rescapés » faisaient partie des très nombreux jeunes en colère à qui très souvent manquait la capacité, voire la volonté d'identifier et de définir les objectifs du mouvement contestataire. Plus important encore, si l'on écoute aujourd'hui ces « enfants de la guerre », leur état d'esprit et leurs actes à l'époque de Mai 68 apparaissent comme motivés par une idéologie dogmatique, même s'ils ont pu par la suite changer d'opinion. En revanche, les souvenirs des « enfants des rescapés » sur le mouvement contestataire donnent l'image d'une jeunesse fougueuse, enthousiaste et véhémente qui pour la première fois se mesurait à l'autorité, dans une expérience qui fut pour eux déterminante et où les événements eux-mêmes occultaient toute rationalisation de la réalité.

Le slogan « avoir vingt ans en 68 », issu des événements, caractérisait la part prépondérante d'une jeunesse née immédiatement après la guerre et qui avait alors entre seize et vingt-quatre ans. C'étaient les enfants du baby-boom, nés entre 1945 et 1953. Dans les années qui suivirent, de nombreux jeunes nés un peu plus tard, furent à leur tour entraînés par la vague gauchiste. Des esprits cyniques prétendent que le mouvement contestataire n'était qu'une fête existentialiste de jeunes qui vivaient dans un monde pacifié, reconstruit après la Seconde Guerre mondiale. Trop jeunes pendant la guerre d'Algérie, ils n'avaient pu y prendre part, même s'ils en avaient été profondément marqués. L'influence du fascisme et de la Shoah était, du moins chronologiquement, moins importante encore, même si, comme nous le verrons plus tard, elle restait très significative. Ces jeunes n'avaient pas vécu directement la Shoah, mais ils étaient confrontés à son souvenir tout comme aux tentatives de refoulement de leurs parents.

Les sentiments complexes, le traumatisme et les difficultés engendrés par la mémoire de la Shoah ont été transmis différemment aux « enfants des rescapés ». Nous ne pouvons, ni n'avons ici l'intention de nous étendre sur ce vaste sujet. Cette étude ne porte pas sur les enfants des rescapés mais sur les radicaux juifs qui sont pour leur majorité des enfants de rescapés[1]. Ce sont les enfants des rescapés des camps d'extermination, les enfants de parents qui avaient pu se cacher pendant la guerre ou étaient entrés dans la Résistance.

Un des ouvrages représentatifs de la quête identitaire, et qui analyse l'identité juive de la génération née en France après la Shoah, est le livre d'Alain Finkielkraut *Le juif imaginaire*. Publié en 1980 après le lent déclin de la vague gauchiste, il fit à sa sortie grand bruit. Durant toutes ces années, s'était produit un processus qui avait fait des « radicaux juifs » des « juifs radicaux » ou des « juifs tout court ». L'intérêt de ce livre réside dans la capacité de son auteur à pénétrer au plus profond de l'âme complexe et agitée d'un adolescent — en l'occurrence lui-même — né après la guerre. Le témoignage de Finkielkraut est celui d'un adulte qui examine avec recul et scrupuleusement ses pensées et actes d'enfant, à un moment où vraisemblablement une telle compréhension et une telle acuité lui faisaient défaut.

ALAIN FINKIELKRAUT, né en 1949, participa en tant que lycéen avec bon nombre d'autres camarades, aux manifestations étudiantes. Mais son action parmi les enragés de Mai 68 fut, selon lui, celle « d'un obscur soldat » : « Ce fut la participation anonyme, extrêmement discrète, presque périphérique, d'un petit soldat qui n'y entendait pas grand-chose, mais qui cependant désirait comprendre[2]. » Proche de la mouvance maoïste, il s'enrôla dans les années 1972-1975 dans un groupuscule gauchiste. Son père était arrivé de Pologne en France dans les années 30. Sa mère, après avoir passé la guerre entre la Pologne, l'Allemagne et la Belgique, s'exila finalement en France. Son père fut déporté pendant trois ans à Auschwitz. Pour sa famille, la Shoah était restée une réalité tragique dont elle avait gardé une marque indélébile, « à travers une souffrance immuable et permanente[3] ».

La description du « petit soldat qui n'y entendait pas grand-chose » est donc en contradiction avec son livre et les interviews qui témoignent du fort impact que la Shoah a pu avoir sur lui. Il sentait qu'elle l'avait fait membre d'un groupe singulier, exclusif, offrant et demandant en même temps aux autres un regard différent. Aussi, n'est-il pas étonnant qu'il se soit senti mal à l'aise face au cri de ralliement « Nous sommes tous des juifs allemands ». « Il n'était plus réservé aux juifs de se prendre pour des juifs, un événement survenait qui suspendait toute exclusive, qui permettait à chaque enfant de l'après-guerre d'occuper la place de l'exclu, d'arborer l'étoile jaune[4]. » Plus tard (comme Pierre Goldman) il comprit que ce qui l'avait gêné et mis en colère, c'était la récupération par les manifestants d'une identité qui n'était pas la leur. « Il n'y avait donc rien que je puisse reprocher à ces juifs allemands éphémères, sinon de caricaturer mon propre judaïsme. Ils étaient juifs pour l'image, comme je l'étais moi-même, et comme l'ensemble de notre génération était, au même moment, anarchiste, trotskiste ou maoïsante[5]. »

Il se caractérise lui-même et les juifs de sa génération comme « juifs imaginaires » : des juifs qui vivent leur judéité à travers la Shoah, qu'ils n'ont connue que par la souffrance de leurs parents, et à travers l'Etat d'Israël, où ils ne vivent pas. Ils ont perdu toutes références communautaires et culturelles juives et, à un certain moment de leur existence, un grand nombre d'entre eux, dont lui-même, ont été attirés par le gauchisme.

La description que fait Finkielkraut de la condition du juif de l'après-guerre dévoile les contradictions qui l'habitent : il inspire des sentiments mêlés de fierté et de rejet, de passion et de dégoût, d'exaltation et de douleur. Toutefois, le portrait qu'il brosse du juif — qui est aussi le sien — revêt une indéniable spécificité, trahissant, malgré toutes ses faiblesses, un certain élitisme :

« Ils se prennent, ces petits poussahs joufflus et surnourris, pour Isrolik, le petit poucet du ghetto, le môme de la débrouille. Ils cachent leur mollesse native sous le courage du réprouvé. Mais c'est une bravoure postiche : l'histoire juive est la berceuse de ces enfants maternés, la chanson qui peuple leur sommeil de rêves héroïques et qui leur permet de vivre par procuration l'expérience de l'horreur. Trouillards dans la vie, martyrisés en songe, ils aiment se tromper d'époque et confondre le monde ouaté où ils évoluent avec le cataclysme qu'ont subi leurs parents. Parmi les juifs, ils constituent une catégorie étrange mais répandue, et qui n'a pas encore reçu de nom. Ils ne sont pas religieux, du moins pour la plupart ; ils ont beau chérir la culture juive, ils n'en possèdent que de pauvres reliques ; ils n'ont pas fait dans le regard de l'Autre l'apprentissage de leur judéité. Ni la définition ethnique, ni la définition confessionnelle, ni le schéma sartrien ne sauraient leur convenir. Ce sont des juifs indéfectibles, mais ce sont des juifs pour du beurre puisque, après la Catastrophe, le judaïsme ne peut pas recevoir pour eux d'autre contenu qu'un contenu de souffrance, et qu'eux-mêmes ils ne souffrent pas. Pour nier cette contradiction, ils ont choisi de séjourner dans un espace romanesque plein de bruit et de fureur et qui leur fait la part belle[6]. »

Alain Finkielkraut prétend qu'être un enfant juif après la guerre était alors un avantage indéniable : « Pensez donc : avec le judaïsme, j'avais reçu le plus beau cadeau dont puisse rêver un enfant de l'après-génocide. J'héritais d'une souffrance que je ne subissais pas ; du persécuté je gardais le personnage mais je n'endurais plus l'oppression. Je pouvais jouir en toute quiétude d'un destin exceptionnel. Sans m'exposer à un danger réel, j'avais la stature d'un héros : il me suffisait d'être juif pour échapper à l'anonymat d'une existence interchangeable et à la platitude d'une vie sans événement. Je n'étais pas immunisé contre la déprime, bien sûr, mais j'avais sur les autres enfants de ma génération une supériorité considérable : le pouvoir de dramatiser ma biographie... Le judaïsme jouait pour moi comme rédemption du quotidien[7]. »

Selon lui, les enfants des rescapés, uniques légataires de la Shoah, peuvent se targuer d'en tirer quelque « bénéfice » : « Mes parents mis à part, et deux ou trois oncles et tantes, je n'ai pas de famille. Et ces quelques proches eux-mêmes n'ont survécu que par miracle au massacre généralisé des juifs polonais. Je vivais (je vis encore) entouré d'absents dont la disparition me valorisait sans avoir pu me faire souffrir. C'est l'interminable liste de tous ces morts que je n'ai pas connus qui faisait ma noblesse. Sans doute, quand mes parents me racontaient le cauchemar qu'ils avaient traversé pendant cinq années de guerre, et ce qu'il était advenu de leur entourage, j'étais plus qu'affecté, je pleurais de détresse et de colère. Mais j'avais beau faire, cette douleur née de leur récit se dissipait avec lui comme on oublie une intrigue, une fois le livre refermé. L'épouvante ne laissait pas de traces. Son existence ne se prolongeait pas au-delà de la représentation qui m'en était faite. Elle sombrait "armes et bagages" dans le néant qui l'avait précédée. Bref, en dépit de mes efforts, je ne portais pas le deuil de ma famille exterminée, mais j'en portais l'étendard ; que je relate à mon tour les épisodes familiaux de la solution finale, et mon interlocuteur, saisi d'un mélange de stupéfaction, de honte et de respect, voyait en moi autre chose que moi-même : le visage des suppliciés. Je médusais mon public. D'autres avaient souffert, et moi parce que j'étais leur descendant, j'en recueillais tout le bénéfice moral [8]. »

Il ne faut pourtant pas voir dans ce drame et ses frustrations le souvenir « simplifié » de la Shoah. Le remugle du fascisme, du nazisme et de la Shoah « nécessitait » aussi, pour les juifs comme pour les non-juifs, une action radicale dans ce monde pacifié en reconstruction. Ces impressions de romantisme révolutionnaire, mais aussi de profonde frustration, dues à une « existence sans danger » et à une « vie sans événement » sont caractéristiques de toute cette génération, en France comme ailleurs.

Régis Debray, intellectuel, non juif, de cette même génération de radicaux s'interroge : « Pourquoi nous sentons-nous si mal dans notre peau ? [...] Nous sommes depuis un siècle la première génération qui ne soit ni celle d'une avant-guerre ni celle d'une après-guerre, nous sommes la première génération véritablement condamnée à la paix[9]. » « L'illusion cinématographique nous a permis de survivre... Ce plaisir solitaire, le cinéma... C'est à peu près tout ce que nous autres rescapés avons en commun : après les anciens de Verdun, de Mauthausen et d'Indochine, les anciens de la cinémathèque[10]... » Et il conclut : « Résumons-nous : un bachelier en 1914 était un tué en sursis. En 1940, un déporté en instance de départ. En 1960, un pétitionnaire en herbe[11]. »

Avec lucidité et cynisme, Finkielkraut parle de son attirance et de celle de ses contemporains juifs pour le gauchisme, et de leur identification aux victimes et aux opprimés, dont ils ont investi le camp : « Etant entendu une fois pour toutes que l'histoire c'était la division du monde en tortionnaires et en victimes, j'appartenais, moi, au camp des opprimés. Je n'avais nul besoin de prise de conscience ou de rencontre avec le réel : de Spartacus au Black Power, une solidarité instinctive et inconditionnelle m'unissait à tous les damnés de la terre. N'étais-je pas moi-même le reproche vivant que l'humanité souffrante adressait à ses bourreaux ? Ce que je tirais donc de mon judaïsme, ce n'était ni une religion ni une règle de vie, mais la certitude d'une sensibilité supérieure[12]. »

« J'étais né trop près du génocide pour pouvoir en détacher mes regards, et en même temps j'étais protégé par toute l'horreur de cet événement d'un renouveau de l'antisémitisme, au moins sous sa forme organisée et violente. En un sens, j'étais *comblé* : la proximité de la guerre me magnifiait et me réservait tout ensemble ; elle me conviait à m'identifier aux victimes tout en me donnant la quasi-certitude de ne jamais en faire partie. Je jouais sur du velours : je pouvais, conscient de mon immunité, me révolter contre la torture et le racisme. L'histoire — ironie ou générosité — avait fait de moi le rebelle inutile d'un temps de paix. Apatride de luxe, déporté "pour rire", je vivais dans la sécurité de l'anachronisme[13]. »

Ainsi, jusqu'à la fin des années 70, la « proximité de la Shoah » a pu constituer un rempart à l'antisémitisme et à la xénophobie. Finkielkraut voit a posteriori dans le rallie-

ment des jeunes au mouvement contestataire et aux organisations d'extrême gauche l'expression d'un certain
conformisme propre aux années 60 selon lequel « pour
être dans le coup il fallait être de gauche ». Il n'y voit que
de la superficialité, du dogmatisme, une adhésion aveugle
à des slogans galvaudés, et une dangereuse vision dualiste
incitant à la haine.

Mais il pense également que l'attrait de nombreux juifs
pour les mouvements radicaux se trouve lié à leur appartenance à cette génération de l'après-génocide très fortement marquée par cet événement. Il se peut que leur
engagement politique en faveur des opprimés ait été un
moyen d'être fidèle, non pas au message juif universel,
mais au nécessaire recueillement qu'impose la Shoah. « Je
pense que pour nous la solidarité, c'est-à-dire l'identification aux victimes de toute forme de répression extrémiste,
était le moyen de marquer notre fidélité à cet événement.
Les opprimés d'Amérique latine, les Panthères noires aux
Etats-Unis, les combattants vietnamiens et, pour beaucoup,
également, les Palestiniens nous rappelaient incontestablement, indirectement, voire parfois inconsciemment, le juif
persécuté, exterminé, ou le rescapé des camps. L'attrait
pour le gauchisme et la lutte contre l'oppression étaient
justifiés non par la peur que cela se reproduise, mais par
des arguments moins rationnels et moins objectifs. L'engagement en faveur des opprimés ne répondait pas au besoin
d'éradiquer la souffrance, mais à celui de faire perdurer la
mémoire, pour que le lien persiste, pour que nous soyons
rattachés d'une certaine manière à l'expérience du passé,
afin de perpétuer à travers l'identification aux réprouvés
d'aujourd'hui l'identification aux persécutés d'hier [14]. »

Pour Alain Finkielkraut, les parents ne pouvaient transmettre la souffrance aux enfants car elle n'est tout simplement pas transmissible : « Il y a quelque chose
d'inconvenant dans notre tentative d'accaparer la souffrance que nous n'avons pas connue. Nous n'en sommes
pas les héritiers, nous avons vécu dans le plus grand
confort. En revanche l'obsession peut se transmettre. »

Mais il précise : « L'épreuve qu'ont traversée mes parents a eu sur moi une influence qui perdure aujourd'hui encore. Je ne peux l'oublier, j'y reviens sans cesse. Elle a déterminé mon attitude comme je crois aussi mon retour à la judéité, mes pensées et ma façon d'appréhender le monde. Cela est devenu une partie de moi-même. Mais le fait que l'expérience de mes parents fasse partie de ma personnalité est une chose, et le fait de prétendre que leur souffrance est la mienne en est une autre[15]. »

Son « retour » au judaïsme dans les années 1977-1978 est ainsi fortement lié à la Shoah, ou plus précisément au vieillissement des survivants. « Leur vieillissement m'influença de manière tout à fait significative, le danger que cette génération disparaisse, et que d'un seul coup le passé le plus proche appartienne à l'histoire. Le fait de les voir vieillir m'a fait comprendre que nous n'étions pas leurs héritiers. J'ai compris que nous ne pouvions nous substituer à eux, que nous ne pouvions usurper leur souffrance, car c'étaient eux les véritables victimes. Voyant qu'ils étaient sur le point de disparaître, cela m'a conduit à un véritable examen de conscience, et a entraîné un changement quasi radical dans ma manière d'appréhender les choses. Cela a fait naître en moi la nécessité d'être fidèle aux rescapés ainsi qu'au souvenir des victimes de la Shoah, ce qui voulait dire, affirmer que nous étions les enfants des victimes et non les victimes elles-mêmes. Ce qui signifiait aussi qu'il ne fallait pas se satisfaire de la seule confirmation de sa propre judéité, ce que j'avais toujours fait, mais qu'il fallait également aller plus loin, savoir, comprendre et apprendre ce qu'était cette identité. »

D'autres, de la même génération que Finkielkraut, n'approuvent pas ses analyses sur l'impact que la Shoah a pu avoir sur eux. Certains mettent en particulier en relief la souffrance de cette génération d'après la Shoah, souffrance qui leur a été transmise à travers le traumatisme subi par leurs parents.

C'est le cas de NADINE FRESCO. Elle évoque la pérennité de la douleur dans un article intitulé « La Diaspora des cendres », paru dans une revue de psychanalyse sur le thème de l'emprise [16]. Il convient de rappeler qu'Alain Finkielkraut et Nadine Fresco se sont battus contre les thèses négationnistes, extrêmement douloureuses, révélées par l'« affaire Faurisson ». Ils s'efforcèrent de dénoncer le danger et le sens du révisionnisme historique de Faurisson et de ses comparses. Finkielkraut y a consacré un livre : *L'avenir d'une négation. Réflexions sur la question du génocide.* Quant à Nadine Fresco, elle a réagi dans un article intitulé « Les redresseurs de morts » [17].

« Là où Finkielkraut se décrivait comblé, écrit-elle, d'autres ont exprimé l'intense frustration qui découlait pour eux de l'impossibilité de s'identifier aux victimes, et de la quasi-certitude de ne jamais en faire partie... Nés après la guerre, à cause de la guerre, parfois pour remplacer un enfant mort de la guerre, les juifs dont je parle ici ressentent leur existence comme une sorte d'exil, non d'un lieu présent et à venir, mais d'un temps révolu qui aurait été celui de l'identité même... comme si les morts avaient emporté avec eux le sens de la vie et de l'identité, comme si ceux qui étaient nés après ne pouvaient plus qu'errer, en proie à une nostalgie qui n'a pas de droit de cité [18]. »

Elle met en évidence dans cet article un certain nombre de caractéristiques profondes de l'influence de la Shoah sur des enfants nés pendant la guerre ou immédiatement après. Elle décrit le sens que peuvent avoir le mutisme, la désaffection, l'apathie, tout comme la tentative des parents d'occulter le manque qui subsiste avec les crises profondes qui peuvent en découler. La Shoah avait été pour ces parents un traumatisme profond, non seulement parce qu'ils devaient dissimuler à leurs enfants les persécutions et la mort qui les menaçaient, mais aussi parce qu'ils devaient leur cacher leur véritable identité [19]. Elle évoque « l'horreur qui interdisait qu'on parlât des morts, mais aussi de rien d'autre que des morts. Comme si la vie avait été confisquée par ces disparitions. Deuil impossible... » et également le paradoxe pour ces « enfants à qui la mémoire était refusée, [et à qui] on transmettait seulement la blessure [20] ».

A cela venaient encore s'ajouter de violents sentiments de culpabilité, comme celui de savoir s'il fallait garder en mémoire ou oublier tout ce qui s'était passé. « Qu'est-il de plus insupportable ? Oublier ou se souvenir des morts, ou la pensée qu'un jour nous aurons oublié que nous les avons oubliés ? » Incombe alors au survivant l'« impossible devoir de réparation d'une perte irréparable [21] ».

Nadine Fresco refuse la façon dont Finkielkraut auréole les « enfants des rescapés ». On ne peut établir d'analogie entre résistant et rescapé des camps de concentration, fils de résistant et fils de survivant des camps. Contrairement à l'admiration qu'avaient suscitée les combattants de la Résistance, les survivants des camps n'ont eux essuyé que mépris, incompréhension et parfois même reproches. Il convient de souligner que ces réactions répondent à un manque d'approfondissement, une réelle incapacité de comprendre, mais aussi à la peur d'être confronté à la réalité des camps de la mort et à l'horreur de la Solution finale. Cette vision simplificatrice laissait penser qu'en France pendant la guerre un même homme n'ait pu à la fois se battre, se cacher, puis se faire prendre et être déporté dans les camps.

Le souvenir encore brûlant de la Shoah chez ces jeunes juifs rescapés ou enfants de rescapés apparaît comme l'un des éléments majeurs, parfois même déterminants, de leur engagement dans les mouvements d'extrême gauche. C'est cette même raison qui pouvait propulser d'autres enfants de rescapés vers les mouvements sionistes. L'ironie du sort veut que parfois la même motivation ait précipité ces enfants, à un certain stade de leur existence, de la solution particulariste vers la solution universaliste, et inversement.

EDITH DELEAGE insiste elle aussi sur les facteurs conscients de sa quête existentielle et identitaire [22]. Ses parents, juifs polonais, étaient sionistes lorsqu'ils arrivèrent en 1931 en

Palestine pour y fonder un kibboutz. Révoltés par la manière dont les pionniers juifs chassaient les Arabes de leurs terres, ils laissèrent tomber quelques années plus tard le sionisme pour embrasser le communisme. Expulsés de Palestine alors sous mandat britannique, après maintes errances, ils s'installèrent en France. Edith est née à la fin de la guerre en un lieu pour lequel, dit-elle, elle n'a aucune attache. Elle milite dans les années 60 à l'UEC, puis fait partie des membres fondateurs de la Ligue qu'elle quitte en 1981 suite à des divergences politiques. Pendant la guerre du Liban, elle rejoint l'association Des juifs contre la guerre du Liban. Elle rédige un mémoire de DEA sur le trotskisme et le judaïsme où elle passe au crible l'« imaginaire juif aujourd'hui [23] ». Edith enseigne dans un lycée et est mariée à un ancien militant trotskiste non juif qui fut lui aussi membre de la Ligue pendant de nombreuses années.

« J'élève mes enfants dans l'athéisme en espérant qu'ils ne connaîtront plus d'autres guerres et que l'antisémitisme comme le racisme disparaîtront. Je souhaite qu'ils n'aient jamais à connaître ce que mes parents ont vécu et qu'ils n'aient jamais à l'esprit les pensées qui sont les miennes.

— Que leur racontez-vous sur vos origines ?

— Ce n'est pas difficile, avec l'accent qu'ont mes parents ! Ils leur ont raconté qu'ils venaient de Pologne, que mon père a fait partie du mouvement Hashomer Hatsaïr, qu'il a vécu en Palestine, puis est devenu communiste, qu'il a alors été arrêté par les Anglais puis expulsé vers la Pologne. Il s'est enfui en chemin et est arrivé en France dans les années 1934-35... puis vient toute l'histoire de la guerre et de la Shoah. Ils connaissent bien l'histoire de mes parents et en parlent en toute occasion. Nous sommes allés en Israël. Ils savent que cela fait partie de leur vie familiale. Notre famille israélienne est également venue nous voir en France. Ils savent qu'une partie de leur famille est juive et que certains membres vivent en Israël. Ils savent évidemment aussi que mon mari n'est pas juif. J'ai toujours été particulièrement sensible à la Shoah. Mes parents en parlaient sans arrêt. J'ai vu beaucoup de films, enfant, alors que sévissait un fort antisémitisme. J'ai toujours su que mes grands-parents avaient été exterminés. Toute petite je le savais déjà. Mes copines, à la différence de moi, rendaient visite à leurs grands-parents. Je n'ai jamais adhéré à aucune organisation juive dans ma jeunesse, mais j'avais des amies pour qui c'était le cas. Mes parents, qui sont restés plus ou moins communistes, voulaient que je sois athée et universaliste, que je m'intègre dans la société et que je combatte le racisme. Qu'est-ce qui me caractérise en tant que juive ? Une certaine sensibilité à l'histoire juive et à l'antisémitisme. C'est l'essentiel. Cela passe avant tout. Lorsque je suis confrontée à l'antisémitisme, je réagis aussitôt. J'y ai toujours été sensible, parfois même de façon exagérée, pour l'avoir vécu. Au risque, parfois, de taxer à tort des gens d'antisémitisme ! »

ANNETTE WIEVIORKA, née en France en 1949, se définit elle-même, de même que Pierre Goldman, comme « juive d'origine polonaise ». Elle a publié en 1979 un livre autobiographique dans lequel elle analyse l'importance de ses origines dans la motivation de ses actes[24]. Deux ans plus tôt, elle s'était installée en Chine où elle fut élue membre dirigeant des Amitiés franco-chinoises. Dans les années 80, elle rallia des organisations juives de gauche et prit la direction de publication de la revue *Traces*. Dans son ouvrage, elle témoigne a posteriori de son expérience révolutionnaire : « Je sentais confusément que j'avais trahi une judéité que je ne situais pas. » Son mariage élimine la question qui, dit-elle, avait empoisonné son enfance : « De quel pays vient votre nom ? » « Etes-vous française ? »

« Mes parents ne m'avaient transmis du judaïsme que l'errance et les crématoires. Mes racines étaient parties en fumée à Auschwitz. On ne se modèle pas une identité nationale en pétrissant des cendres... Il est des plantes qui vont chercher très loin dans la terre l'eau de la vie, comme l'olivier. Ces plantes trouvent la solidité et la paix. Il en est d'autres qu'on sème au fil de l'eau et qui dérivent avant de choisir l'endroit où elles s'épanouissent. J'ai compris que ma trahison résiderait dans cette volonté obstinée de s'enraciner au pays de la terre, de se fondre au pays de la multitude, là où le mot juif même est inconnu[25]. »

Mais attention : cette absence d'appartenance qui ne concerne pas le judaïsme, ni même à plus forte raison la France, a entraîné un déchirement et même une rupture. Bien que beaucoup soient nés en France et se soient formidablement intégrés à sa culture, ils cherchaient désespérément un monde auquel ils avaient été arrachés, sans toutefois l'avoir jamais connu et qui leur était totalement étranger culturellement et spirituellement. L'« appartenance », issue de sentiments de culpabilité mais aussi d'un désir utopique, se rattachait au monde juif d'Europe de l'Est. Ressentant d'autant plus fortement leur différence que ce monde-là avait disparu, certains d'entre eux se définissaient comme « juifs ashkénazes », « juifs polonais nés en France », « juifs d'origine polonaise », ou comme Edith Deleage, « fille de parents juifs polonais, qui après quelques pérégrinations sont arrivés en France ».

Le retour au judaïsme à un stade ultérieur de leur existence se trouve ainsi lié à la quête de « racines », à l'effort de connaître « le monde juif qui avait précédé les crématoires et la fumée d'Auschwitz » pour Annette Wieviorka ou « au sentiment permanent de tristesse face au délitement de l'identité » pour Edith Deleage[26]. Ce n'est pas un hasard si Annette Wieviorka a publié un ouvrage sur les souvenirs des communautés juives d'Europe de l'Est[27]. Edith Deleage traite pour sa part des trotskistes et du judaïsme. Il est symptomatique d'observer qu'après avoir déserté les rangs du radicalisme nombreux furent ceux qui éprouvèrent le besoin d'une mise au point intellectuelle quant à leur ancien engagement, comme leur fut également nécessaire de clarifier le sens de leur judéité.

Quant à Eva Pasht, elle est née en 1950 de parents juifs d'Europe centrale arrivés en France deux ans plus tôt. « A seize ans j'ai lu le livre de Steiner *Treblinka*[28]. Il pose les questions et caractérise l'état d'esprit de toute une génération. C'est l'un des livres qui m'a le plus émue. C'est à peu près à ce moment-là que j'ai commencé à me battre et à militer à gauche. Des questions fondamentales se sont alors posées : Pourquoi ne s'étaient-ils pas battus ? Quelle forme de résistance fallait-il opposer aux nazis ? Lorsque j'ai lu le livre, tout cela ne cessait de me tourmenter. Il analyse les interrogations de toute une génération et tente de comprendre son état d'esprit. Il faudrait que vous le lisiez. Dans les mouvements radicaux c'était l'essence même de la lutte — le devoir de se battre au nom de quelque chose... »

Eva a fait partie de l'organisation maoïste la Gauche prolétarienne de 1969 jusqu'à sa dissolution en 1973, ralliant même son réseau clandestin, la Nouvelle Résistance populaire, la NRP. Il ne fait pour elle aucun doute que son histoire familiale a profondément influencé son engagement politique révolutionnaire. La vie de sa famille fut caractérisée, d'après elle, par un mode de vie erratique, un sentiment permanent d'instabilité. Elle a hérité de ce sentiment, quoique de façon plus nuancée : « L'idée que je puisse un jour quitter la France n'est pas totalement absente... car ce n'est pas vraiment mon pays. » Mais elle ajoute : « Dans ma génération, tout le monde voyage, dans la culture dont je suis issue, il est normal de quitter le pays où l'on se trouve, cela n'est en rien dramatique. »

« Jusqu'en 1941, mes parents ont vécu dans un territoire sous tutelle allemande, pour se retrouver ensuite dans un autre, cette fois-ci sous domination russe. Ils se sont alors "portés volontaires" dans l'armée tchèque, rattachée à l'armée russe, davantage pour échapper aux Russes que pour se battre contre les Allemands. Mon grand-père fut déporté par les Russes en Sibérie. Mes parents ont de ce fait une double expérience. Pour eux, la guerre n'a pas été l'"épreuve de la victime impuissante", ni non plus l'histoire glorieuse du combattant clandestin. Ils se sont engagés dans l'armée car c'était ce qu'il y avait de plus sensé à faire à l'époque. Ils ne m'ont jamais raconté qu'ils avaient été des héros, quoiqu'ils le fussent réellement. Je suis aujourd'hui consciente que dans leur histoire on retrouve certains aspects des *Aventures du brave soldat Chveik** qui, malgré leur crédibilité, ne peuvent être prises véritablement au sérieux... Tout cela explique que ma propre histoire familiale m'ait profondément marquée. Mes parents avaient "fait" la guerre. Il fallait donc que je fasse la mienne. Je considérais mes parents comme des combattants, et j'avais en mon for intérieur la volonté profonde de perpétuer l'héritage familial. »

JEAN-LOUIS WEISSBERG est né en France en 1948 [29]. Son père avait été pendant de nombreuses années militant d'une organisation de juifs communistes. Pendant la guerre, il avait été membre d'un réseau de juifs communistes. Sa mère avait rejoint elle aussi la Résistance. Elle fut arrêtée et déportée à Auschwitz, mais put cependant en réchapper. Déjà, dans son enfance, Jean-Louis Weissberg avait acquis une éducation et une sensibilité politiques profondes au sein des mouvements de jeunesse proches des juifs communistes (la CCE). Il se souvient avoir manifesté avec son père contre la guerre d'Algérie au métro Charonne, manifestation dont le bilan fut de plusieurs morts et de nombreux blessés. Weissberg a eu le parcours du parfait radical juif, par son passage obligé dans diverses organisations communistes. Puis il a rallié l'Alliance marxiste révolutionnaire, à la fibre très tiers-mondiste, pour devenir l'un de ses dirigeants jusqu'en 1978 [30].

Il témoigne de sa vision du monde à travers le prisme du gauchisme révolutionnaire : « Pour moi se battre contre la Shoah c'était comme se battre contre le capitalisme. Oui, la Shoah a été engendrée par le capitalisme. Les nazis sont

---

* Référence au roman satirique de l'écrivain tchèque Jaroslav Hasek (1883-1923).

l'expression paroxystique du capitalisme. Il est évident que lorsqu'on y pense, on ne peut réduire la Shoah à un phénomène socio-économique, c'est un peu délicat. Mais nous ne nous préoccupions pas alors de l'aspect irrationnel. L'idéologie politique était prépondérante. Elle a réglé ma vie idéologique, culturelle et personnelle pendant plus de dix ans. Je voyais tout à l'aune, abstraite, de la politique. Mais je n'oubliais pas pour autant que mon grand-père avait été rabbin. Mon père était communiste parce qu'il était juif. Cela fait partie du déterminisme socio-culturel. Quant à mon propre militantisme, il est à rechercher du côté du déterminisme familial. Je ne connais aucun juif ashkénaze dont les parents appartiennent à la même génération que les miens qui n'ait eu d'attaches politiques communistes. Mais il y en a eu certains qui ont préféré le Bund* ou le Mouvement sioniste.

« La Shoah, pour moi, c'est autant la Résistance qu'Auschwitz. Ma mère fut déportée à Auschwitz parce qu'elle faisait partie de la Résistance liée au Parti communiste. Je ne peux dire avec certitude ce qu'a représenté la Shoah. Il est certain que c'est un sujet important et lourd de sens. Je suis incapable d'avancer une date, un événement qui marquent ma prise de conscience de la Shoah. J'ai toujours su qu'elle existait, j'ai toujours vécu avec elle. Un jour, ma compagne a été mise au courant. Moi, je n'avais nul besoin d'en parler, j'ai toujours eu l'impression de savoir. Il me semble que j'ai toujours été impliqué dans cet événement, qu'il a toujours fait partie de moi-même, de mon apprentissage intellectuel comme affectif. C'est pourquoi il m'est difficile de savoir quel rôle la Shoah a bien pu tenir pour moi. Je sais que, lorsqu'on est à ce point concerné, on ne peut faire la part des choses. On ne peut refaire sa vie. On est ce qu'on est. L'identité juive est chez moi quelque chose de très profond. Ma plus jeune fille s'appelle Judith. C'est un choix délibéré. »

---

* L'Union générale des travailleurs juifs de Lituanie, Pologne et Russie, mouvement juif ouvrier fondé à Vilna en 1897.

L'histoire de R.F. est pleine des contradictions et de la complexité qui sont le lot de nombreux juifs de sa génération[31]. R.F. est née en France en 1950. Sa mère était arrivée en 1931 à l'âge de deux ans. Son père né en 1919, immigrant juif polonais, avait atterri en France en 1947. Malgré son nom juif, elle s'est totalement intégrée à la société française. « Mon père, lui, n'a jamais réussi à s'intégrer. Il a toujours gardé un fort accent qui le trahissait. Il n'a jamais bien su écrire et n'a acquis la nationalité française qu'en 1964 lorsque j'avais quatorze ans. Je me souviens de la période pendant laquelle il n'était pas français, alors apatride et sans papiers d'identité ni passeport. C'était pour moi quelque chose de très important, de très significatif que d'être la fille d'immigrants juifs. Le statut d'immigrant, le fait de ne pas être française ont été déterminants. Depuis l'enfance je sais ce que le racisme veut dire. »

R.F. n'a été ni leader ni militante politique au sens habituel du mot. Elle n'a œuvré ni dans le domaine de la pensée politique ni dans celui de la philosophie sociale. Elle travaillait dans la musique et est restée une « simple militante », une « militante de l'ombre ». « J'étais en Mai 68 dans la foule pendant les grandes manifestations, et je militais aussi dans mon lycée. » Elle entre l'année suivante à l'université et rejoint des organisations d'extrême gauche. Trois mois plus tard, elle adhère à l'organisation anarchiste de tendance maoïste, Vive La Révolution (VLR)[32]. Puis elle milite pendant cinq ans à la Gauche prolétarienne.

« J'étais entrée à VLR parce que j'y connaissais des gens, mais je m'en suis vite détachée pour rejoindre la Gauche prolétarienne dont les objectifs me semblaient plus concrets. Ce qui m'intéressait dans la Gauche prolétarienne, c'était d'agir avec des gens qui n'étaient ni des intellectuels, ni des étudiants, mais principalement des ouvriers arabes et des Palestiniens. [...] Mon adhésion à l'organisation ne résultait d'aucun choix intellectuel théorique. De manière générale je ne lisais pas. Je n'avais aucune idée claire de ce qu'était la révolution. Je ne savais pas ce qui distinguait Lénine de Trotski ou de Staline. Ce n'était pas mon domaine.

— Pourquoi avez-vous éprouvé le besoin de vous engager ?

— C'était en effet un besoin, mais aussi la volonté de prolonger Mai 68, ajoute-t-elle. C'était la même impulsion qui en avait entraîné beaucoup lors de la vague révolutionnaire de Mai 68 et les avait poussés vers les organisations d'extrême gauche. J'étais très jeune à l'époque, je n'avais que dix-sept ans. Mais ce fut pour moi un événement capital. Un immense sursaut. Chez moi aussi, les événements avaient pris de l'importance. Ma mère, enseignante dans un lycée, en a été bouleversée et a eu un rôle actif dans son établissement. Quant à mon père, bien que très concerné, il n'a rien fait véritablement de concret. Mai 68 fut un état de grâce. Tous ceux qui n'étaient ni irrémédiablement réactionnaires ni totalement idiots en ont été marqués. »

Malgré le sursaut collectif qu'avait engendré Mai 68, il ne restait qu'une petite minorité de militants gauchistes. « Il me paraissait tout à fait évident de ne pas en rester là. Que fallait-il faire ? De quelle manière ? Ce n'était pas très clair au début. Fallait-il s'affilier à une organisation ? Sans quoi, il semblait difficile d'entreprendre quoi que ce soit. Pourquoi continuer ? Je ne sais comment l'expliquer, mais cela m'a semblé une évidence. Nous qui avions été si bouleversés et si actifs, pourquoi aurait-il fallu s'arrêter là ? Je n'ai pas d'autre explication, même si cela peut sembler naïf. Mai 68 avait été le prologue, il n'y avait aucune raison de s'en tenir là. La seconde raison pour laquelle il fallait poursuivre le mouvement était le racisme. C'était la première fois que je voyais des gens prêts à agir sérieusement dans ce domaine. La lutte contre le racisme est à mes yeux une chose fondamentale.

— Pouvez-vous être plus précise ?

— Enfant, j'ai été malade, et je suis partie en convalescence dans les montagnes suisses. J'ai été outrée de voir comment on traitait là-bas les travailleurs italiens. Je n'ai pu oublier à quel point on les méprisait. Je garde aussi en mémoire mon premier voyage en Israël en 1962. J'avais douze ans. Je suis allée chez mon oncle, la seule famille qui me reste. Il est agriculteur dans le sud du pays. Je me souviens du racisme de mes cousins à l'égard des bédouins qui travaillaient près de Moshava*. Cela m'a profondément choquée. Pour moi, le fait d'être juif excluait tout racisme. Il me semble clair et évident que, dès l'instant où l'on souffre du racisme, on ne peut être soi-même raciste. J'avais, enfant, des idées un peu simplistes... J'ai cessé d'être naïve en 1962, là-bas, du côté de Gedéra. »

Pendant la guerre de Kippour, deux jeunes juives (dont R.F.) avaient publié une tribune dans *Libération* sous le titre, « Appel aux juifs antisionistes ». Il était dit entre autres : « Nous sommes d'origine juive. Nous avons subi nous ou nos parents l'antisémitisme, mais nous pensons que ce n'est en aucun cas la création d'Israël et le sionisme qui résoudront le problème juif. Moi, dont la famille a été déportée, je ne peux admettre que ces mêmes juifs participent à la déportation du peuple palestinien[33]. »

On ne peut ignorer le « paradoxe de l'existence juive » soulevé par R.F. Nier l'argument selon lequel le sionisme et l'Etat d'Israël résolvent le problème juif, et nier le droit d'Israël à parler au nom du peuple juif revient à dénigrer la justification juive de l'existence de l'Etat d'Israël en tant qu'Etat juif. (Il est évident que cela ne remet pas en cause le droit de posséder un Etat.) Malgré cela, la revendication de la judéité et le retour aux origines qui la caractérisent comme tant d'autres radicaux juifs sont beaucoup plus significatifs que chez leurs parents. D'aucuns la définiront comme « assimilée ». Mais elle représente à plusieurs titres le juif par excellence. La concernant, le terme d'« assimilation » n'a aucun sens. Jamais, y compris lors d'échauffourées avec des Arabes qu'elle voulait alors associer à son

---

* Implantation datant de 1882, aujourd'hui devenue ville en Israël.

organisation en dépit de leurs prises de positions antijuives, elle n'a renié ses origines.

Elle puise le sens de sa judéité dans l'humanisme et l'amour du prochain, eux-mêmes issus de son histoire familiale marquée du sceau de la souffrance. « Cet élément est profondément ancré en moi. Lorsque je suis entrée à l'université, par exemple, et que j'ai vu des gens travailler sur des échafaudages, ma première envie fut de leur parler. Ils étaient pour la plupart immigrés et travaillaient dans des conditions extrêmement difficiles. La raison de mon intérêt pour les immigrés en France, les Vietnamiens, les Palestiniens, est que je ne peux me résigner à la discrimination et au racisme. La discrimination, quelle qu'elle soit, est intolérable. J'avais dix-huit ans, j'étais très romantique et je voulais changer le monde...

— Avez-vous vous-même souffert du racisme ?

— (Hésitante :) Je ne peux pas vraiment le dire. Je me souviens d'un incident à l'école. J'avais neuf ans. C'était pendant la récréation et je discutais avec une camarade. Je ne me souviens pas exactement de ce que j'ai pu lui dire, mais par contre je n'ai pas oublié ce qu'elle m'a répondu : "Pour moi, c'est pas la même chose car je suis française." Cela m'a bouleversée, quand on sait à quel point mes parents étaient laïques, moi qui m'étais toujours considérée depuis toute petite comme française. Je me sentais évidemment juive, mais aussi française. Je ne pense plus tout à fait la même chose aujourd'hui. (Elle se met à rire.)

— Pourquoi ?

— Bien sûr, j'ai un passeport français. Mais je n'éprouve aucun sentiment particulier à l'égard de la France. A l'étranger pourtant je me sens terriblement française. Je le suis parce que je suis née ici et que le français est la langue dans laquelle je m'exprime le mieux. Comme vous pouvez le voir, c'est déjà plus ambigu, un peu plus compliqué. Mais à part ce souvenir d'enfance, je n'ai aucun souvenir désagréable. Je n'ai pas particulièrement souffert. Par contre, je n'ai pas oublié la souffrance de mes parents. Mes premiers souvenirs sont, entre autres, ceux de leurs disputes. Mon père prétendait que tous les goyim étaient antisémites. C'est faux, s'insurgeait ma mère qui avait été cachée par eux pendant la guerre. Ces disputes, violentes, se répètent encore aujourd'hui selon les événements et les circonstances.

— Votre mère a pu se cacher et n'a pas été déportée, mais votre père ?

— Mon père non plus ne l'a pas été. Il a pu se cacher lui aussi. C'est assez extravagant, cela se passait en Pologne. Il faudrait des heures pour le raconter... Je n'ai pas tous les éléments, je n'ai que des bribes d'informations. Mon père a beaucoup de mal à en parler, mais petit à petit je découvre des détails. Il a été arrêté avec sa mère et ses sœurs. Il a sauté d'un train et ne les a plus jamais revues. Il a retrouvé son père et son frère cachés chez des paysans. Mon père a une tête de Polonais. Il a réussi je ne sais comment à se procurer des papiers et a fait passer clandestinement des armes dans le ghetto de Varsovie. La dernière fois, il a vu le ghetto en flammes. Finalement, il a été arrêté à la Libération par les Russes. En 1947, il est arrivé en France où il a rencontré ma mère. Il était censé partir en Israël, mais est resté pour elle qui ne voulait pas partir. (Elle sourit.) Ma mère, comme vous le savez, avait deux ans lorsqu'elle est arrivée en 1931. A quatre ans, elle traduisait à ses parents en français tout ce qu'ils ne comprenaient pas. Ces histoires ont bercé mon enfance : il fallait hisser la petite fille jusqu'au guichet du commissariat, de la sécurité sociale ou de la banque pour qu'elle puisse traduire ce que lui disaient ses parents qui ne comprenaient pas un mot de français. Pour ma mère, un exil suffisait ; elle ne voulait pas s'expatrier à nouveau en Israël. C'est l'un des principaux sujets de discorde entre elle et mon père, surtout lorsqu'ils ont des problèmes. J'ai appris dernièrement, il y a six mois c'est-à-dire au début de l'année 1983, que mon père dans sa jeunesse avait fait partie du Betar*. Ça a été

_____

* Acronyme de Brit-Trumpeldor, l'Alliance de Trumpeldor, du nom du premier héros de l'épopée militaire sioniste. Mouvement de jeunesse qui incarne l'idéal sioniste révisionniste. Voir aussi note p. 130.

111

un choc. Il en a été membre pendant plusieurs années, au moins jusqu'à la guerre. Il s'est ensuite chargé de faire émigrer des orphelins en Israël. C'est tout ce que je sais. Je ne sais pas si c'était encore dans le cadre du Betar. Je n'ai pas réussi à en savoir davantage. Il m'est très difficile de parler avec lui, à cause de mon passé propalestinien.

— Pourquoi avez-vous été choquée en apprenant que votre père avait appartenu au Betar ?

— Je me suis battue contre le Betar à Paris. Je ne l'aime pas. En outre, le Betar, c'est Begin pour lequel je n'ai pas d'estime particulière. Pourtant, lorsqu'il a tiré sa révérence et que j'ai vu des photos, j'ai été très émue. [L'entretien s'est déroulé le 27 septembre 1983, peu de temps après la démission de Begin.] Il m'est soudain apparu comme un homme bon. Mais cela n'enlève rien au fait que je ne sois pas d'accord avec lui. Il faut dire que je ne sais pas très bien ce qu'était le Betar en Pologne à l'époque. Il faudrait que je m'informe, que je me renseigne... Mais a priori je n'ai pas une grande sympathie pour cette organisation. Je n'aime pas son idéologie.

— Avez-vous appartenu autrefois à une organisation ou à un mouvement de jeunesse juif ?

— Jamais. Il y a encore quelques années, je ne connaissais pas grand-chose du judaïsme. La seule chose que je savais, c'est qu'il y avait eu la Shoah. Ma mère, en ce sens, était l'incarnation extrême de la théorie sartrienne[34]. Elle me disait toujours qu'elle était juive parce qu'il y avait des antisémites. Elle avait onze ans lorsque la guerre a éclaté. C'est en portant l'étoile jaune qu'elle a pris conscience qu'elle était juive. Ses parents étaient arrivés de Pologne comme de misérables immigrants ayant bien trop à faire pour régulariser leur situation administrative et pour s'embarrasser d'une quelconque sensibilité juive.

— Votre mère voulait-elle que vous deveniez française ?

— Non, je ne le pense pas. Mais c'était chez elle un judaïsme laïque exacerbé réduit au pragmatisme le plus absolu. "Comme nous ne pouvons pas faire comme si nous n'étions pas juifs — car à un moment ou à un autre on te

112

forcera à le reconnaître —, il vaut mieux que tu en sois consciente dès à présent", m'avait-elle dit. C'était son unique lien au judaïsme. Mais il n'y avait chez elle aucune velléité assimilationniste. Cependant la judéité se cantonnait au seul fait que d'autres puissent vous le cracher à la figure.

— Juif donc par rapport aux autres ?

— Oui, tant qu'il existe quelqu'un pour vous le jeter à la figure, comme une injure, vous pouvez toujours le confirmer. Pour mon père, c'était différent, mais tout aussi confus. Il pouvait se prévaloir d'une certaine tradition juive, mais à part ça, il n'y avait rien de concret, de substantiel. Je n'ai jamais célébré aucune fête juive, que ce soit Pessah, Rosh Hashana ou Kippour. Je connaissais mieux la naissance de Jésus grâce à Noël et à mes amies. Je n'ai reçu aucune culture juive traditionnelle ni même laïque. Par exemple, j'ai des amis dont les parents ont fait partie du Bund. Je n'ai baigné dans aucune culture juive, en dehors du fait que le peu d'amis de mes parents étaient juifs. Mais leurs réunions ressemblaient plutôt à des rassemblements d'immigrants. Ma grand-mère m'a invitée une fois pour la fête de Pourim, ça ne me disait rien alors, mais je me souviens très bien qu'on parlait d'Esther*. C'est le prénom de ma mère et cela m'avait touchée. Ma grand-mère faisait partie d'une association d'anciens habitants de Varsovie, le *Landsmannschaft*. C'était une organisation laïque à la sensibilité juive très édulcorée. »

Bien que R.F. n'ait pas rejoint le Comité Palestine, ses positions extrémistes sur le sujet avaient creusé un profond fossé entre elle et son père. Ce dernier lui avait alors dit : « Tu n'es plus ma fille depuis que tu t'es mise à défendre la cause palestinienne. » La rupture fut totale pendant de nombreuses années. « Mais cela n'a pas remis en question mes convictions. Je pensais qu'il se trompait, qu'il ne

---

* Au cours de la fête de Pourim ou fête des sorts, on lit le livre d'Esther dans lequel sont consignés les hauts faits d'Esther qui intercède en faveur des juifs menacés de mort par Haman.

comprenait rien, et qu'il était "du mauvais côté". Un changement s'est amorcé en 1974, alors que la Gauche prolétarienne était déjà dissoute. La télévision voulait faire une émission sur Sartre [35]. Celui-ci voulait la préparer avec d'anciens membres de la Gauche prolétarienne dont il était resté très proche. Nous avions découpé sa biographie en plusieurs périodes et procédé à des recherches historiques que nous voulions ensuite confronter à Sartre lui-même et à son existence. Une amie juive qui avait étudié l'histoire de la Seconde Guerre mondiale et de la Résistance m'avait demandé si cela m'intéresserait de travailler sur les juifs et la Résistance pendant la guerre. Cela m'intéressait évidemment et je me suis mise à la tâche. J'ai interviewé mon père. Je possède encore l'enregistrement. C'était très émouvant. Il m'a raconté beaucoup de choses sur la guerre. Nous avons renoué alors des relations, qu'on ne peut toujours pas, jusqu'à aujourd'hui, qualifier de normales, et qui je pense ne le seront jamais. »

Pour clore cette histoire et la resituer dans son contexte, il faut ajouter qu'il y eut par la suite d'autres étapes dans la réconciliation. Mais pour R.F. « la route est encore longue » pour y parvenir. Après la visite de Sadate en Israël, son père l'avait invitée à s'y rendre. Ce voyage ne fut une réconciliation ni avec Israël ni avec sa famille qui lui « rappelait [son] passé propalestinien ». Par la suite elle entreprit la lecture de la Bible en français, puis eut aussi envie de la lire et de la comprendre en hébreu. Elle se mit donc à étudier l'hébreu, le Talmud et le Zohar. « Je ne cherche pas à travers mon intérêt pour les textes talmudiques de réponses, mais plutôt des questions. Ce qui m'intéresse, ce sont celles qui ne sont pas induites des poncifs de la philosophie grecque ou occidentale moderne. Ce qui me semble maintenant le plus important, c'est de poser les bonnes questions auxquelles il n'est pas certain que l'on puisse apporter de réponses. Mais si elles sont opportunes, il est possible d'obtenir au moins un élément de réponse. » Elle interrompit ses études au milieu des années 80, mais conserve toujours en elle la volonté et la curiosité d'appréhender les choses qui lui semblent importantes, complexes et dignes d'intérêt.

R.F. travaille depuis dans le domaine musical, le jazz et la musique classique. Lorsque rétrospectivement elle évoque son passé radical, elle fait le bilan : « Je n'ai jamais eu l'impression de gâcher huit ans de ma vie. J'assume la responsabilité de tout ce que j'ai fait. Nous nous sommes donnés entièrement. Nous avons fait du mieux que nous pouvions. Il y a dix ans, je pensais savoir ce qu'il fallait faire et comment. Je croyais qu'il fallait commencer par faire la révolution. C'était facile. Aujourd'hui j'éprouve un certain manque. J'ai toujours envie de changer le monde car je trouve qu'il n'est pas meilleur. Il y a tant de choses qu'il faudrait changer : les relations humaines, la politique, les guerres, la faim dans le monde, le sens du développement technologique. Je suis beaucoup moins naïve et moins romantique que je ne l'étais à dix-neuf ans, mais cela n'enlève rien au fait que je veuille changer le monde. Je ne sais pas exactement comment, mais je crois que ni les politiciens, ni les théoriciens, ni même les philosophes ne sont capables d'apporter de réponses. »

Toutes ces conversations avec les radicaux juifs, « enfants des rescapés », montrent, incontestablement, la signification profonde du souvenir de la Shoah. Nous ne pouvons méconnaître les éléments qui composent cette mémoire, car nous perdrions le sens que revêt pour eux la Shoah, tout comme les raisons de leur relation ambiguë avec l'Etat d'Israël. Ces éléments sont entre autres : le non-reniement de leurs origines, la position centrale de l'émigration et du déracinement, une judéité réduite pour l'essentiel à l'expérience de la souffrance, une vision quasi mythique et idéale du juif selon laquelle il ne peut commettre d'injustice et, par conséquent, un rapport hostile avec Israël qui, n'adhérant pas aux mêmes critères, s'expose de façon disproportionnée à la virulence de leurs griefs.

CHAPITRE IV

Portrait d'une génération

La communauté juive et la jeunesse juive en France
(1945-1970)

> « Un peuple d'élite, sûr de lui et dominateur. »
>
> Propos tenus par le général de Gaulle sur le
> peuple juif, au cours d'une conférence de
> presse le 27 novembre 1967.

La fin des années 40 et le début des années 50, années
charnières de « lutte pour la vie », ne présageaient rien qui
vaille pour la communauté juive française[1]. Cette triste réalité a fait l'objet de l'ouvrage d'Isaac Pougatch, *Se ressaisir
ou disparaître*[2], où il analysait les peurs de la communauté
juive française de ne pouvoir surmonter la Shoah. Certains
dirigeants communautaires avaient même exprimé leurs
craintes qu'elle ne soit « la dernière génération juive
authentique de France[3] ». Il faut dire que plus de quatre-
vingt-dix pour cent de la jeunesse juive n'avait pas été élevée dans la stricte obédience du judaïsme ni n'avait jamais
fait partie d'une organisation communautaire.

Différents éléments « juifs » contribuèrent au façonnement du caractère et de la conscience spécifiques de la
communauté juive française de l'après-guerre : la Shoah et
ses conséquences, les événements liés à Israël, particulièrement la guerre de 1948 et la guerre des Six Jours, l'émigration des juifs d'Afrique du Nord, mais aussi les fortes
répercussions juives de la vague gauchiste, de son apogée

116

lors des événements de Mai 68 à son déclin au début des années '70.

Ce furent aussi, à des degrés divers, des événements historiques déterminants dans la vie de ces jeunes juifs français nés avant la guerre, pendant ou immédiatement après, et qui furent regroupés sous diverses appellations. Dans cette étude, nous avons procédé à une classification des radicaux juifs ayant pris part au mouvement contestataire dans les années 60 et 70 en deux catégories. La première regroupe les « enfants de la guerre », nés avant ou pendant la Seconde Guerre mondiale, qui conservent des souvenirs personnels des événements tragiques de la guerre. La seconde est, elle, constituée par les « enfants des rescapés », nés à la fin de la guerre ou dans l'immédiat après-guerre, qui n'ont vécu les horreurs de la guerre qu'à travers l'expérience de leur famille. Il faut souligner la difficulté d'intégrer dans une de ces deux catégories les personnes nées dans les années 1944-1945 comme Daniel Cohn-Bendit ou Pierre Goldman, personnages phares de la période qui nous intéresse. (Nous les avons finalement inclus dans la première.) Dans d'autres études, les membres de cette catégorie sont classés dans la « génération de la guerre d'Algérie » ou dans la « génération de 68 ». Les uns et les autres furent dans les années 60 et 70 considérés par une partie des dirigeants du judaïsme institutionnel comme « une génération perdue[4] ».

Sans entrer dans des considérations sociologiques sur le concept de « génération », il convient d'appréhender les membres de ces deux catégories comme appartenant à une seule et même génération. Le fait d'être nés avant ou pendant la guerre est l'élément marquant de leur biographie. Tous ces jeunes ont aujourd'hui une quarantaine ou une cinquantaine d'années.

117

Après la Shoah

Moins du tiers de la population juive française (soit un peu plus de soixante-dix-sept mille personnes) a été exterminé pendant la guerre. Les pertes ont été particulièrement importantes chez les immigrants juifs d'Europe de l'Est. Les juifs « étrangers » arrivés en France dans l'entre-deux-guerres, pour la plupart dans les années 30, n'avaient jamais pu obtenir la nationalité française, ou lorsqu'elle leur avait été accordée, elle leur fut ensuite très vite retirée[5]. Aussitôt après la guerre, plusieurs facteurs ont favorisé un regain national au sein de la communauté juive :

1. On avait l'espoir ou l'illusion, particulièrement chez les anciens résistants juifs ou non juifs, qu'après la défaite, l'humiliation et la collaboration avec les Allemands, se produiraient des changements sociaux et politiques radicaux. De nombreux résistants communistes et socialistes étaient juifs. On peut ainsi comprendre le désir d'entraide, de fraternité et de reconnaissance attendu par ceux qui espéraient que l'on passât de la « résistance à la révolution ».

2. Il y avait aussi une extrême urgence pour la communauté juive, et ses différentes institutions, à refaire surface et à réintégrer les rescapés. Elle se devait de porter secours aux persécutés qui s'étaient enfuis pour se réfugier en France pendant la guerre. Il fallait aussi aider les survivants des camps d'extermination à reprendre pied, porter secours aux réfugiés, aux orphelins dont les parents avaient trouvé la mort dans les camps, ainsi qu'aux personnes déplacées restées en Allemagne et qui ne savaient où aller. La communauté juive éprouvait une forte culpabilité à l'égard des réfugiés juifs d'Europe de l'Est arrivés avant la guerre, et qu'elle avait alors dédaignés. Aussi déploya-t-elle beaucoup d'énergie à aider les réfugiés, à colmater ses propres fissures et à reconstruire ses institutions. Elle aida également de nombreux juifs à lutter pour récupérer les biens dont ils avaient été spoliés pendant la guerre. Les organisations juives, les associations et les mouvements de jeunesse, les établissements éducatifs et les organisations caritatives

virent dans l'aide prodiguée à tous ces nécessiteux un défi et une tâche essentielle[6].

3. Le combat engagé en Palestine pour l'instauration d'un Etat juif et la guerre d'Indépendance avaient retenu l'attention et attiré la sympathie des juifs comme de l'opinion publique française. La lutte pour accéder au droit d'immigrer en Palestine et pour approvisionner en armes les combattants juifs s'engagea également en France, comme l'illustre l'épopée de l'*Exodus*[7]. En 1948, les communistes juifs avec le Parti dont l'importance à l'époque était considérable apportèrent leur soutien au combat sioniste.

Dans un climat d'intense activité qu'imposaient les circonstances, une prise de conscience émergea face aux horreurs de la guerre. Les actions menées dans les années 50 en faveur des enfants juifs qui avaient été cachés pendant la guerre dans des institutions catholiques réveillaient les événements tragiques du passé le plus proche. L'affaire Finaly, qui en 1953 avait fortement ému la communauté juive, fut l'un de ces cas les plus tristes. Deux enfants dont les parents avaient été envoyés dans les camps de la mort pendant l'Occupation avaient été remis aux mains d'une association catholique de bienfaisance. Ils avaient été cachés pendant la guerre dans une famille catholique qui les avait fait baptiser et leur avait donné un enseignement catholique. A la fin de la guerre, leur tuteur refusa de satisfaire à la demande de leur famille (leurs tantes) et de restituer les deux enfants. Ceux-ci ne leur furent rendus qu'après plusieurs procès et l'intervention de nombreuses personnalités juives et catholiques.

Le comportement des Français pendant la guerre, la collaboration avec les Allemands et l'attitude de Vichy à l'égard des juifs avaient profondément marqué les juifs français même si les instances centrales communautaires étaient restées silencieuses. La fin des années 40 et le début des années 50 furent également caractérisés par des velléités de dénégation et de rejet du judaïsme, qui se manifestèrent entre autres par des conversions, des mariages mixtes, des changements patronymiques, l'abandon de la circoncision, la dissimulation des origines juives et des prises de distance par rapport à toute structure communautaire[8].

Les juifs eux-mêmes, en tant qu'individus, répugnaient à rechercher le sens que pouvait avoir pour eux la Shoah, refoulant le traumatisme affectif qu'elle représentait. Mais pourtant, le rapport à la Shoah avait incontestablement irrémédiablement transformé l'identité individuelle des juifs français. Nous y reviendrons avec force détails ultérieurement. Les sentiments refoulés et le profond malaise (liés essentiellement à l'attitude des Français pendant la guerre) ne referont surface que plusieurs années après, clairement exprimés dans la contestation et la lutte des jeunes membres des mouvements gauchistes.

L'immigration d'Afrique du Nord

L'arrivée massive en France des juifs d'Afrique du Nord modifia considérablement la physionomie et l'importance de la communauté juive française. Ce fut d'abord, dans les années 50, l'arrivée des juifs tunisiens et marocains puis, au début des années 60, celle des juifs algériens. La décolonisation de l'Afrique du Nord fut bien évidemment à l'origine de cet important flux migratoire. Le nombre d'immigrants juifs arrivés en France dans les années 50 et 60 est estimé à près de deux cent cinquante mille personnes, dont cent mille juifs algériens débarqués en quelques mois pour la seule année 1962.

Les juifs d'Afrique du Nord ne peuvent être considérés comme un groupe homogène. Alors que tous les juifs algériens possédaient la nationalité française, ce n'était pas le cas pour une grande partie des juifs tunisiens et marocains. Les traditions et la capacité d'ouverture à la culture occidentale étaient différentes d'un pays à l'autre, parfois même d'une région à l'autre. Il y avait également de grandes disparités dans le niveau de vie, le travail et le niveau d'instruction. Les destinations choisies par les juifs d'Afrique du Nord étaient aussi très variables : la moitié des juifs tunisiens s'installa en France, alors que l'autre moitié émigra en Israël ; la majorité des juifs marocains choisit de s'établir en Israël après un passage par la France ; quant aux juifs algériens, ils s'établirent, pour la quasi-totalité, en France. L'afflux en France des juifs d'Afrique du Nord contribua au plus fort accroissement démographique que l'on ait pu observer dans une communauté juive de Diaspora depuis la Seconde Guerre mondiale. La communauté juive française devint la plus importante d'Europe occidentale, et la troisième au monde par sa taille, après celles des Etats-Unis et de Russie. On dénombre aujourd'hui en France, selon diverses évaluations, entre cinq cent cinquante mille et sept cent mille juifs[9]. La France compte également, après Israël, le plus grand nombre de juifs orientaux.

Cette émigration, par la spécificité de chacune des diasporas en présence, entraîna des changements fondamentaux dans la structure de la communauté juive française en insufflant un nouvel élan aux institutions religieuses et caritatives ainsi qu'aux structures éducatives et culturelles juives. Les juifs d'Afrique du Nord faisaient incontestablement partie du judaïsme français, et leur influence était particulièrement visible au sein du judaïsme institutionnel. Ils étaient partout présents et actifs dans les institutions, les mouvements et organisations, tout comme dans la plupart des synagogues. Un grand nombre s'était imposé dans différents domaines de la vie intellectuelle française et juive.

L'intégration des juifs d'Afrique du Nord en France était intervenue dans une période de croissance et de développement économique, ce qui avait bien évidemment facilité les choses. La communauté juive autochtone dans la mesure de ses possibilités avait tout fait pour aider les nouveaux arrivants. Dans ce contexte d'accueil favorable fait aux nouveaux immigrants d'Afrique du Nord, les institutions juives éprouvaient une certaine culpabilité en raison de l'indifférence, confinant parfois à l'hostilité, qu'elles avaient manifesté à l'égard des anciens émigrants juifs d'Europe centrale et orientale arrivés en France dans l'entre-deux-guerres. La rapide intégration et la progression économique et sociale des juifs d'Afrique du Nord en France comparativement aux difficultés rencontrées par ceux qui avaient émigré en Israël ont fait l'objet d'études et de polémiques autour du problème épineux des disparités sociales en Israël[10].

L'intégration économique et sociale n'a pour autant pas fait disparaître ce sentiment d'« étrangeté » ressenti par une partie des juifs d'Afrique du Nord. Au premier stade de leur intégration, ceux-ci ont vite perdu leurs traditions et leur spécificité juive nord-africaine (ou du moins l'ont-ils ressenti ainsi dans leur nouvel environnement). Il y eut également un pourcentage élevé de mariages mixtes, principalement chez les juifs algériens. Cependant, depuis le milieu des années 70, les juifs d'Afrique du Nord ont redécouvert leur identité en réaffirmant leur spécifité ethnique. Après la volonté d'être intégrés dans la société majoritaire, sont apparus ces derniers temps le regret de la perte identitaire et la nécessité de renouer avec la tradition.

Spécificités familiales

Trois groupes d'origines différentes constituent la génération des radicaux nés avant la guerre, pendant et dans l'immédiat après-guerre, et qui étaient dans les années 60 et 70 lycéens et étudiants. Le premier, minoritaire, est constitué par les enfants des plus anciennes familles juives françaises. On trouve dans le deuxième la première génération née en France d'enfants d'émigrants d'Europe de l'Est, arrivés dans les premières décennies de ce siècle, et plus particulièrement dans l'entre-deux-guerres. Le troisième est composé quant à lui de deux sous-groupes : les jeunes arrivés d'Europe de l'Est à la fin de la guerre, et ceux arrivés d'Afrique du Nord dans les années 50 et 60.

La grande majorité des radicaux juifs était constituée d'émigrants ou d'enfants d'émigrants d'origine européenne. Parmi les radicaux, le pourcentage d'enfants d'immigrants juifs d'Afrique du Nord était plus faible. Ils venaient tout juste d'arriver, traversaient les premières phases d'intégration et d'acculturation et étaient issus de contextes culturel, communautaire et politique sensiblement différents. Il convient malgré tout de souligner que l'on observait dans leur pays d'origine une présence relativement forte de juifs au sein des mouvements radicaux. Le fait d'être immigrant ou fils d'immigrant avait de nombreuses incidences sur la manière dont ils percevaient leur identité individuelle et juive : ils avaient le sentiment d'être étranger, souffraient d'un complexe d'infériorité, éprouvaient une certaine crainte par rapport à la culture française majoritaire et s'identifiaient bien évidemment aux autres minorités. Il semble que l'émigration conjuguée au déracinement soient les éléments essentiels pour comprendre le parcours de ces jeunes gens et permettre une meilleure analyse de leur implication dans la lutte révolutionnaire et le radicalisme de gauche de la fin des années 50 jusqu'au début des années 70[11]. L'errance et l'exil sont également des facteurs importants qui ont contribué au regain d'intérêt de la quête et du « retour » de cette génération vers ses racines juives dès le début des années 70.

Les nombreux jeunes juifs qui entreprenaient des études supérieures étaient souvent fils et filles de familles de classes moyennes, voire inférieures. Pour les étudiants juifs qui accédaient à l'université, les études supérieures représentaient une ascension culturelle, sociale et économique incontestable par rapport à leurs parents. Cela témoigne de la réussite de ces immigrants, pour certains arrivés en France complètement démunis et qui en une génération étaient parvenus à s'intégrer économiquement, permettant à leur progéniture d'accéder à l'enseignement supérieur. Les études étaient perçues aux yeux des parents et de leurs enfants comme une assise économique stable et le moyen le plus sûr de l'intégration sociale, dans la lignée de la plus pure tradition humaniste juive « de la mobilité du patrimoine culturel juif ».

Le témoignage d'une militante de l'un des mouvements contestataires, dont la mère est analphabète (ne sachant écrire ni en yiddish ni en français) et dont le père avait étudié au Heder* jusqu'à l'âge de treize ans, est un exemple frappant. Ses parents étaient arrivés de Pologne en France dans les années 30 dans le dénuement le plus total et, pour subvenir à leurs besoins, étaient devenus camelots. « Mes parents accordaient la plus grande importance à nos études. Ils ne cessaient de nous répéter : "Nous, nous n'avons pas pu faire d'études, car nous étions sans cesse expulsés et ballottés d'un endroit à un autre, mais vous, vous ferez des études, car vous en avez les moyens." Que voulaient-ils que nous devenions ? Ils voulaient un fils médecin et préféraient que je devienne avocate. » Tout autant révélatrice est cette blague largement répandue en France, dont il existe deux versions : « Quelle est la différence entre un tailleur et un médecin ? Ou encore entre un boutiquier et un psychanalyste ? » La réponse est : « Une génération. »

Dans ce contexte, la rapide mobilité tant culturelle que socio-économique qui toucha les enfants d'immigrants d'Europe de l'Est concerna également ceux des immigrants d'Afrique du Nord. Leur mobilité et leur progression socio-économique furent, comme nous l'avons établi précédemment, beaucoup plus remarquables que celles de leurs coreligionnaires installés en Israël.

Les structures institutionnelles de l'éducation juive ne regroupaient, comme nous l'avons vu, qu'un faible pourcentage de l'ensemble de la jeunesse juive française. Les écoles juives, majoritairement religieuses, ne comptaient après la guerre que plusieurs centaines d'élèves [12]. Un certain nombre d'enfants purent poursuivre dans l'après-guerre leurs études dans les différentes structures de l'OSE [13].

---

* Type d'institution scolaire largement répandue en Europe orientale jusqu'à la Seconde Guerre mondiale et encore en vigueur dans les communautés très orthodoxes.

Une fraction des jeunes de cette génération n'intégra pas non plus les cadres juifs non institutionnels, comme les mouvements où les organisations de jeunesse juive. Certains autres rallièrent les mouvements ou les organisations de jeunesse juive pendant une brève période, à titre d'« expérience » seulement, sans en être particulièrement marqués. Les mouvements de jeunesse qui dans les années 50 et 60 avaient le plus d'influence étaient ceux de tendance sioniste et socialiste, ceux rattachés aux communistes juifs, les mouvements bundistes, ou encore les Eclaireurs israélites de France[14]. L'UEJF, l'Union des étudiants juifs de France, avait aussi dans les années 50 une importance et une influence notables. Cette organisation, créée en 1944 à la suite de la guerre et de la lutte contre l'occupant nazi, était pluraliste et n'affichait aucun sectarisme. A son apogée, elle comptait plusieurs milliers d'étudiants juifs aux sensibilités différentes, des sionistes, des communistes, des religieux et des laïcs qui abordaient ensemble des questions d'ordre idéologique ou politique.

Il ne fait aucun doute que ces organisations eurent alors un impact puissant, décisif, parfois durable, sur ces jeunes proportionnellement peu nombreux qui en firent partie pendant plusieurs années. Bien que les mouvements de jeunesse n'aient été que des structures « ponctuelles » dans lesquelles ils passaient relativement peu de temps, leur contribution éducative fut parfois plus importante que celle de l'école, voire que celle de leurs parents. Cela étant, malgré leur multiplication et les différences, réelles ou supposées, ces mouvements n'avaient réussi à attirer qu'une petite minorité de la jeunesse juive, soit moins de dix pour cent. Aujourd'hui encore, malgré la multiplication des structures éducatives juives, la proportion de ceux qui reçoivent un enseignement juif, qu'il soit formel ou pas, reste l'une des plus faibles d'Europe, voire du monde[15].

Le clivage entre la communauté juive et ses institutions, plus important que dans les autres communautés juives occidentales, avait des causes historiques spécifiques à la France et à ses juifs : la séparation de l'Eglise et de l'Etat, l'octroi de la citoyenneté aux juifs en tant qu'individus, la reconnaissance de la religion comme expression officielle de l'identité juive, l'influence de grandes familles juives, etc. La fracture était particulièrement sensible entre les jeunes, les étudiants et les institutions communautaires. Les débouchés et l'intérêt qu'offraient les actions sociales et politiques juives restaient très limités. Dans les années 60, alors que résonnait le slogan « tout est politique », les institutions religieuses et communautaires, sclérosées et « ennuyeuses », n'apparaissaient pas un tremplin adapté vers « la compréhension du monde et de soi-même ». Les structures juives indépendantes et authentiques comme les Eclaireurs israélites de France ou l'Union des étudiants juifs de France perdirent aussi avec le temps beaucoup de leur influence.

Les organisations et les mouvements de jeunesse juifs non religieux

Nombreux sont les radicaux juifs qui appartenaient dans leur enfance ou leur adolescence à des mouvements ou des organisations de jeunesse juive. Ils étaient alors membres des organisations suivantes : la CCE, organisation émanant des communistes juifs ; les mouvements bundistes ; les mouvements sionistes-socialistes dont Hashomer Hatsaïr, et dans une moindre mesure le Dror et Habonim.

Le courant juif communiste

La Commission centrale de l'enfance (CCE) fut fondée en 1944. Elle avait pour objectif de réunir les enfants des déportés et d'aider les familles juives victimes des nazis. Cette organisation était affiliée à l'Union juive pour la résistance et l'entraide (l'UJRE), elle-même rattachée au Parti communiste français. Son action fut des plus importantes dans l'après-guerre dans le domaine de l'éducation et l'aide dispensée aux orphelins dans des homes d'enfants. Elle développa également un réseau de colonies de vacances et de clubs de jeunesse. La CCE se définissait comme une organisation laïque appartenant au mouvement démocratique (ou progressiste) juif. La guerre et la Résistance ont joué un rôle essentiel dans sa création. Son activité n'a fait ensuite que décliner pour devenir marginale dans les années 70.

D'autres organisations juives en activité pendant la guerre, proches du Parti communiste ou sous sa tutelle, comme l'Union de jeunesse juive, fusionnèrent après guerre avec l'organisation des Jeunesses communistes. Un mouvement de jeunesse juive d'obédience communiste, lié au Mouvement des jeunes, regroupait à la fin des années 40 plus de mille adhérents. Il fut dissous en plein apogée au début des années 60, apparemment sur ordre du PCF.

La dissolution des mouvements juifs de gauche ne laissait aux jeunes juifs qu'une seule alternative : rejoindre les mouvements de jeunesse ou les organisations d'étudiants communistes, souvent hostiles à Israël et au Mouvement sioniste. Malgré la position peu amicale de l'URSS à l'égard des juifs et du sionisme, et en dépit des découvertes sur la nature du régime répressif stalinien, les jeunes Français comme les jeunes juifs ont été fortement attirés dans les années 50 et au début des années 60 par le Parti communiste et ses différents organes. Une large fraction des leaders des organisations de la Nouvelle Gauche avaient été précédemment — dans les années 50, au début et au milieu des années 60 — membres d'organisations de jeunesse ou d'étudiants du Parti communiste.

Le courant bundiste

Des organisations bundistes virent le jour à Paris dès le début du siècle. Dans l'entre-deux-guerres, ces organisations possédaient un mouvement de l'enfance, le ZKIF, un mouvement pour adolescents, le ZUKUNFT, et une association sportive, Morgenstern. Selon diverses estimations, le Bund comptait à Paris dans les années 30 entre mille cinq cents et deux mille membres[16].

Malgré les victimes de la Shoah, particulièrement nombreuses parmi les immigrants d'Europe de l'Est qui constituaient le « noyau » du Bund, les années d'après guerre connurent un nouvel élan. Une activité d'une certaine ampleur fut déployée au sein du ZKIF et du mouvement de la Jeunesse socialiste juive (JSJ) qui comptaient à la fin des années 40 près de deux cents membres [17]. Le ZKIF connut une totale réorganisation à la fin de la guerre, selon des principes d'éducation socialistes qui prônaient en particulier l'établissement d'une « république pour enfants » et l'apprentissage obligatoire du yiddish. Ce mouvement était encore en activité dans les années 50, mais il disparut ensuite. Les tentatives de mettre en pratique des activités du même genre échouèrent par la suite.

Une nouvelle organisation, le Club laïque de l'enfance juive (CLEJ), fut créée en 1962. Elle s'adressait aux enfants de sept à dix-sept ans et proposait des activités dans le cadre de centres aérés, y compris parfois pendant les week-ends et les fêtes juives. Elle rassembla une centaine de jeunes juifs et une vingtaine de moniteurs, anciens membres de l'organisation. La majorité de ces vétérans était affiliée au PS ou au PSU et au Cercle Gaston Crémieux*. Ce mouvement à la sensibilité « laïque socialiste et non sioniste » avait pour but de former des membres actifs au sein de la minorité juive et d'aider les enfants à trouver leur place dans le pays où ils vivaient et dans la communauté juive de ce pays tout en conservant l'héritage culturel du judaïsme.

Il convient de préciser que les mouvements bundistes et communistes ne touchèrent pour l'essentiel que de jeunes enfants ou des adolescents. La démarche politique de ces organisations consistait à orienter ses membres vers les futurs cadres politiques des partis de gauche, communiste et socialiste. Dans les années 60 et au début des années 70, beaucoup d'anciens membres de ces organisations rallièrent les rangs de l'extrême gauche. C'était un stade « préparatoire » dans le processus de radicalisation dans lequel ils s'engageaient.

---

* Voir chapitre VI.

Le courant sioniste-socialiste

Les mouvements sionistes-socialistes préparaient quant à eux l'« accomplissement personnel à travers le sionisme », parachevé par l'expérience du kibboutz en Israël à la fin des études secondaires. En dépit de leur sympathie pour les mouvements de gauche français, leur orientation clairement sioniste empêcha leurs membres d'intégrer les cadres de la politique française. Aussi, l'implication de ces mouvements dans les luttes idéologiques et politiques françaises fut-elle on ne peut plus discrète. Cela eut pour conséquence que, lors de périodes aussi agitées que la guerre d'Algérie ou la guerre du Vietnam, de jeunes juifs désertèrent les mouvements sionistes-socialistes pour les mouvements gauchistes. Nous verrons, d'après les témoignages de plusieurs radicaux juifs, que les organisations communistes puis, ensuite, celles de la Nouvelle Gauche (particulièrement les trotskistes) feront tout pour détourner les membres des organisations sionistes-socialistes au profit de leurs propres organisations, considérant qu'ils constituaient un vivier potentiel prometteur [18]. D'aucuns prétendent que les mouvements sionistes-socialistes ont indéniablement influencé les organisations de la Nouvelle Gauche [19].

Les mouvements inclus dans ces trois courants revendiquaient une idéologie socialiste ou communiste. Toutefois la composante juive (et sioniste) occupait une place prépondérante et centrale dans l'éducation juive et les positions politiques de ces mouvements. L'essentiel de leurs conceptions juives et socialistes (parfois à l'origine même de leur émergence, comme dans le cas de la CCE) était fondé sur la Shoah, même de façon détournée à travers le sionisme, comme dans les mouvements Hashomer Hatsaïr, Dror ou Habonim. La tension entre universalisme et particularisme, qui constitue l'un des éléments centraux du phénomène radical juif, existait également à des degrés divers à l'intérieur de ces structures.

Ces mouvements étaient violemment critiques à l'égard de l'establishment juif qu'ils ne côtoyaient qu'avec une extrême méfiance. Les mouvements sionistes-socialistes, particulièrement après la Seconde Guerre mondiale, dénigraient par principe l'existence juive en diaspora. Ils fustigeaient (davantage dans les années 50 et 60 que par la suite) les institutions communautaires considérées par eux comme conservatrices, bourgeoises, religieuses, et parfois à tendance assimilationniste.

Les institutions juives qui ne représentaient qu'une infime partie des juifs français n'osaient pas désavouer les mouvements sionistes. En revanche, elles n'hésitèrent pas à combattre et à s'en prendre aux organisations et mouvements de gauche non sionistes (les groupes de tendance bundiste et communiste), allant, selon certains, jusqu'à tenter de les neutraliser. Ces derniers étaient à maints égards « marginaux » au sein de la communauté juive et fustigeaient le caractère religieux, oligarchique, réactionnaire, antidémocratique et plus tard prosioniste des organisations communautaires. Il n'était pas surprenant, dans ce contexte, d'entendre de la part de membres de gauche maintes critiques quant au comportement des instances communautaires juives pendant la Seconde Guerre mondiale.

L'engouement des membres des mouvements de jeunesse sionistes-socialistes, et plus particulièrement de Hashomer Hatsaïr, pour les organisations révolutionnaires en général se révélait déjà très fort dès l'émergence de ces mouvements. Cet attrait traduisait la tension entre le nationalisme juif particulariste et le socialisme universel, particulièrement virulent chez ses partisans. Certains accusaient ces mouvements de servir de « foyer » ou de « vivier » aux communistes juifs. Ils furent critiqués, parfois avec une extrême violence, par des membres et des sympathisants du courant révisionniste[*][20].

Le terrible traumatisme provoqué par la guerre des Six

---

* Les sionistes révisionnistes entendaient « réviser » le sionisme. L'Alliance des sionistes révisionnistes naît le 25 avril 1925 au Quartier latin. Leur objectif était la création d'un Etat juif sur les deux rives du Jourdain, par la constitution d'une majorité juive sur ce territoire.

Jours fut à l'origine de l'émergence et du renforcement de l'identité nationale juive chez les juifs de France, et plus particulièrement parmi les jeunes. Moins d'une année plus tard, l'insurrection révolutionnaire de Mai 68 emportait aussi la jeunesse juive. Ce concours particulier de circonstances fit qu'à la fin des années 60 on pouvait dénombrer quelque quatre-vingts groupes, mouvements, associations et clubs juifs en tous genres qui essayaient de coordonner leurs actions, donnant naissance ainsi au Comité de coordination de la jeunesse juive. La plupart de ces mouvements hétéroclites, qui ne comptaient pour certains qu'un très petit nombre d'adhérents, disparurent peu de temps après.

Organisations juives indépendantes

Le début des années 70 fut caractérisé par un climat de grande crise, consécutif aux effets prolongés de Mai 68 sur les mouvements de gauche sionistes, les Eclaireurs israélites de France et l'Union des étudiants juifs de France. La révolte étudiante et les idées qu'elle propageait amplifièrent le radicalisme idéologique, politique et éducatif des mouvements de jeunesse sionistes et des Eclaireurs israélites de France. Parfois, le système éducatif lui-même et la structure des organisations furent remis en question. La tension qui existait déjà entre les membres, les militants locaux et les émissaires israéliens ne fit que s'aggraver. La question du Proche-Orient et le problème palestinien revêtaient un sens politique et idéologique important, pour ne pas dire crucial.

Après Mai 68, nous assistons à une radicalisation à tendance parfois révolutionnaire au sein des organisations lycéennes et étudiantes juives. Celles-ci étaient alors en contact avec d'autres mouvements sionistes révolutionnaires de différents pays (Etats-Unis, Hollande, Grande-Bretagne, Autriche et Suisse) qui appelaient de leurs vœux la « naissance d'un sionisme révolutionnaire ». Elles disparurent au début des années 70. Une petite partie seulement de leurs membres émigra en Israël. Voici quelles furent les principales organisations de « juifs radicaux » :

1. Le Comité d'action de la jeunesse sioniste socialiste (Lazer), groupe de lycéens parisiens constitué en 1969 pour défendre le sionisme contre la propagande arabe de gauche qui commençait à s'infiltrer dans les lycées. D'où le nom de Lazer qui, par homophonie avec le rayon du même nom, avait pour but de « diffuser » la vérité sur le sionisme. Les fondateurs de cette organisation poursuivaient leur action tant dans les lycées que dans les universités. Comptant quelque cent cinquante membres, sa sphère d'influence se limitait à la capitale[21]. Elle était proche du Parti travailliste israélien (lequel entretenait des relations avec le CLESS, le Comité de liaison des étudiants sionistes socialistes).

2. L'Organisation juive révolutionnaire (OJR) fondée également en 1969 à Paris. Ses fondateurs étaient issus d'organisations étudiantes de gauche en désaccord avec leur ligne anti-israélienne. Elle se définissait elle-même non comme une « branche socialiste du mouvement sioniste, mais comme une aile sioniste du mouvement socialiste international ». Elle possédait son propre organe de presse, *L'Etoile rouge,* et était en relation avec les organisations sionistes révolutionnaires d'autres pays. Regroupant une centaine de membres, elle entretenait des liens étroits avec le Mapam*, le kibboutz Haartsi**, critiquant vertement le Mapai***[22].

3. Le Front des étudiants juifs (FEJ) proche du Betar.

----

* Parti ouvrier unifié fondé en 1948 dont le programme est calqué sur celui de Hashomer Hatsaïr : la lutte des classes devant mener à une société égalitaire, dirigée par le mouvement des kibboutzim ; l'égalité pour les Arabes israéliens, et, au niveau international, une politique « neutre » avec de fortes sympathies prosoviétiques.

** Fédération de kibboutz, fondé par Hashomer Hatsaïr en 1927, très à gauche et qui fournissait le gros des bataillons du Mapam.

*** Parti des ouvriers de la terre d'Israël fondé en janvier 1930, moins porté sur les théories révolutionnaires que les autres partis de gauche. Le Mapai avait pour ambition de regrouper l'ensemble de la gauche sioniste.

C'était une organisation sioniste militante, partisane de la manière forte contre l'antisémitisme et en faveur des juifs d'URSS. Son journal prônait la lutte active, comme les actions des ligues d'autodéfense juives aux Etats-Unis, et soutenait l'idée du « Grand Israël ». Ses membres, qui recevaient une préparation paramilitaire, en vinrent même à l'affrontement physique avec d'autres organisations de gauche propalestiniennes. Ses relations avec l'Union des étudiants juifs de France étaient complexes. L'UEJF s'opposait au caractère extrémiste du FEJ, qui de son côté l'accusait d'être timorée et inefficace. Le FEJ regroupait à la fin des années 60 près de trois cents membres répartis entre Paris et la province.

4. L'organisation des étudiants juifs religieux Yavné dont les membres fondateurs étaient issus des mouvements Bneï Akivah et Tikvoténou. Ils se réunissaient au Centre Edmond Fleg au Quartier latin. Les mouvements de jeunesse les plus actifs étaient le Hashomer Hatsaïr et le Dror.

L'organisation des étudiants israéliens, soutenue par l'ambassade d'Israël, tenta elle aussi d'émerger, mais en vain. A cela venaient s'ajouter les activités des centres communautaires dont l'action ne concernait que les étudiants marseillais et parisiens. L'UEJF, confrontée à la nécessité de maintenir l'équilibre entre ses différents courants, devint de fait une organisation centrale et fédérative dont l'autorité uniquement nominale ne laissait plus de structures indépendantes et authentiques aux étudiants juifs.

Le nouvel élan consécutif à la guerre des Six Jours et aux événements de Mai 68 ne se répercuta pas en profondeur dans les organisations juives. Aucune organisation ni mouvement radical juif ne réussit à se maintenir plus de quelques années. A l'exception des mouvements de jeunesse religieux Tikvoténou ou Loubavitch qui émergèrent dans la seconde moitié des années 60, le nationalisme religieux s'accentua au sein même des mouvements sionistes. Pendant que l'influence des mouvements des Bneï Akivah et du Betar augmentait, celle de la gauche sioniste diminuait. La jeunesse juive institutionnelle qui ne représentait que dix pour cent de l'ensemble des jeunes juifs français semblait pencher davantage que par le passé pour le nationalisme et le religieux.

Caractéristiques idéologiques des familles radicales

Il est important de souligner qu'une fraction importante des radicaux juifs était issue de familles ayant une conscience et une tradition politiques profondes. Dans l'après-guerre, le discours politique occupait une place prépondérante. Pour les juifs, le politique revêtait une importance plus considérable encore que pour le reste de la population. L'influence des événements traumatisants de la Seconde Guerre mondiale avait été décisive. Cela eut pour conséquence que beaucoup parmi ceux qui se rattachaient à une tradition familiale politique étaient fils de militants ou de sympathisants communistes. L'appartenance de leurs parents, anciens immigrants juifs, au Parti communiste fut parfois déterminante dans leur intégration ou leur assimilation en France. Le Parti communiste et ses différentes organisations contribuèrent grandement à l'intégration de ces immigrants arrivés d'Europe de l'Est dans la plus grande indigence[23]. Ils étaient particulièrement reconnaissants à l'URSS d'avoir contribué à la victoire contre l'Allemagne nazie et au Parti communiste français pour son rôle dans la Résistance. On observera par la suite dans la génération des parents un lent processus, continu et significatif, d'abandon du parti, à la suite de plusieurs événements : l'invasion de la Hongrie, la dénonciation des crimes staliniens par Khrouchtchev lors du XXe Congrès, l'invasion de la Tchécoslovaquie par les pays du pacte de Varsovie, et enfin la position hostile de l'URSS à l'égard d'Israël au moment de la guerre des Six Jours. Certains deviendront alors sympathisants de la cause israélienne, prosionistes, voire sionistes convaincus.

La prise de distance des enfants avec le Parti communiste

a revêtu tout d'abord la forme de critiques, de protestations au sein même des organisations de jeunesse et d'étudiants communistes. Ils ont ensuite fini par rallier les mouvements d'extrême gauche. D'autres radicaux juifs pouvant se prévaloir d'une longue tradition familiale politique étaient issus du Bund et étaient généralement proches du Parti socialiste. Certains encore avaient des parents sionistes qui pour différentes raisons n'avaient pas émigré en Israël et étaient restés en France.

Force est de constater que dans les familles traditionnellement de gauche, à forte conscience politique, les parents n'ont jamais eu à cacher ou à nier, devant leurs enfants ni devant quiconque, leurs ascendances juives. Un phénomène inverse s'observait en revanche chez ceux qui avaient de moins fortes implications politiques et qui cherchaient une solution individuelle pour leurs proches. Cette solution résidait parfois dans la dissimulation ou dans le reniement de leur judéité devant leurs enfants ou la société. D'après les témoignages de radicaux juifs, la découverte tardive de leurs origines qui leur avaient été cachées provoqua, dans les rares cas que nous avons rencontrés, un choc violent, des conflits, des tensions, un sentiment de culpabilité, et fut parfois même à l'origine d'un profond ressentiment à l'égard de leurs parents. Au contraire, les enfants de parents impliqués alors politiquement, surtout ceux qui étaient dans les réseaux de Résistance, avaient avec eux des relations pleines d'estime et d'admiration, même si certaines dissensions pouvaient parfois exister. Ils se voulaient aussi les continuateurs du combat antifasciste hérité de leurs aînés, comme ce fut le cas de Pierre Goldman.

Mais même chez les parents originaires d'Europe de l'Est, naturellement enclins à soutenir la politique de la gauche française, existait une propension au repliement sur soi. Parce qu'ils étaient immigrants, ils militaient essentiellement dans des structures politiques spécifiquement ou partiellement juives, même lorsqu'ils étaient par ailleurs affiliés au Parti communiste français. Les *Landsmannschaften* (associations de personnes originaires d'une même ville ou d'une même bourgade) constituaient un fort élément de cohésion sociale. Bien que communistes, ils ne pouvaient se résoudre, ou acceptaient très difficilement, que leurs enfants épousent des non-juifs.

Une activiste maoïste, dont les parents juifs d'Europe de l'Est avaient été militants communistes, affirme résolument qu'elle n'aurait jamais pu épouser un non-juif du vivant de ses parents : « Ils auraient refusé de me voir si je m'étais mariée à un non-juif. Je n'aurais jamais osé leur faire une chose pareille. » Après avoir été mariée à un juif et avoir divorcé, elle considère malgré tout que les mariages endogamiques peuvent éviter certains problèmes. Elle n'est toutefois pas viscéralement opposée aux mariages mixtes et pense qu'il existe des non-juifs pouvant considérer les juifs comme « étant comme les autres » [24]. Une autre militante maoïste, qui prétend qu'il n'existe aucun mariage mixte dans sa famille, trouve cependant l'« idée sympathique ». « Si mes parents souhaitent que j'épouse un juif ? Ils n'espèrent plus rien. J'ai décidé que dans le meilleur des cas, je me marierai avec un blanc [25]. »

Evelyne C., née en 1950, dont les parents sont nés en France, a été militante de la Gauche prolétarienne [26]. Ses grands-parents maternels et paternels sont originaires de Turquie. Evelyne s'est alors éloignée de la tradition et des pratiques religieuses perpétuées par sa famille. Ses parents ont une sensibilité de gauche. Son père, pendant la guerre, a rallié le mouvement de Résistance des FTP*. Il est devenu ensuite communiste, puis sympathisant socialiste. Evelyne témoigne : « Je ne veux pas agresser mes parents, mais ils sont d'une certaine façon racistes. Je suis venue leur rendre visite un jour à Marseille avec un ami guinéen. Ils ont réagi de la manière la plus raciste qui soit ("Il sent mauvais !" ont-ils dit). Nous nous sommes alors disputés. Je leur ai dit que, de la part de juifs comme eux qui avaient souffert du racisme, cela était particulièrement incompréhensible. Ils m'ont finalement dit : "Fais comme bon te semble. Nous

---

* Francs-tireurs et partisans.

ne sommes pas pour, mais si tu es heureuse, reste avec lui." En revanche, ils comprennent très bien mon militantisme, particulièrement mon père, à cause de son passé dans la Résistance. Au moment de Mai 68, j'avais dix-huit ans, ils voulaient que je revienne à Marseille. Ce qui a convaincu mon père de me laisser à Paris, c'est lorsque je lui ai dit : "Aurais-tu, toi, abandonné tes camarades ?" »

Un autre exemple est celui de Catherine P., ancienne militante de gauche pendant plusieurs années dans diverses organisations. Elle a toujours continué à soutenir l'Etat d'Israël et le sionisme, même lorsque cela était tout à fait inhabituel au sein des mouvements auxquels elle appartenait, entretenant ainsi la polémique avec d'autres gauchistes. La conscience d'appartenir à une minorité en tant que juive fut, selon elle, à l'origine de son engagement politique. Même lorsqu'elle abandonna le combat politique, elle continua à se mobiliser pour les minorités et contre le racisme. Elle enseigne à des enfants handicapés (« Eux aussi sont une minorité », dit-elle) et a adopté une petite Cambodgienne. « Il est clair que cela n'est pas un hasard, que je me sens profondément solidaire de leur propre génocide. Cela me semble comparable à ce que nous avons vécu, avec des différences évidemment. C'est une des raisons pour lesquelles je l'ai adoptée... Non, elle n'est pas juive, mais bouddhiste. J'ai toujours tenu à ce qu'elle le reste, et qu'elle ne devienne pas autre chose. Cela me paraît plus fidèle à ce que je voulais être. Ma fille sait évidemment que ma famille et moi sommes juifs. Ma famille fait partie des "juifs de Kippour". Je suis plus juive qu'eux car je suis juive par choix. Ma fille participe au repas familial qui vient rompre le jeûne de Kippour, mais elle ne va pas à la synagogue. Moi si. Mais beaucoup de membres de ma famille n'y vont pas. »

Bien que le déracinement, le sentiment d'étrangeté, la terreur et la souffrance de leurs parents paraissaient ne plus constituer que des références lointaines au passé chez les enfants nés en France après la guerre, ces derniers furent plus réceptifs à la souffrance d'autrui, qu'elle soit juive ou pas. Ils prétendent souvent qu'ils perpétuent en cela la tradition juive, ce sur quoi nous reviendrons encore par la suite. Il semble que le judaïsme français est un exemple patent de la diversité et de la polarité de l'existence juive moderne. L'antisémitisme avait des cibles toutes trouvées : d'un côté, la puissante famille Rothschild à la tête de l'establishment juif, de l'autre, les nombreux révolutionnaires juifs des années 60 et 70.

Entre ces deux pôles qui représentent volontairement ou non l'« image du juif », une tension existe [27]. Mais dans les années 60 et 70, Alain, Guy et David de Rothschild côtoyaient indifféremment Daniel Cohn-Bendit et Pierre Goldman dans ce que nous appelons le judaïsme contemporain. En outre, dans l'imaginaire de la société française ceux-ci comme ceux-là étaient des juifs typiques [28].

Evénements juifs spécifiques en mai-juin 1968

Lors de la crise de 68, en marge des événements principaux, s'étaient également déroulés des incidents aux connotations spécifiquements juives, qu'il est intéressant et important ici de relever. Les membres et les dirigeants de l'Union des étudiants juifs de France, bien que n'étant pas directement impliqués dans les événements, manifestèrent une certaine solidarité envers les émeutiers. Ils s'investirent individuellement et mirent leurs locaux à la disposition des blessés pendant les différentes manifestations.

Le 25 mai 1968, cinquante jeunes juifs entreprirent d'occuper le Consistoire israélite dans l'intention de « protester contre les structures archaïques et antidémocratiques des organisations juives existantes ». Ils occupèrent le bâtiment plusieurs jours. Ces jeunes juifs, influencés et entraînés par la vague radicale générale, lui insufflaient en la circonstance une spécificité juive. Les étudiants avaient pris la Sorbonne et l'Odéon, symboles des institutions et de la culture qu'ils rejetaient. Ces jeunes qui occupaient le Consistoire voulaient eux aussi s'emparer du symbole du pouvoir de leur communauté...

Il y avait en cela incontestablement un signe des temps. Mais leur action révélait aussi leurs griefs envers les structures communautaires tout comme le profond hiatus entre la communauté juive et ses jeunes. Les « occupants » contestaient entre autres le mauvais fonctionnement et la qualité médiocre du restaurant cacher universitaire, l'utilisation d'un orgue dans la grande synagogue de la rue de la Victoire et le conformisme des institutions communautaires. Par la suite les responsables du Fonds social juif unifié organisèrent des rencontres avec des membres des mouvements de jeunesse. Mais le sentiment des dirigeants des organisations juives était que seule une fraction de la jeunesse juive française s'intéressait aux problèmes spécifiquement juifs et que la grande majorité était balayée par la vague contestataire générale [29].

Le 15 mai 1968, des stands de la gauche sioniste-socialiste et d'organisations juives radicales étaient dressés dans la Sorbonne « occupée ». Le premier avait été, le 13 mai, celui du Fatah*, représenté principalement par des étudiants égyptiens et nord-africains. Aussitôt, le « comité d'occupation de la Sorbonne » avait autorisé les étudiants sionistes-socialistes à dresser leur propre stand. Il faut rappeler que le problème palestinien bénéficiait d'un large écho au sein de l'extrême gauche, surtout depuis la guerre des Six Jours. Les différentes formations d'extrême gauche étaient sensibilisées aux problèmes du tiers-monde et à la lutte des peuples pour leur émancipation. Pendant plusieurs années, nombreux furent ceux qui consacrèrent leur énergie en faveur de Cuba, des Vietnamiens et des guérilleros d'Amérique latine, comme avant eux leurs aînés qui s'étaient battus pour l'indépendance de l'Algérie.

Ces stands ne désemplissaient pas, contrairement à ceux

---

* Fatah ou Fath, Mouvement de libération nationale palestinienne fondé en 1956 à Gaza, dirigé en 1968 par Yasser Arafat et devenu l'Organisation pour la libération de la Palestine (OLP).

dressés pour la lutte du peuple vietnamien qui n'attiraient que peu de monde. Cela était peut-être dû aux positions claires et sans équivoques des étudiants contre le Vietnam, ce qui n'était pas le cas pour le Proche-Orient. Les porte-voix de la Sorbonne occupée appelaient à ce que l'on cessât de s'occuper du sujet palestinien. Le stand du Fatah fut rejoint par des membres de l'Union des jeunesses communistes marxistes révolutionnaires (UJCMR) qui prétendaient que le Fatah faisait partie des mouvements de libération du tiers-monde et que ses partisans étaient des révolutionnaires. Les débats contradictoires avec les membres du Fatah ne furent pas, selon divers témoignages, le fait d'organisations « sionistes institutionnelles ». A la fin du mois de mai, le « comité d'occupation de la Sorbonne » autorisa l'installation d'un stand en faveur d'une solution négociée de la crise proche-orientale [30].

Il y eut également des altercations entre juifs et Arabes dans le quartier de Belleville. Les incidents étaient davantage imputables au contexte local des relations entre juifs et Arabes, qu'au conflit du Proche-Orient ou aux événements de mai-juin 1968. Mais ils se produisirent pendant la révolte étudiante et suscitèrent la réaction des étudiants contestataires. Une fraction des organisations étudiantes diffusa des tracts sur ce sujet et les étudiants de la Sorbonne « occupée » appelèrent à se rendre à Belleville pour séparer les deux camps rivaux et prévenir toute intervention policière musclée. Le quartier de Belleville, dans l'est parisien, est un quartier populaire où vivaient dans l'entre-deux-guerres de nombreux immigrants juifs. Après la Seconde Guerre mondiale, des juifs d'Afrique du Nord (quinze mille environ, tunisiens pour la plupart) s'y étaient installés, au milieu de la population arabe largement majoritaire. Les heurts se produisirent le 5 juin 1968, provoqués vraisemblablement à la suite d'une dispute entre joueurs de cartes. Mais ils prirent bientôt une signification politique pour s'être produits à l'approche du premier anniversaire de la guerre des Six Jours. L'atmosphère déjà tendue de la révolte étudiante ne faisait qu'envenimer les choses [31].

Un autre point qui mérite l'attention concerne Pierre Mendès France, président du Conseil en 1954-1955, personnage hors du commun dans le paysage politique français des IIIe et IVe Républiques. Il fut estimé bien au-delà des partis auxquels il était affilié. En Mai 68, il fut à bien des titres le « candidat des jeunes », susceptible de prendre la place de de Gaulle dont ils réclamaient la démission. Pierre Mendès France ne renia jamais son appartenance juive. Il avait été la cible d'attaques teintées d'antisémitisme déjà dans les années 50. Certains ont prétendu qu'il s'était abstenu de briguer la fonction présidentielle en cette période de crise profonde pour des raisons imputables également à sa judéité[32]. Selon cet argument, il craignait de reproduire le « complexe Blum » et d'être l'objet d'attaques antisémites comme le fut en son temps Léon Blum lorsqu'il dirigeait le Front populaire et était président du Conseil en pleine crise dans les années 30.

La communauté juive, hébétée et meurtrie à la fin de la Seconde Guerre mondiale, était devenue au cours des années 60 une communauté stable, florissante, la seconde en Europe par sa taille (après celle de Russie) et la première par ses prises de positions éclatantes. Pour qui pouvait en douter, la participation des juifs, individuelle et collective, dans trois séries d'événements en moins d'une année, révélait l'étendue du chemin parcouru par la communauté sortie exsangue de la guerre. Ces événements furent, bien sûr, la guerre des Six Jours, la réaction de la communauté juive à la déclaration blessante de de Gaulle sur le « peuple sûr de lui-même et dominateur » en novembre 1967 et la crise de Mai 68.

Depuis le milieu des années 70, nous assistons à un regain intellectuel et culturel exceptionnel parmi les juifs de France. Cette effervescence se manifeste par les publications sans précédent d'ouvrages, de thèses universitaires, de revues, par l'élargissement du réseau éducatif juif, le développement de sections d'études hébraïques dans les universités et l'apparition sur les ondes de radios juives. Cette intensité culturelle a bien évidemment touché également la vie des juifs français sur le plan individuel. Ces jeunes en leur temps considérés comme « perdus pour le peuple juif » ou « assimilés » vivent désormais leur judéité en empruntant des voies contrastées. La réalité actuelle de la communauté juive française est radicalement différente de ce qu'était celle des juifs français à la Libération et au lendemain de la guerre.

DEUXIÈME PARTIE

LE RADICALISME

CHAPITRE V

« Les héros de mon enfance ont des noms bien précis : ceux de l'Affiche rouge »

Lien et identification aux victimes et aux héros de la Shoah

> « En tant que juif je n'avais d'autre issue que de prendre les armes pour lutter contre vous. »
>
> Marcel Rayman devant ses juges allemands à Paris. Exécuté le 21 février 1944.

> « Nous, nos pères avaient été le plus souvent résistants ou déportés. Notre refus du terrorisme, il faut sans aucun doute le comprendre là, et pas ailleurs. Nous n'avions pas honte de nos parents. Les militants allemands, italiens ou japonais, si. »
>
> Henri Weber, un des dirigeants de la Ligue communiste révolutionnaire.

Les radicaux des mouvements gauchistes en général, et les militants juifs en particulier, se sont toujours abstenus de recourir au terrorisme. En dépit de la vigueur de leurs protestations, l'ampleur de leurs critiques, la flamme révolutionnaire qui les animait et leur dégoût manifeste des institutions, de l'économie et de la société, ils répugnèrent toujours à utiliser le terrorisme dans leur combat social et politique. Cela est particulièrement remarquable si l'on compare à l'extrême gauche les organisations terroristes meurtrières qui essaimaient (même au sein des simples mouvements de gauche) chez les voisins de la France, en

Allemagne, en Italie ou en Espagne, et pour lesquelles l'assassinat politique et le terrorisme aveugle étaient devenus pratiques courantes. Les organisations gauchistes en France, elles, n'eurent jamais recours à ce type d'action. La Gauche prolétarienne, bien qu'ayant un moment flirté avec le terrorisme, n'en franchit pourtant jamais le seuil.

Deux raisons notables peuvent expliquer pourquoi, à la différence de leurs voisins européens ou même de pays plus éloignés, les organisations gauchistes en France n'eurent pas recours au terrorisme. La première est que la France, contrairement à l'Italie, l'Allemagne, l'Espagne ou le Japon, ne fut jamais gouvernée par un régime fasciste, meurtrier et dictatorial, ne laissant à ses opposants d'autre alternative que le terrorisme et la violence. Ainsi, n'eut cours aucune institutionnalisation du crime et le recours au terrorisme ne rencontra jamais aucune légitimité en France. La seconde est probablement due à la forte présence juive à la tête des organisations d'extrême gauche en France. Dans les premières décennies de ce siècle, les radicaux juifs n'avaient pas hésité à recourir à la violence et au terrorisme pour faire valoir leurs revendications politiques et sociales, particulièrement en Allemagne et en Russie. Les radicaux juifs apparus après la Seconde Guerre mondiale et après la Shoah avaient, eux, un état d'esprit totalement différent. Même s'ils brûlaient toujours d'une même ardeur révolutionnaire, l'ampleur de la contestation obsessionnelle s'était substituée à la violence et au terrorisme.

Les années 1940-1944 furent des années critiques pour la mémoire collective française. Nombreux sont ceux qui auraient aimé les expurger de l'histoire de France si cela avait été possible. La France, poursuivie par le souvenir de l'Occupation qui ne cessait de susciter troubles et interrogations, de provoquer des sentiments de culpabilité et d'entretenir d'âpres polémiques, vivait alors dans le syndrome de Vichy[1]. Dans la société française, indissociablement liée au régime de Vichy, s'était développé depuis les années 50 le mythe gaulliste et communiste qui connut son apogée de la fin de la guerre d'Algérie, en 1962, jusqu'à la révolte étudiante. Ce mythe « répondait » aux besoins psychologiques et politiques de la société française dans sa volonté de minimiser la collaboration avec les Allemands et la portée du régime de Vichy. L'image héroïque des héros communistes et gaullistes tentait également d'occulter la spécificité du sacrifice et l'ampleur de la résistance juive.

L'historien français Henry Rousso recense, selon les différents stades freudiens du deuil, quatre étapes dans le développement de la mémoire collective française de l'Occupation : 1. Le deuil inachevé (1944-1954). 2. Le refoulement (1954-1971). 3. Le miroir brisé, période de transition. 4. Le retour du refoulé (1971-1974). L'obsession névrotique de la référence au passé refait surface depuis 1974. Henry Rousso prétend que le passé occulté, et par conséquent non résorbé, ne cesse de resurgir dans l'actualité à l'occasion d'affaires retentissantes, particulièrement concernant d'anciens collaborateurs de la politique exterminationniste, comme dans les affaires Touvier, Barbie, Bousquet, Darquier de Pellepoix, ou lors de controverses sur le révisionnisme historique niant l'existence de la Shoah.

Les mouvements contestataires des années 60 et 70 ont largement contribué à réveiller la mémoire collective française et à ébranler les mythes héroïques forgés dans le but d'étouffer la douleur et la honte du passé. La « génération de 68 » et principalement les radicaux juifs ont joué un rôle essentiel dans le changement partiel, mais ô combien significatif, qui s'est opéré dans la mémoire collective française et dans la mémoire juive sur la période de l'Occupation. Le miroir avait été brisé, c'était le retour du refoulé, du moins partiellement[2]. Le phénomène d'identification aux martyrs de la Seconde Guerre mondiale, et particulièrement aux victimes de l'Affiche rouge, donne une bonne image de cette évolution.

L'Affiche rouge est indissociablement liée au réseau communiste clandestin rattaché à la MOI (Main-d'œuvre immigrée) en activité à Paris pendant l'Occupation, qui réunissait des immigrants communistes répartis en plusieurs groupes selon la langue véhiculaire de chacun, l'italien, l'espagnol, le yiddish et le roumain (qui était parlé par de nombreux juifs). Les juifs parlant le yiddish constituaient une sous-section de la MOI. Les membres de ce réseau furent à l'origine des premières actions clandestines anti-allemandes dans la capitale. Les membres du réseau, également appelé le « groupe Manouchian [3] » du nom de son dirigeant, furent arrêtés à la fin de l'année 1943, puis jugés et condamnés à mort par un tribunal militaire allemand. Ils furent exécutés le 21 février 1944. Sur les vingt-trois condamnés à mort, une vingtaine étaient des « étrangers » (n'ayant pas la nationalité française). Onze juifs en faisaient partie. En février 1944, les Allemands placardaient dans toute la France, jusque dans les villages les plus reculés, ce que l'on a appelé alors l'Affiche rouge, pour avertir la population et la dresser contre ces terroristes « traîtres et étrangers ». Dix visages avaient été choisis pour figurer sur l'affiche : sept juifs, un Italien, un Espagnol et celui du dirigeant du groupe, l'Arménien Manouchian. En gros caractères, en haut de l'affiche, on pouvait lire : « Des libérateurs ? », et tout en bas : « La libération par l'armée du crime ! » L'affichage avait été suivi par la publication de tracts diffusés à travers tout le pays. Leur formulation, plus que l'affiche elle-même, révélait toute la portée antijuive de cette affaire :

« Voici la preuve : si des Français pillent, volent, sabotent et tuent, ce sont toujours des étrangers qui les commandent. Ce sont toujours des chômeurs et des criminels professionnels qui exécutent. Ce sont toujours des juifs qui les inspirent. C'est l'armée du crime contre la France. Le banditisme n'est pas l'expression du patriotisme blessé, c'est le complot étranger contre la vie des Français et contre la souveraineté de la France. C'est le complot de l'Anti-France ! C'est le rêve mondial du sadisme juif. Etranglons-le, avant qu'il nous étrangle, nous, nos femmes et nos enfants. »

La Shoah avait entraîné chez certains juifs des senti-

ments de culpabilité, une profonde réserve, particulièrement en Israël dans les premières années de l'instauration
de l'Etat, et l'émergence de critiques sur le thème des « victimes consentantes ». Mais elle avait aussi provoqué l'apparition d'un phénomène d'identification à ses héros, dans
l'ombre desquels furent cultivées des valeurs érigées en
mythes. Comme pour les héros de la Résistance en France,
étaient élevés au rang de symbole en Israël et dans la Diaspora des personnages comme Hannah Sennech, Morde-
chaï Aniliewicz, Itshak Zukerman, ou Twiya Lubetkin. En
France aussi, on avait des héros auxquels on pouvait s'identifier, pour la plupart inconnus de l'opinion publique israélienne.

La méconnaissance de ces personnages et de leurs actes
de bravoure sont autant d'écueils auxquels se heurte la
mémoire institutionnelle de la Shoah en Israël. Cela révèle
la faiblesse de l'argument de l'unité du peuple juif et de
l'Etat d'Israël comme unique dépositaire de la mémoire
héroïque des victimes de la Shoah. Mais cela dénote aussi
l'incompréhension ou le refus des institutions israéliennes
de reconnaître, aux communautés juives de la Diaspora,
des références spécifiques et une fidélité à des figures
héroïques locales.

Pierre Goldman insiste sur ce point dans son livre :
« J'avais grandi dans la mémoire de la Résistance, d'une
certaine Résistance (celle des communistes juifs) et, avant
même de connaître le sens des mots Alésia, Saint Louis,
Napoléon, Verdun, je savais Marcel Rayman et ses camarades, dont mon père ne me parlait jamais cependant ; il
me parlait seulement de Robespierre et de Danton[4]. » [...]
« Moi, je pensais aux combattants sacrés du ghetto, à leur
courage absolu. Je pensais aux juifs des Brigades, aux juifs
du groupe Manouchian-Boczow, aux juifs de l'Orchestre
rouge, aux juifs des services spéciaux du Komintern stalinien, à Komar (ancien officier des Brigades internationales, général de l'armée polonaise), à Joffé, à Borodine[5]. »

Marcel Rayman, l'un des personnages de l'Affiche rouge, est en effet devenu un symbole auquel de nombreux juifs français de la génération d'après la Shoah s'identifièrent.

Né à Varsovie en 1923, Marcel Rayman gagna Paris avec ses parents à l'âge de huit ans. Adolescent, il participa au Yask (*Yiddishe Arbeiter Sporting Club*), cercle juif progressiste rattaché au Parti communiste français. En juin 1942, ses parents furent arrêtés et envoyés dans les camps d'extermination. Il lui incomba alors la responsabilité de son jeune frère. Dès l'hiver 1942, il rejoignit un réseau communiste clandestin chargé des opérations anti-allemandes à Paris. Parfois, contrevenant aux ordres officiels, il exécuta seul des attentats contre les Allemands. Le réseau fut découvert par ces derniers après une filature de la police française, et il fut arrêté le 16 novembre 1943. Au cours de son procès, Rayman déclara à ses juges : « En tant que juif je n'avais d'autre issue que de prendre les armes pour lutter contre vous. » Le 21 février 1944, vingt-trois des membres du réseau étaient exécutés.

En prison, après sa condamnation à perpétuité, Pierre Goldman avait accroché dans sa cellule une photographie de Marcel Rayman, au-dessous de laquelle il avait inscrit le premier vers du Chant des partisans juifs, du poète Hirsh Glick : « Ne dis jamais, ne dis jamais, que tu vas ton dernier chemin [6]... » Pour Pierre Goldman, Marcel Rayman symbolisait « le juif absolu, saint et sacré [7] ». En revanche, pour les occupants et les collaborateurs, il révélait le « sadisme de sa race » : « Voyez le juif Rayman, l'arme du crime au poing, regardez la mâchoire large du criminel, son regard pervers où passe en lueurs tout le sadisme de sa race » (extrait de la brochure *L'armée du crime*).

Goldman revient sans cesse sur Rayman : « J'aurais voulu vivre le temps du groupe Manouchian et de Rayman... C'est pourquoi j'ai tenté de revivre les mêmes circonstances historiques. »... « C'est cela, la clé de ma névrose, de n'avoir pas vécu cette époque. » Le 21 février 1974, il écrit : « Aujourd'hui..., trentième anniversaire de l'exécution des vingt-trois partisans du groupe Rayman-Boczow-Manouchian. Y songez-vous ? Qui y songe encore ? Entre *Lacombe Lucien* et *Les violons du bal*, qui conserve le souvenir de ces géants[8] ? »

Dans les années 60, le Parti communiste français et les organisations d'extrême gauche avaient pour habitude de commémorer cet anniversaire, mais ils se gardaient bien de souligner l'appartenance juive de nombreux membres du groupe. C'est précisément ce que reproche Pierre Goldman : « Mais qui conserve la mémoire de ces géants, le souvenir de leur combat, puisqu'ils figurent, dans les diverses hagiographies consacrées à la Résistance, comme polonais, roumains, hongrois... sauf dans certains ouvrages de diffusion restreinte, presque confidentielle, destinés aux juifs[9] ? »

Le Parti communiste français, qui ne faisait aucunement référence à l'origine non française des partisans de l'Affiche rouge, occultait davantage encore la présence significative des juifs « étrangers » (qui ne possédaient pas la nationalité française) du groupe de l'Affiche rouge et d'autres encore. « Pour être honnête », il faut souligner que cette mémoire défaillante n'était pas propre seulement au PC et à la France.

Aragon, en 1955, écrivit un poème en hommage au réseau, à l'occasion de l'inauguration d'une rue du Groupe-Manouchian dans le XXᵉ arrondissement à Paris. Il sera mis en musique et interprété par Léo Ferré. Le titre originel du poème était « Manouchian », mais il lui fut préféré celui de « L'Affiche rouge ». La chanson évoque Missak Manouchian, chef du réseau clandestin, et sa compagne Mélinée. Il lui demande de se remarier, de faire des enfants, d'être heureuse et de penser à lui, « quand tout sera fini plus tard, en Erivan ». Manouchian dit également dans la chanson ne pas éprouver de haine envers le peuple allemand. Cette chanson s'inspire d'une lettre écrite à sa femme quelques heures avant que le groupe ne soit exécuté, et dans laquelle il demande que soit transmis son souvenir à ses parents restés en Arménie.

Il n'est fait qu'indirectement référence à l'origine étrangère des partisans : « L'affiche, qui semblait une tache de sang, parce qu'à prononcer vos noms sont difficiles, y cherchait un effet de peur sur les passants. » La chanson célèbre la mémoire nationale française en ne faisant qu'une allusion discrète au combat des étrangers pour les idéaux de 1789, passant sous silence la participation notoire des juifs dans le réseau. « Mais à l'heure du couvre-feu des doigts errants avaient écrit sous vos photos *Morts pour la France.* » A la fin seulement, Aragon rappelle : « Vingt et trois étrangers et nos frères pourtant... Vingt et trois qui criaient la France en s'abattant. » Ce n'est pas le seul cas où le PC tenta de minimiser ou d'éluder la participation des juifs dans les réseaux de résistance. D'un autre côté, le chant d'Aragon leur octroie le statut de citoyens français, — « ... et nos frères pourtant » — et la reconnaissance du droit d'intégration grâce à leurs combats pour la France. Le PC constitue une courroie d'intégration dans la société française.

Malgré tout, le PCF et les organisations d'extrême gauche ont toujours commémoré le jour anniversaire de l'exécution des membres de l'Affiche rouge. Robert Linhart, juif, ancien gauchiste, évoque dans ses mémoires une de ces commémorations à laquelle il participa chez Citroën. Il fut parmi ces centaines d'intellectuels qui, à la fin des années 60, allèrent travailler en usine pour se mêler aux ouvriers et les mobiliser à la cause de l'extrême gauche. Il travailla à la chaîne pendant un an, de 1968 à 1969, dans une usine Citroën, en banlieue parisienne, où avec ses camarades il réussit à déclencher une grève qui dura une semaine. On remarque encore que Robert Linhart lui aussi, qui pourtant ne cachait pas sa judéité, ne faisait pas référence dans le tract publié à l'occasion du jour anniversaire de l'exécution du groupe Manouchian à l'appartenance juive d'une grande partie de ses membres : « Ce vendredi est un 21 février. Chaque année, nous commémorons en une journée internationale de solidarité anti-impérialiste cet anniversaire de l'exécution par les nazis du groupe Manouchian, ouvriers immigrés résistants, venus d'Arménie, de Hongrie, de Pologne. Ceux de l'Affiche rouge, visages fiévreux et creusés, étranges et étrangers, pourchassés et indomptables, abattus le 21 février 1944. Figures d'hier et d'aujourd'hui d'un même prolétariat arc-bouté dans sa résistance à l'écrasement. Je suis content que ce 21 février ne nous trouve pas dans la défaite [10]. »

Le titre de ce chapitre, « Les héros de mon enfance ont des noms bien précis : ceux de l'Affiche rouge », est emprunté aux propos de Philippe Cyrulnik, militant de la Ligue, expliquant ce que représentait pour lui la question juive. L'Affiche rouge à ses yeux incarne le problème juif et même, au-delà, la nécessité du combat de la Résistance. « Il y avait dans le groupe Manouchian des non-juifs, un Arménien et un Espagnol. Rayman n'avait d'autre issue pour survivre que de rejoindre la Résistance. C'était une solution internationaliste mais tout à fait désespérée. Il voulait tuer des officiers nazis. Dans sa situation, il n'avait d'autre choix que de se battre. Il valait mieux faire cela que de ne rien faire et être envoyé dans les chambres à gaz. »

Régis Debray fut lui aussi attiré par la lutte clandestine en Amérique latine. Il devint célèbre en tant que théoricien de la guérilla. Il fut par la suite conseiller du président Mitterrand. Dans son livre *Les rendez-vous manqués* qui traite, entre autres, de la période de l'Occupation, il écrit que dans les moments difficiles on trouva peu de Français sur lesquels on pût compter pour se battre contre l'occupant, pour abattre des officiers allemands dans le métro ou faire sauter des trains. Il aurait mieux valu s'adresser à Pierre Goldman ou à ses aînés, « à Fabien, à Manouchian, à Marcel Rayman ». Régis Debray ajoute en note : « Pierre trouve cette comparaison "sacrilège". Bien qu'elle le mette "mal à l'aise", je la maintiens [11]. »

Avec cynisme, il ajoute : « A vrai dire, vous n'avez pas le choix. Où sont passés les autres ? Les braves gens qui composent les jurys d'assises, par exemple ? Ils font leur métier de braves gens, comme toujours : il y a toujours de braves gendarmes, bien de chez nous, pour amener des milliers d'enfants juifs au Vel'd'Hiv'. Des magistrats intègres pour intégrer la Section spéciale. Des médecins ou des fonctionnaires pour prêter serment au Maréchal. Bref, ils exécutent les ordres, ils font comme tout le monde, "en leur âme et conscience". » Les autres, selon lui, même s'ils ne soutenaient pas ouvertement le régime de Pétain, ne se sont jamais soulevés contre lui, ni à plus forte raison n'ont mis leur vie en danger pour le combattre. Les propos de Debray témoignent du revirement qui s'était opéré dans la perception du juif, au moins pour une fraction d'intellectuels d'extrême gauche. L'image du juif avait radicalement changé, passant de celle de nomade, pusillanime et sans racines dans la société, à celle de combattant, rebelle et défenseur de la nation, même lorsque tous les autres étaient des lâches !

Il est particulièrement significatif qu'en 1972 Régis Debray et Serge Klarsfeld aient tenté à leurs risques et périls de débusquer en Bolivie l'ancien responsable, entre 1942 et 1944, de la IVe section de la Gestapo à Lyon, Klaus Barbie. Leur tentative d'enlèvement échoua. Les gouvernements français et allemand, qui connaissaient depuis longtemps la véritable identité du bourreau de Lyon, ne voulaient pas qu'il fût arrêté et jugé. Il avait été agent de la CIA (les Etats-Unis le reconnurent publiquement le 16 août 1983) et avait travaillé pour les services secrets de l'Allemagne de l'Ouest, le BND (le *Bundesnachrichtendienst*). Il semble également qu'Israël, qui n'avait bien évidemment pas agi officiellement, ait aussi collaboré avec lui en Bolivie. Debray et Klarsfeld prirent part à son arrestation après son extradition vers la France en 1983. Son procès se déroula après maints atermoiements en 1987 et aboutit à sa condamnation à perpétuité.

A partir des années 70, la composante juive significative de l'Affiche rouge fut ostensiblement mise en avant. Manouchian lui-même fut remis en question en tant que représentant exclusif du groupe. Nous verrons qu'il était plus commode pour le Parti communiste, pour diverses raisons, d'évoquer les origines arméniennes de Manouchian plutôt que celles des partisans juifs. A la même époque, on se mit à insinuer que les personnages dominants n'étaient pas ceux auxquels on pensait. Certains prétendaient même qu'en donnant au réseau le nom de « groupe Manouchian » on avait tronqué la réalité, ou du moins orienté les événements de manière à minimiser la participation juive. Il faut noter que Manouchian fait désormais l'objet d'un culte, célébré chaque année par la communauté arménienne. Pour banale et triviale que puisse paraître au premier regard cette controverse, il faut comprendre qu'elle concernait des sujets sensibles et fondamentaux : qui pouvait « s'arroger » la vérité historique ? Comment manipulait-on des figures du passé à des fins politiques ? Et bien évidemment, comment se trouvaient confrontées des valeurs locales nationales et des valeurs humaines « internationales » ? Le choix des accusés lors du procès intenté au réseau, visait à démontrer que les résistants français étaient « dirigés » par des étrangers, par le judaïsme international. Dans certaines publications de la presse vichyssoise et nazie, tous les accusés étaient « juifs », comme l'étaient d'ailleurs également Staline, Roosevelt et Churchill qui gouvernaient le monde. Dans la brochure *L'armée du crime*, on pouvait lire : « Ces vingt-quatre juifs ont coûté la mort de cent cinquante Français... Tous sont étrangers. Aucun n'est d'origine française. Leur tête est hideuse. Le sadisme juif s'y étale dans l'œil torve, les oreilles en choufleur, les lèvres épaisses et pendantes, la chevelure crêpue et filasse... »

Certains ne voudront pas nécessairement inscrire dans un contexte juif la transformation du groupe Manouchian et de Marcel Rayman en symboles, héros et martyrs, auxquels l'extrême gauche s'était identifiée, mais plutôt dans celui de la lutte contre le Parti communiste. Selon cette hypothèse, l'extrême gauche, au moins jusqu'à la crise de 68, « se renvoyait la balle » avec le PC. Dans sa rivalité avec lui, et comme lui, les gauchistes avaient cherché une double légitimité, théorique et historique, dans leur tentative de créer un « Parti communiste supra-national et authentique » opposé au Parti communiste. Les radicaux juifs insistaient sur le fait que les membres du groupe n'étaient pas « français » mais « étrangers », et que beaucoup parmi eux n'étaient pas seulement étrangers mais juifs.

Dans les années 70, sortit le film du réalisateur Franck Cassetti *L'Affiche rouge*. Dans ce film, des passages sont consacrés à la lutte et à la contestation des étudiants de Mai 68 et à leurs affinités avec les protagonistes de l'affiche. Le présent bascule dans le passé. Mai 68 est relié à l'Occupation. Plus tard, c'est le passé — celui de la Seconde Guerre mondiale — qui s'immiscera dans le présent.

Dans les années 80, l'affaire de l'Affiche rouge refit surface. En 1985, fut diffusé le film documentaire de Mosco *Les terroristes à la retraite*, qui fut à l'origine d'une série sans fin de polémiques dans l'opinion publique, orchestrée par les médias et le pouvoir politique. Les raisons de l'ire collective et des divergences d'opinion provenaient de deux aspects du film. Le premier dévoilait la forte proportion d'étrangers dans la Résistance à l'occupant, que l'historiographie française en général et les communistes particulièrement s'étaient appliqués à minimiser. Le second, qui ressortait clairement des témoignages des intervenants du film, était que le Parti communiste avait sacrifié les membres du groupe. Les responsables du réseau n'avaient pas fait évacuer de la capitale les partisans, bien qu'il fût établi plus tard que la police française, de concert avec la Gestapo, les recherchaient activement. Le Parti communiste, y compris ses militants juifs, démentit énergiquement ces deux affirmations.

Le Parti communiste français évacua de sa mémoire officielle la participation à la Résistance de nombreux juifs, comme il occulta celle des vétérans de la guerre d'Espagne dont faisaient aussi partie de nombreux juifs. Ils devinrent des « héros » auxquels s'identifièrent les membres de l'extrême gauche précisément parce qu'ils avaient été abandonnés par le PC. La critique des organisations gauchistes selon laquelle le PC avait délibérément occulté le caractère étranger de la plupart des partisans du groupe Manouchian se rattache au grief plus général d'avoir tenté de dissimuler l'appartenance étrangère et juive de nombreux résistants. Les gauchistes agissaient en vertu de ce qui leur semblait la réparation d'une injustice. Dans les années 80, une violente rumeur laissa entendre que le réseau clandestin avait été abandonné, sacrifié, voire « donné » par des membres du PC en collusion avec les Allemands. Aussi, la légende du groupe Manouchian apparaît-elle comme l'une des histoires obscures et troubles du Parti communiste français[12]. Les organisations d'extrême gauche dans les années 60 et 70 avaient aussi dénoncé les « zones d'ombre » du PCF et du régime soviétique. Le sens de ce combat visait à briser les mythes du PC rattachés à la période de l'Occupation. Ces dernières années toutefois, les aspects troubles et moins glorieux de la Résistance communiste en France sont de plus en plus évoqués, tout comme les incuries communistes pendant la guerre d'Espagne.

Bien que sous la tutelle immédiate de l'URSS, le PC restait cependant un parti « français ». D'aucuns l'accusèrent d'avoir incarné les valeurs chauvines, nationalistes, xénophobes, confinant à l'antisémitisme, de la « France profonde ». De nombreux juifs, en France comme dans d'autres pays, avaient été attirés par le communisme, étaient devenus militants, jusqu'à parfois se sacrifier pour sa cause. L'indifférence du PC pour l'origine non française de toute une partie de ses militants fut plus d'une fois à l'origine de crises et de ruptures. En revanche, les gauchistes mettaient en avant des valeurs internationalistes, universalistes, de sympathie et de complicité à l'égard des étrangers[13].

La génération des radicaux des années 60 s'était ainsi identifiée aux juifs révolutionnaires oubliés de l'histoire, contemporains de la Seconde Guerre mondiale. On trouvait parmi eux des juifs qui avaient combattu pendant la guerre d'Espagne, des juifs qui avaient lutté contre le nazisme, mais aussi d'autres qui avaient durement souffert du régime soviétique et des persécutions. Ainsi le livre *Le Yiddishland révolutionnaire*, écrit par deux trotskistes de la génération d'après la Shoah[14], traite-t-il des révolutionnaires juifs nés à la fin du siècle dernier et au début de ce siècle. Un chapitre est consacré à la « trahison de la révolution russe » sous le titre « Le chant de la révolution trahie ». Six radicaux juifs de la même génération, des trotskistes militants et d'anciens trotskistes, réalisèrent une série télévisée en trois épisodes sur les « révolutionnaires du Yiddishland » qui fut diffusée en France en 1984[15]. Le film s'intéressait à la judéité de Marcel Rayman. Un des personnages principaux de la série, Moshé Zalcmann, militant juif communiste, avait été emprisonné pendant dix ans à la fin de la guerre dans un camp de travail soviétique. Paru en français en 1977, le livre de Moshé Zalcmann fut traduit du yiddish par quatre anciens radicaux juifs[16]. La quête de leur judéité poussa une partie des radicaux juifs à s'intéresser et à rechercher des figures juives et révolutionnaires.

Le fort intérêt, empreint de nostalgie, pour ces personnages fait partie du processus de transition de « radicaux juifs » en « juifs radicaux ». Le lien différent, profond et significatif, aux « héros de la Seconde Guerre mondiale » ne peut être uniquement imputable au changement de relations avec le PC. Il est également lié à la manière dont beaucoup de jeunes juifs, qui avaient épousé l'extrême gauche à la fin des années 60 et principalement dans les années 70, prirent conscience de leur identité juive.

A leurs yeux, comme à ceux plus tard d'une certaine frange de la société française, les combattants de la Résistance et de la guerre d'Espagne passaient du rang de héros communistes à celui de communistes juifs, pour finalement devenir des héros juifs communistes. C'était une métamorphose on ne peut plus significative dans la manière d'appréhender non seulement le passé, mais aussi le présent. Les tenants de l'approche juive universaliste prétendaient qu'ils « étaient devenus communistes parce qu'ils étaient juifs ». Leurs enfants, quant à eux, déclaraient : « Nous sommes devenus radicaux parce que nous sommes juifs. » Cela étant, il existe une filiation évidente entre la nécessité de la lutte et de la rébellion pour les résistants et le rejet de la violence chez les radicaux juifs.

Henri Weber, un des leaders de la Ligue pendant plusieurs années, explique : « Nous, nos pères avaient été le plus souvent résistants ou déportés. Notre refus du terrorisme, il faut sans aucun doute le comprendre là, et pas ailleurs. Nous n'avions pas honte de nos parents. Les militants allemands, italiens ou japonais, si. » Le non-recours au terrorisme s'explique, du moins a posteriori, par le fait que les radicaux en général, et les radicaux juifs en particulier, se soient considérés comme les « descendants de l'Affiche rouge ». C'est précisément pour cette raison qu'ils n'ont pas fait l'amalgame entre les années 30 et les années 60. Le choix de la Résistance comme référence morale obligeait à ne pas franchir le pas. L'unique soulèvement légitime était celui de la lutte antinazie. Leur modèle étant celui de la Résistance et non de la Révolution, le terrorisme n'était aucunement justifié.

L'importance qu'accordèrent les radicaux à la poursuite de collaborateurs et de criminels français est dans ce contexte tout à fait significative. La seule fois, semble-t-il, où Benny Lévy et les dirigeants de la Gauche prolétarienne eurent à débattre de la peine de mort fut au sujet de Paul Touvier, accusé d'avoir collaboré avec l'occupant nazi et d'avoir fait exécuter des résistants et fusiller des juifs. Il fut deux fois condamné à mort par contumace. Pendant des années, il fut caché par une certaine Eglise. En novembre 1971, le président Pompidou avait décidé de le gracier, considérant qu'il était temps que les Français se réconcilient : « Le moment n'est-il pas venu de jeter le voile, d'oublier ce temps où les Français ne s'aimaient pas et même s'entre-tuaient. Et je ne dis pas cela par calcul politique. Je le dis par respect de la France. » L'affaire Touvier, dévoilée par le journaliste Jacques Derogy, avait déclenché alors une violente controverse.

Cette affaire était significative et riche en symboles. Elle témoignait d'un changement d'attitude du pouvoir politique sur la mémoire de la période de l'Occupation. En moins de six mois, plus de deux mille articles avaient inondé la presse française. La Gauche prolétarienne vit dans la grâce présidentielle une atteinte à l'honneur de la Résistance et une « dérive vichyssoise du pouvoir [17] ». Les membres de la Nouvelle Résistance populaire, sa branche clandestine armée, se lancèrent à la recherche de Touvier dont ils perdirent ensuite la trace. Ils n'étaient apparemment pas assez déterminés pour le liquider. Une année plus tard, ils projetèrent de kidnapper un député de droite accusé d'être un ancien milicien, voulant protester ainsi contre la collusion du pouvoir avec d'anciens collaborateurs. L'enlèvement n'eut pas lieu non plus. L'un des dirigeants de la Nouvelle Résistance populaire expliqua : « Ce refus [de la grâce de Touvier] n'était pas seulement protestation abstraite, mais véritablement honte et douleur d'être nés dans ce pays qui avait accepté majoritairement la loi nazie, et dénoncé les juifs. Nous avions remis en honneur la journée du 21 février, jour anniversaire de l'exécution du groupe Manouchian [18]. »

Les mouvements de gauche avaient quelques difficultés à expliquer la forte représentation juive au sein de leurs organisations et à répondre à l'accusation selon laquelle ils livraient un combat spécifiquement juif. Cela étant, la lutte des communistes juifs contre le nazisme et pendant la guerre d'Espagne inspira, quelques années plus tard aux juifs de gauche, fierté et estime à l'égard de leurs parents. La référence à Marcel Rayman et à ses camarades témoignait de l'identification à la lutte antinazie de leurs parents. Dans de nombreux cas, cette identification évita la rupture entre les deux générations.

Les combattants contre le fascisme et le nazisme, les révolutionnaires des générations précédentes étaient autant de références pour la génération d'après la Shoah, juive et non juive. Mais les aspects spécifiquement juifs de cette lutte et de l'existence de cette génération sont, ces dernières années, de plus en plus évoqués, comme l'aboutissement du « retour à la judéité » des radicaux juifs. Autrefois, comme nous l'avons vu, la judéité de nombreux gauchistes ne se résumait qu'à la tragédie de la Shoah. Dans les années 60, s'y était ajoutée une dimension autre :

celle de la révolte et de la lutte. Les juifs de gauche de la génération d'après la Shoah refusaient la réalité et l'image du juif présenté comme victime. Les figures auxquelles ils s'identifiaient revêtaient une importance considérable précisément dans le judaïsme abstrait qui était le leur. Les résistants qui avaient lutté contre le nazisme et le fascisme représentaient à leurs yeux la synthèse parfaite entre juif et universel.

C'est dans une large mesure Pierre Goldman qui « exhiba » les aspects juifs de ce contexte. Il cite, on l'a vu, dans son livre la fameuse phrase de Léopold Trepper : « Je suis devenu communiste parce que je suis juif. » Trepper avait écrit ses mémoires, *Le Grand Jeu,* en collaboration avec Patrick Rotman, ancien membre de la Ligue [19]. Goldman, selon le témoignage de ses camarades, rêvait, après sa libération, d'aller rencontrer Trepper en Israël. Il évoque ses parents et leurs amis : « [Juifs pauvres de Pologne] qui rêvaient, dans le communisme, de fraternité internationale, d'un internationalisme et d'un socialisme où le peuple juif, leur identité juive, ne seraient pas abolis. Nul ne fut plus juif que ces nouveaux Asmonéens, ces nouveaux Macchabées, ces fils du peuple du Livre qui empoignèrent les armes pour écrire l'histoire sacrée de la révolte juive [20]. »

Cette référence se voulait un défi et pose problème. Il fallait tout faire pour être digne de tels parents. On voulait parfois les imiter, mais on ne tirait que tristesse et douleur de ne pouvoir réussir à leur ressembler. Eva Pasht, ancienne militante de la Gauche prolétarienne et de la Nouvelle Résistance populaire, affirme : « Nul doute que mon histoire familiale a eu une profonde influence. Mes parents avaient "fait" la guerre, je me devais de faire la mienne. J'avais l'exemple de mes parents combattants, et j'avais la volonté farouche de perpétuer l'héritage familial [21]. »

Jean-Louis Weissberg, qui fut militant de l'Alliance marxiste révolutionnaire, parle avec vénération du père de sa compagne, elle aussi ex-militante d'extrême gauche : « Il incarnait le militant juif internationaliste et messianique. Il participa à la guerre d'Espagne, fut déporté à Auschwitz, et fut militant communiste jusqu'en 1956 au moment de l'invasion de la Hongrie. Il est aujourd'hui très pro-israélien et représente à mes yeux le juif engagé au service de l'humanité [22]. »

Frédéric Degaz, longtemps membre de Lutte ouvrière, confesse : « Je ne peux parler de moi sans d'abord évoquer mon père. Il était militant communiste, plus extrémiste que cela encore, militant révolutionnaire juif en Pologne. Il fut révolutionnaire jusqu'à quarante ans. Il n'a jamais eu d'autre activité et ne fit rien d'autre dans son existence que d'œuvrer pour le militantisme révolutionnaire en Pologne, en Allemagne, puis en France [23]. » Sa mère et son oncle ont une expérience similaire.

Dans le mythe de l'héroïsme juif universel entretenu dans la « génération de 68 » en France, les figures auxquelles elle s'identifiait n'étaient généralement pas les mêmes qu'en Israël. Ce mythe incluait également des héros nationaux, tel Jean Moulin, quasiment inconnus en Israël. Dans nos entretiens avec les radicaux juifs, nous ne fûmes jamais confronté à l'accusation, répandue en son temps en Israël, selon laquelle les juifs s'étaient laissés mener à l'abattoir.

Les propos de Marcel Rayman devant ses juges allemands devenaient peut-être paradoxalement un impératif moral interdisant tout recours à la violence. Juif dont les parents avaient été envoyés dans les camps d'extermination, étranger vivant au milieu d'une nation sous le joug de l'occupation nazie, il était de son devoir moral et humain de lutter contre les forces du Mal. Les radicaux juifs des mouvements d'extrême gauche avaient compris la différence entre la réalité de l'époque de Marcel Rayman, où les détenteurs de la morale étaient ceux qui avaient recours à la lutte armée, et la leur, où la société française corrompue d'après la guerre se fourvoyait peut-être, mais dont les égarements n'exigeaient ni ne justifiaient la violence.

CHAPITRE VI

Le lien avec Israël

« Moi, dont la famille a été déportée, je ne peux admettre que ces mêmes juifs participent à la déportation du peuple palestinien. »

Extrait de l'« Appel aux juifs antisionistes » paru dans *Libération* le 16 octobre 1973.

« Deux images m'ont profondément marqué : la première, celle d'un cortège d'Arabes de tous âges endeuillés, le jour anniversaire de leur défaite [guerre des Six Jours], dispersé à coups de matraques par la police israélienne parce que cette manifestation n'avait pas fait l'objet de demande d'autorisation officielle. La seconde, le défilé dans la nuit du 13 mai, dans le quartier de la Sorbonne après le discours de Cohn-Bendit, d'un groupe d'étudiants arabes au son de : "Nous sommes tous des juifs allemands." Quant à moi, je sais très bien laquelle de ces deux images — je dis bien "images" — est la plus fidèle à l'esprit particulier de la judéité, particulièrement présent en Israël, mais aussi vivace en diaspora. »

« De l'extérieur », conférence donnée en Israël pendant l'été 1968 par George Steiner.

Parce que les organisations gauchistes comptaient de nombreux juifs parmi leurs adhérents, comme au sein de leurs instances dirigeantes, la politique de l'Etat d'Israël était devenue leur cible principale. Leurs critiques étaient d'autant plus blessantes, irritantes et provocatrices qu'elles émanaient de juifs qui en aucun cas ne reniaient leur judéité. Toutefois, la très forte proportion de radicaux juifs à la tête des organisations gauchistes en France contribua à ce que le terrorisme et la violence systématiques fussent quasiment inexistants. Mais cette absence de terrorisme ne minimisa en aucune façon l'ampleur de la protestation, son exaspération et son exacerbation à l'encontre d'Israël, et réussit même à influencer l'opinion publique et les intellectuels, ainsi qu'à orienter la politique française. Chose surprenante : l'impact de ces critiques sur la communauté juive fut négligeable et s'estompa peu à peu avec le temps.

Avant d'analyser le lien à Israël, en général, et les critiques émises à son encontre, particulièrement, il nous semble important d'expliquer le contexte dans lequel s'inscrivaient les griefs des radicaux juifs et ce qui pouvait paraître à première vue comme des « intempérances de langage ». Il ne faut pas y voir un moyen d'excuser la critique, parfois extrêmement violente, mais plutôt une volonté de comprendre, comme tenteront de le faire, quelques années plus tard, un certain nombre de radicaux juifs.

1. Les radicaux juifs qui militaient à une époque pacifique et économiquement prospère n'étaient pas conscients, et étaient parfois même totalement ignorants, de la menace qui pesait sur la population juive en Israël. Au moment de la guerre des Six Jours et de la guerre de Kippour, lorsqu'ils réalisèrent à quel point l'existence d'Israël était menacée, ils mirent non seulement un bémol à leurs critiques, mais certains d'entre eux n'hésitèrent pas non plus à exprimer ouvertement leurs craintes, leur profond désarroi, voire même leur soutien à Israël. En d'autres temps, lorsque la croissance et la paix en Occident occultaient la réalité du Proche-Orient, ils étaient dépourvus de moyens d'appréciation et leurs critiques ne connaissaient pas de limites.

2. Peut-être à cause de leur jeunesse, de leur enthou-

siasme révolutionnaire, ou de leur naïveté et de leur méconnaissance des réalités géopolitiques, les organisations d'extrême gauche vouaient aux gémonies le système capitaliste occidental, l'impérialisme américain et même le système répressif soviétique. Rares étaient leurs critiques à l'encontre des dirigeants autoritaires des pays arabes et de leurs systèmes politiques et économiques qui étaient perçus, avec leurs frontières arbitraires et artificielles, comme un pur produit hérité de l'Occident. Aussi était-il plus aisé de discréditer Israël, étroitement lié aux Etats-Unis et aux pays occidentaux, plutôt que les pays arabes présentés comme « victimes du colonialisme européen et américain ».

3. Parce que Israël était un pays démocratique, se définissant comme un « Etat juif », s'arrogeant l'héritage (voire le monopole) de la Shoah et s'inscrivant dans la tradition de la culture occidentale, les organisations de gauche et particulièrement les radicaux juifs nourrissaient de grandes espérances sur ce que devait être la politique morale et l'éthique du pouvoir de la société israélienne. Ces attentes furent déçues par la politique adoptée par Israël, provoquant l'hostilité et la frustration des radicaux juifs qui, dès lors, n'hésitèrent pas à manifester leur amertume avec la plus grande véhémence.

4. La société française, traumatisée au sortir de la guerre, s'était relevée et avait retrouvé une seconde jeunesse tant psychologique que politique. Après deux décennies de mutisme et de refoulement, les mouvements contestataires contribuèrent énergiquement à jeter l'opprobre sur le sombre héritage de Vichy. Malheureusement pour Israël, la terminologie et les critiques acerbes exercées à son encontre étaient largement inspirées de celles utilisées par ces mêmes mouvements pour fustiger le fascisme et la collaboration de l'Etat français de Vichy.

Jusque dans les années 60, Israël n'apparaissait pas comme une composante essentielle de la conscience collective et de l'identité (et de l'identification) individuelle de la majeure partie de la jeunesse juive en France. Une série d'événements dramatiques cependant et certains développements sociaux avaient bénéficié d'un réel écho au sein de la communauté juive française. Ainsi, le navire de clandestins *Exodus* qui avait quitté le sud de la France en 1947 avait été arraisonné par la Royal Navy. N'ayant pu recevoir l'autorisation de débarquer, les passagers avaient été renvoyés en Allemagne dans trois bateaux-cages pour être transférés dans un camp de transit. L'injustice envers les rescapés après les atrocités de la guerre, conjuguée à l'insensibilité des hommes politiques européens, avait suscité alors l'indignation générale. Pendant la guerre d'Indépendance, certains membres de la communauté juive avaient aidé à faire passer clandestinement des armes et à envoyer des volontaires aux combats. Plus tard, le kibboutz fut perçu comme une tentative de donner naissance à une « société nouvelle », voire à un « homme nouveau », prétexte à un épanchement nostalgique sur le kibboutz qui faisait fleurir le désert. Pour certains d'entre eux, bien que celui-ci ne fut pas le modèle de la société socialiste idéale, les enfants qui y vivaient devinrent le symbole d'une éducation utopique et avant-gardiste. Le livre de Bruno Bettelheim *Les enfants du rêve* eut une influence considérable sur les pédagogues et les intellectuels. Malgré cela, le degré d'implication de la communauté juive dans ce qui se passait en Israël était de manière générale très peu sensible. Pendant toutes les années 50 et au début des années 60, les jeunes qui avaient opté pour la solution universaliste n'avaient pas une conscience claire de la signification de l'existence d'Israël et ne s'en préoccupaient pas, s'en désintéressant même personnellement.

La guerre des Six Jours

La guerre des Six Jours marqua un tournant. Elle entraîna un changement d'importance dans le lien du judaïsme français à l'État d'Israël, au gouvernement français et à la communauté elle-même. Il semble que le choc de la guerre des Six Jours et le sursaut qu'elle provoqua eurent un impact profond sur la communauté juive française. Il n'était désormais plus possible de rester insensible ou de feindre l'indifférence quant au sort d'Israël. Bien qu'une fraction de radicaux juifs ait craint pour Israël à la veille et au début de la guerre, ils adoptèrent, dès que la victoire israélienne fut avérée, des positions anti-israéliennes et antisionistes, parfois avec une animosité et une virulence extrême.

Les fortes répercussions de la guerre des Six Jours sur le judaïsme français peuvent être analysées comme résultant de la conjonction de plusieurs facteurs :

1. La crainte d'un éventuel anéantissement d'Israël revêtait une gravité et un sens profond pour les juifs français. Pour les anciens immigrants d'Europe de l'Est, dont beaucoup ou leurs proches avaient directement souffert de la Shoah, les souvenirs terrifiants du passé resurgissaient. Après trois décennies à l'issue desquelles ils avaient repris pied mais aussi refoulé la Shoah, les souvenirs de la guerre s'ajoutaient à la menace des pays arabes. Quant aux juifs français originaires d'Afrique du Nord, ils craignaient pour la vie de leurs proches en Israël. La plupart étaient en France depuis moins d'une dizaine d'années, après avoir brutalement rompu avec leur culture d'origine, s'efforçant de s'intégrer dans leur nouvel environnement. Pour les uns et les autres, de même que pour les Israéliens, la menace qui se profilait depuis les pays arabes apparaissait concrète et terrifiante.

2. La distance affichée par le gouvernement français à l'égard d'Israël perturba tout autant la communauté juive. Dans les années 50, la France avait été un allié d'Israël. Les années 60 connurent un refroidissement dans les relations entre les deux pays, la France pratiquant une politique de plus en plus pro-arabe. La neutralité et même l'hostilité françaises furent particulièrement flagrantes pendant la période d'« attentisme » précédant la guerre des Six Jours, et surtout lors de la visite du ministre israélien des Affaires étrangères, Abba Eban, au général de Gaulle le 24 mai

1967 (moins de deux semaines avant le début du conflit). Un autre fait qui provoqua l'ire de la communauté juive française fut bien sûr la « petite phrase » de de Gaulle le 27 novembre 1967, lors d'une conférence de presse, sur « le peuple d'élite, sûr de lui et dominateur ». Elle eut pour effet que de nombreux juifs qui n'avaient jusque-là cure de leur judéité ni du sens qu'elle pouvait revêtir, réagirent en protestant et en manifestant contre le général de Gaulle[1]. La présence de Raymond Aron parmi eux était particulièrement remarquable. Les instances dirigeantes de la communauté juive, avec son président et le grand rabbin de France, s'insurgèrent contre les propos de de Gaulle. Leur indignation marqua d'une certaine manière un tournant dans les relations entre la communauté et le gouvernement[2]. Certains prétendent qu'après cette déclaration les dérives antisémites qui n'osaient plus s'afficher depuis la Shoah refirent surface. Les aspects spécifiquement juifs de la révolte étudiante doivent être appréciés à la lumière de ce que symbolisa la guerre des Six Jours et de la phrase de de Gaulle le 27 novembre 1967. Il y a concomitance entre ces deux événements qui se sont produits dans le courant de l'année précédant Mai 68.

3. Après la guerre des Six Jours, la communauté juive n'était pas seulement en proie à un mouvement de sursaut collectif, mais elle traversait également un processus de politisation. Une grande majorité avait soutenu avec enthousiasme l'Etat d'Israël, voyant même dans la guerre un moyen de renforcer sa propre identité, ses institutions communautaires et son lien à Israël. Le réveil juif et proisraélien fut accueilli favorablement par la majorité des juifs de France. Mais les radicaux juifs qui n'en représentaient qu'une petite minorité accueillirent ces développements avec la plus grande hostilité. D'aucuns les désignèrent comme venant s'inscrire dans un « processus de fascisation » gagnant la communauté. La société française et l'Etat d'Israël essuyèrent les mêmes critiques. A partir des années 70, les radicaux juifs se mirent à tempérer leurs propos et à afficher leurs origines juives, ce qui favo-

risa, mais un peu tard, l'amélioration de leurs relations avec la communauté juive, ses institutions, et avec l'Etat d'Israël.

Pendant la guerre des Six Jours, un fort courant de solidarité était intervenu en faveur d'Israël sous la forme de manifestations dans les rues parisiennes et dans les autres grandes villes de province. Parallèlement aux manifestations de protestation sans précédent des juifs contre le gouvernement français, était apparu un comité de coordination d'actions en faveur d'Israël chargé de collecter des fonds et dont les résultats dépassèrent toutes les espérances des organisateurs. Après la guerre, fut signé en 1968 un accord qui donna naissance à l'Appel unifié juif de France, mettant l'accent sur le resserrement des liens entre les juifs de France et l'Etat d'Israël. Ce rapprochement entraîna également un mouvement migratoire vers Israël qui commença au lendemain du conflit pour se poursuivre jusqu'au début des années 70[3]. Avec la guerre des Six Jours, une sensible évolution s'était produite, renforcée encore pendant les années 70, faisant d'Israël pour un grand nombre de juifs français une donnée fondamentale de leur identité.

Deux étapes peuvent être distinguées sur l'impact de la guerre des Six Jours. La première, pendant l'« attentisme » et aux premiers jours de la guerre. Le conflit avait suscité chez beaucoup, dont les radicaux juifs, la crainte de voir Israël disparaître. Cette peur avait ainsi engendré un profond traumatisme dû aux associations et aux références à la Shoah. La seconde intervient après la victoire israélienne avec les diverses réactions de la communauté juive. La grande majorité avait été soulagée qu'Israël sorte vainqueur du conflit. Pour les radicaux juifs, la guerre n'avait fait qu'envenimer le problème palestinien, exacerbant ainsi leur critique envers Israël, allant même jusqu'à nier son droit à l'existence. Après la guerre de 1967, un changement significatif de l'image d'Israël intervint pour de nombreux militants d'extrême gauche. Dans ce contexte encore, on évoqua la Shoah sur des bases nouvelles et de bien curieuse manière.

Pour les radicaux juifs, l'image du juif dont ils s'étaient sentis proches, et à laquelle ils s'étaient parfois identifiés, s'était muée après 1967 de celle de victime en celle de persécuteur et d'oppresseur. Ils ne pouvaient s'identifier à cette nouvelle image. Précisément de par leur sensibilité et leur implication affective, certains d'entre eux ont pu adopter, consciemment ou non, des positions empreintes d'antisémitisme. Les transports émotionnels et idéologiques comme une certaine vision manichéenne purent conduire à ce qu'Israël fût comparé aux nazis. Daniel Cohn-Bendit, par exemple, qui n'était pas parmi les plus extrémistes dans ses positions anti-israéliennes, écrivit : « On a des difficultés à s'imaginer l'idéologie nazie de la race supérieure ; eh bien, elle est étalée en permanence en Israël. Toute une jeunesse se prend pour la race supérieure, et les Palestiniens pour les juifs errants[4]. » Plus tard, il déclara publiquement qu'il était allé trop loin dans ses accusations et dans la provocation. Rétrospectivement, on peut dire qu'à la dérobade, à l'éloignement et à l'esquive des années 50 et du début des années 60 qui avaient caractérisé les relations avec Israël, s'était substituée une implication dépourvue d'aménité, parfois hostile, revêtant, en de rares et extrêmes occasions, la forme d'une lutte active.

Les manifestations violemment anti-israéliennes, consécutives à la guerre des Six Jours, s'étaient généralisées à la fin des années 60 et au début des années 70. Elles se sont faites plus rares dans la seconde moitié des années 70, pour finir par ne plus être que le fait de cercles limités, si l'on excepte une recrudescence de l'hostilité pendant la guerre du Liban (1981-1985) et, sur un autre plan, pendant le soulèvement de la population palestinienne dans les territoires occupés par Israël (l'Intifada, 1987-1994).

Le facteur temporel apparaît comme fondamental dans l'analyse de l'opposition féroce manifestée à l'encontre d'Israël. Cette hostilité dans l'existence classique du radical juif pouvait connaître des fléchissements et était souvent même factorielle pour un grand nombre. Le lien se modifia et le ressentiment s'atténua avec la métamorphose du radical juif en juif radical. Ce qui ne changeait pas, c'était la vision de la Shoah comme composante essentielle de la conscience des radicaux juifs. L'enthousiasme et la forte implication émotionnelle à l'égard d'Israël étaient incontestablement déterminés par leur sensibilité et leur degré de relation. Les brefs témoignages d'Eva Pasht et de François Grab en sont une excellente illustration.

Eva Pasht : « Autant je pouvais me défiler lorsqu'il était question d'Israël, autant je ne pouvais me soustraire à la question que posait la Shoah. » Eva Pasht, qui avait été militante au sein de l'organisation maoïste la Gauche prolétarienne, rappelle qu'en 1967 elle s'était farouchement opposée à ses parents qui étaient allés manifester leur soutien à Israël. « Le drame familial des gens que j'ai rencontrés lorsque j'étais militante était celui de la Seconde Guerre mondiale, du Génocide et de la Résistance et non celui d'Israël. J'étais, pour cette raison, violemment anti-israélienne et très propalestinienne. Je me disputais sans cesse avec mes parents. Peut-être était-ce aussi pour les mettre en colère, je ne sais plus. Cela étant, j'ai été soulagée lorsque la guerre s'est bien terminée[5]. »

Francis Grab, ancien militant maoïste, qui plus tard partit en quête de sa judéité à travers l'étude de textes sacrés et une pratique religieuse libérale, a lui conservé l'état d'esprit gauchiste : « J'ai eu très peur en 1967 de ce qui pouvait arriver à Israël. J'avais alors quatorze ans et j'écoutais la radio nuit et jour. A l'époque, j'étais déjà très sensibilisé à la politique.

— Vous écoutiez les informations sur la guerre des Six Jours avec une sensibilité juive ?

— Je ne pense pas. Mon lien au monde juif se définissait alors exclusivement par rapport à la guerre et aux déportations [vers les camps d'extermination] de mon grand-père et d'autres membres de ma famille dont je porte un des noms. Et je me rappelle que plus tard j'ai accroché le drapeau palestinien et la charte de l'OLP au-dessus de mon lit. Mais, d'un autre côté, je me souviens que le slogan "les juifs à la mer" avait provoqué en moi une forte répulsion, me remémorant la déportation de mon grand-père[6]... »

La guerre des Six Jours eut une énorme influence sur les jeunes juifs français de la génération d'après la Shoah. Une grande partie avait déjà été emportée par le mouvement contestataire qui battait alors son plein et qui prônait des solutions universalistes revendiquées par la Nouvelle Gauche. Afin d'illustrer le fort impact de la guerre des Six Jours sur ces jeunes, nous avons choisi les exemples de Daniel Cohn-Bendit et de Pierre Goldman, deux radicaux juifs aux inclinations universalistes, éloignés — on peut le dire — du particularisme juif et d'Israël. Le rebelle et le révolutionnaire sont incarnés dans les années 60 par Daniel Cohn-Bendit et par Pierre Goldman dans les années 70. Mais à leur personnalité révolutionnaire se rattache également leur appartenance juive. Ils symbolisent, chacun à leur façon, l'aspect complexe, problématique et les contradictions internes de l'identité des radicaux juifs de leur génération.

L'interview de Cohn-Bendit en 1978 par André Harris et Alain de Sédouy précise le sens que revêtait pour lui la guerre des Six Jours. Lorsqu'on lui demande quel a été le tournant de son existence, il répond : « C'est la guerre. — La Seconde Guerre mondiale ? — Non. — La guerre d'Algérie ? — Mais non ! "La" guerre : celle des Six Jours en 1967... Jusque-là, j'étais juif sans grands problèmes. Comme dit mon frère : "On est juif comme on est rouquin !..." Je me souviens que je passais un examen à ce moment-là. Je sortais toutes les heures pour écouter les informations. Je ne disais rien à personne, mais j'étais angoissé... C'était inconscient, je ne faisais pas de théorie, en fait, j'étais coupé en deux. D'un côté j'étais absolument contre les Palestiniens... A l'époque, c'était ce cinglé de Choukeiri qui disait : "Les juifs à la mer !" D'un autre côté, au grand meeting juif à la Mutualité [...] j'ai découvert qu'il y avait des tas de juifs avec qui je ne pouvais même pas discuter[7]. »

La guerre des Six Jours posa de sérieux problèmes à Daniel Cohn-Bendit. Le passage suivant est tiré de son livre, publié en 1975, *Le grand bazar*. Il faut préciser pour resituer ses propos dans leur juste perspective qu'il était alors d'une extrême virulence à l'égard d'Israël[8] : « Il y a deux ou trois choses qui m'ont marqué en tant que juif. Ainsi le procès Rosenberg : ma mère ne disait pas un mot, mon frère était muet, tout le monde tournait dans l'appartement. J'ai demandé ce qui se passait et ils m'ont raconté l'histoire des Rosenberg [membres du PC américain et accusés d'avoir fourni des secrets atomiques à l'URSS]. La deuxième chose : à quinze ans, je suis allé en Israël. J'ai travaillé dans un kibboutz. C'était très joli, tout le monde vivait en communauté, les gens s'entraidaient, solidarité, égalité, etc. Intuitivement je devais avoir une position sioniste de gauche. Venant d'une famille juive, je ne me demandais jamais si l'Etat d'Israël devait exister ou non. Pour les juifs, et particulièrement pour les juifs allemands, l'Etat d'Israël est le résultat logique et nécessaire du nazisme. Non pas que je ressentais un besoin de vivre en Israël, mais je trouvais tout à fait normal que des gens veuillent y vivre après ce qui s'était passé[9]. »

« Plus tard, en 1967, la guerre des Six Jours m'a posé beaucoup de problèmes, comme d'ailleurs à un grand nombre de militants de l'époque. J'étais à Nanterre lorsque éclata la guerre des Six Jours. Pendant les premières vingt-quatre heures, tout le monde défendait le droit à l'existence du "petit peuple opprimé". Nous n'avions pas conscience réellement du problème d'Israël : nous étions encore sous l'influence de l'idéologie sioniste que nous avions acceptée pendant des années. Emotionnellement, on s'identifiait à la gauche israélienne, même pas à l'extrême gauche. On était contre la droite, contre les fascistes israéliens ; on savait qu'ils avaient effectivement tout fait pour expulser les Palestiniens. Je ne savais pas grand-chose sur Israël. Plus tard, j'ai fait une critique du sionisme, mais pendant la guerre des Six Jours, on était tous incertains. On écoutait les informations. Je suis allé à la Mutualité, à un rassemblement pro-israélien : c'était affreux, tous ces juifs chauvins et nationalistes. C'est la première fois que j'ai ressenti le racisme juif : exactement les mêmes commentaires que tiennent aujourd'hui les Allemands contre les Turcs, ou les Français contre les Nord-Africains. Lorsque j'ai essayé d'expliquer que l'union nationale en Israël ne pouvait rien résoudre, j'ai failli me faire casser la figure. Personne n'était capable d'ouvrir un débat. Mon identité objectivement juive a été cassée [10]. »

Pierre Goldman s'intéresse peu, dans ses souvenirs, à Israël, comparativement à la référence obsessionnelle à la Shoah et au sens qu'elle a donné à sa vie. Lorsqu'il y fait référence, le lien à Israël est généralement ambivalent mais jamais totalement négatif. Goldman qui se percevait comme « un juif exilé sans terre promise, exilé, indéfiniment, infiniment, définitivement » écrit dans *Souvenirs obscurs d'un juif polonais né en France* :

« A Israël comme à toute terre, j'étais étranger. J'étais trop juif pour être ou me sentir israélien. J'étais trop juif pour, en un sol, m'enraciner. Dans ma pensée, dans ma chair, Israël était seulement un autre endroit de la Diaspora juive, un autre exil. Cette guerre m'était indifférente bien que j'y fusse, en quelque sorte, profondément impliqué et qu'elle me passionnât aussi. Je ne pouvais envisager sans désespoir la disparition de l'Etat d'Israël et je ressentais dans une nausée écorchée et haineuse les appels mortifères qui montaient en hurlements hystériques des radios arabes. » Il raconte avoir rencontré, après qu'il fut avéré qu'Israël était sorti d'affaire, deux camarades marxistes-léninistes vraisemblablement antisionistes qui « se réjouissaient sournoisement de la puissance et de l'habileté guerrière des troupes de Dayan ». « Je souris de cette complicité terrible et occulte, poursuit-il, que nous partagions dans le secret de notre juiverie. C'était simple. Des juifs se battaient, combattaient, gagnaient. Ils lavaient le peuple juif de l'infamante accusation de lâcheté... L'armée d'Israël, avec ses parachutistes et ses commandos, ses blindés, ses chasseurs, enivrait la plupart des juifs d'être si efficace, foudroyante. Il n'y avait plus de lâcheté, de passivité juives. Il n'y en avait jamais eu, mais les goyes l'ignoraient et il avait fallu que la force juive revêtît l'allure des guerriers d'Occident pour qu'enfin, hélas, l'antisémitisme changeât de thème[11]. »

La sensibilité à la Shoah suscitait nécessairement une plus grande réceptivité à ce qui se passait en Israël, particulièrement dans les moments d'angoisse et de tension engendrés par la guerre des Six Jours et la guerre de Kippour. Dans les différentes organisations trotskistes dont un grand nombre n'était encore en 1967 qu'à leurs balbutiements, la guerre des Six Jours avait provoqué une très grande émotion. Une partie des juifs de ces organisations — et ils étaient nombreux au sein de la mouvance trotskiste — tremblaient à l'évocation de la menace qui planait sur Israël, et certains même avaient songé à s'engager et à se porter volontaires pour sa défense. Des militants d'organisations gauchistes s'investirent concrètement en faveur d'Israël au début du conflit[12]. La Ligue trotskiste avait dépêché de Bruxelles Abraham Weinstock, spécialiste de la question israélienne sioniste, médiateur convaincant pour calmer les esprits.

A la crainte des premiers jours pour la survie d'Israël, s'était substitué souvent dans les jours qui suivirent un certain ressentiment, voire une certaine hostilité. Un exemple intéressant et révélateur est rapporté par Ely Ben-Gal dans son livre *Mardi, chez Sartre,* à travers le témoignage d'un professeur de yoga, Liliane Siegel, ancienne activiste de la Gauche prolétarienne : « Elle me raconte ce qui lui est arrivé en mai 1967, lorsqu'elle a appris que Nasser avait fermé les détroits de Tiran et bloqué le port israélien d'Eilat. "J'ai ressenti soudain que ma gorge se serrait, qu'on me pressait la poitrine. J'ai pensé à Auschwitz et, d'un seul coup, c'était comme si tout allait recommencer. Je me suis enfermée chez moi, prostrée, à ne rien faire, à penser, à étouffer ; je ne voulais pas voir les copains, j'avais même fermé les persiennes. — Et alors ? je lui demande. — Eh bien, ça a duré quinze jours épouvantables ; jusqu'à ce que la guerre éclate et que la radio annonce qu'en quelques heures l'aviation israélienne avait renversé la situation, que le blocus était levé. D'un seul coup, je me suis sentie libérée et je suis sortie chercher les copains, conclut-elle. — Et alors ? j'insiste. — Rien ! j'ai retrouvé les copains, c'est tout ! On est allé à la manif." J'insiste encore : "Quelle manif ?" Je mets les points sur les i : « La manif contre l'"agression" israélienne ? Elle éclate de rire : "Oui ! la manif contre Israël." » Et Ely Ben-Gal d'ajouter : « Elle ne découvre qu'à ce moment l'énormité de ce qu'elle dit. Incroyable dialectique ! Je mesure une autre dimension du sionisme comme mouvement de libération du juif. Israël, par sa victoire, donne au juif la liberté d'être... anti-israélien [13] ! »

Philippe Cyrulnik, né en 1947, d'une famille proche de l'UJRE, l'Union des juifs pour la résistance et l'entraide, fut pendant de nombreuses années, ainsi que son frère jumeau, militant trotskiste [14]. Cyrulnik disait que les héros de son enfance avaient été les combattants de la Résistance de l'Affiche rouge (voir chapitre V). La guerre des Six Jours l'avait lui aussi fortement marqué, même s'il avait éprouvé honte et ressentiment à l'égard d'Israël. Il raconte que ses camarades trotskistes avaient été bouleversés.

« Un de mes camarades trotskistes avait entrepris au début de la guerre une collecte en faveur d'Israël. Il s'était soudain identifié aux Israéliens comme s'ils vivaient sous la menace d'un nouvel holocauste. C'est comme ça qu'il ressentait les choses. Je ne pouvais en discuter avec lui. Je n'avais absolument pas le même sentiment. Je pense que, si l'on fait un bilan historique, Israël n'était pas en danger, ni politiquement, ni militairement. Son peuple non plus ne risquait rien [15]. » Pendant la guerre des Six Jours je suis allé manifester mon soutien aux pays arabes devant l'ambassade d'Egypte, puis je suis allé manifester (contre la guerre) devant l'ambassade d'Israël. J'ai rencontré là-bas des juifs sépharades que j'ai pris tout d'abord pour des Palestiniens. (Il rit.) Ils m'ont dit : Nous sommes venus manifester notre soutien à Israël. Je me suis éclipsé. J'avais extrêmement peur. Je pensais qu'en tant que juif il était important de manifester sa solidarité (en faveur de la cause arabe) devant l'ambassade d'Egypte. C'est là que ressortait le plus mon côté militant, me donnant la forte impression de représenter le peuple juif. J'y étais allé en tant que juif. Lorsqu'il m'arrivait de rencontrer des Palestiniens, je leur disais que j'étais solidaire de leur cause et que j'étais juif. Il fallait qu'il y ait au moins quelques militants pour sauver l'honneur juif. »

Juifs et fascisme ?

Ce qui avait stupéfié et particulièrement révolté Philippe Cyrulnik, ce fut le soutien apporté à Israël par des sympathisants d'extrême droite dans le lycée où il enseignait. « Ceux qui quelques mois auparavant m'avaient traité avec le plus grand mépris de "youpin", de "judéo-bolchevique" et de "race inférieure", avec lesquels je m'étais plusieurs fois battu parce qu'ils étaient néonazis, s'étaient soudain mis à soutenir Israël pendant la guerre des Six Jours. Il y avait beaucoup de lycées où l'influence de la gauche était prépondérante. Ce n'était pas le cas dans le mien. C'était un lycée extrêmement raciste, laxiste devant toutes formes de dérives et complaisant à l'égard de l'extrême droite. Il n'était pas possible de distribuer des tracts de gauche sans être agressé en retour. » Il est important de souligner ici que le soutien de l'extrême droite n'était pas tant motivé par l'amour des juifs que par la haine des Arabes débarqués en France par centaines de milliers dans les années 60, après la décolonisation de l'Afrique du Nord.

Parmi ceux qui avaient publiquement soutenu Israël pendant la guerre des Six Jours, il convient de citer Xavier Vallat, premier commissaire aux Affaires juives du régime de Vichy (entre avril 1941 et mai 1942) [16]. Tixier-Vignancour, avocat célèbre, parmi les défenseurs de la droite xénophobe et antisémite pendant la Seconde Guerre mondiale et membre actif de l'extrême droite par la suite, avait également soutenu Israël[17]. « Il était stupéfiant que Vallat se mette à soutenir Israël et que ce soit précisément l'extrême droite qui dans notre école appelle à manifester pour Israël, conjointement avec les sionistes. Cette association entre l'extrême droite française, anti-arabe, antisémite, et le sionisme et l'Etat d'Israël a eu pour effet que je devienne violemment anti-israélien[18]. »

La contestation antifasciste avait été très importante, particulièrement dans la manière dont elle s'était cristallisée et dans son expression idéologique et politique. D'après Cyrulnik, c'était bien la sensibilité foncièrement antifasciste qui avait provoqué le ralliement de la jeunesse juive au gauchisme. « La question du fascisme était importante pour nous car nous l'appréhendions à travers l'expérience juive, particulièrement à travers l'épreuve de la Shoah. Aussi avions-nous été attirés par l'Union des étudiants communistes car nous nous voyions faire le procès du fascisme. Nous avions une sensibilité plus radicale et plus militante contre le fascisme. C'est la raison pour laquelle j'étais si farouchement opposé à l'Etat d'Israël. Je pense que, si nous avions connu le fascisme, il n'y aurait eu aucune raison que les horreurs ne recommencent. J'étais extrêmement virulent et revendicateur. C'était l'une des choses essentielles à mes yeux. Parce que nous avions connu le fascisme, il nous était interdit de faire quoi que ce soit... J'étais vraiment très extrémiste. Lorsque nous sommes allés soutenir les Palestiniens, nous avions le sentiment d'être de la même étoffe que les sionistes. Mais nous n'avions pas les mêmes positions, et ça, c'était fondamental.

« Cela a eu pour conséquence que je me sois démarqué profondément de l'Etat d'Israël, de son aspect théocratique et de ses lois racistes, comme peuvent l'être par exemple la Loi du retour* et les lois discriminatoires à l'encontre des Arabes palestiniens. Israël ne pouvait résoudre la question juive et l'antisémitisme... Au contraire, sa

---

* Loi instituée le 5 juillet 1950, dont l'article premier affirme : « Tout juif a le droit d'immigrer en Israël. »

politique ne pouvait que le renforcer et a contribué, à mon sens, à sa résurgence. Quoique je me sente de plus en plus concerné, intrinsèquement et ontologiquement, par l'antisémitisme, je n'ai jamais cru que ni lui ni le racisme ne seraient éradiqués avec le renforcement d'Israël comme Etat juif sioniste théocratique. J'ai toujours refusé de faire partie de la communauté nationale israélienne. Je suis persuadé que, si j'avais aujourd'hui avec mes positions trotskistes à statuer sur le bien-fondé de l'Etat d'Israël, je m'y opposerais. J'étais pour un Etat binational, pour une fédération binationale dans un Proche-Orient socialiste. »

Philippe Cyrulnik tient à préciser toutefois qu'il s'est lui aussi battu contre le slogan « Les juifs à la mer ». « En tant que militant communiste, il était fondamental pour moi de lutter contre cette propagande. Choukeiri avait desservi les Palestiniens. Il avait exacerbé le problème palestinien dont la cause était juste, en faisant l'amalgame avec l'antisémitisme. Ce qui n'était pas seulement un dérapage raciste, mais avait aussi contribué à enfermer les Palestiniens dans une impasse tragique. » Il insiste encore : « Je n'ai jamais dit non plus "Palestine vaincra" comme pouvaient le dire les maoïstes. J'étais pour les Palestiniens, mais à la condition qu'ils reconnaissent l'existence d'une minorité juive au Proche-Orient. Je me suis démarqué de l'OLP parce qu'elle ne s'était jamais prononcée clairement sur le droit des juifs à l'autodétermination.

— Quelle solution proposez-vous à la question juive ?

— Mon unique réponse est la lutte contre le racisme et l'antisémitisme qui doit être menée à travers le monde. Le seul combat que je puisse mener contre l'antisémitisme est en France... et pas en la quittant pour aller m'établir en Israël. Je ne pense pas que cela soit une solution. Après les attentats de la rue Copernic en 1980 et chez Goldenberg rue des Rosiers en 1982, nous avons [la Ligue] manifesté. Après de tels actes, vous devez crier : "Mort au fascisme", et non : "Tous en Israël, la solution est l'émigration." Vous saisissez la nuance ? Les organisations sionistes et pro-israéliennes ne manifestaient pas sous des slogans antifascistes, mais en appelant à l'émigration. Lorsque l'on observe des flambées d'antisémitisme, et que vous dites aux gens que la seule solution réside dans l'émigration, vous ne luttez pas contre le fascisme. C'est une fuite, une manière de se dérober, et cela ne résout en rien le problème. Pour moi il ne s'agit pas de m'éloigner du fascisme et de l'antisémitisme, mais au contraire de tout faire pour les éradiquer. »

Il poursuit : « Pendant la guerre des Six jours, avait été écarté des organisations juives quiconque ne manifestait pas son adhésion totale à Israël. C'était du chantage. On peut me dire que je me trompe en ne défendant pas Israël et en l'attaquant même, mais il est inadmissible que l'on me dise que je suis un "traître" ou une "ordure", et que j'apporte mon soutien au fascisme et au nazisme. Il y avait alors une telle atmosphère délétère au sein de la communauté juive, qu'il n'était pas possible de discuter. J'ai été forcé de leur rappeler que quatre-vingt-dix pour cent de ma famille avait été exterminée. La communauté juive se mobilise toujours en faveur d'Israël. Son soutien est inconditionnel. Autrefois, il y avait des mouvements comme Hashomer Hatsaïr, le Dror, ou celui des communistes juifs ; aujourd'hui on observe un changement fondamental dans la communauté juive qui vire de plus en plus à droite. Parmi ceux qui soutiennent Israël, se trouvent des éléments peu recommandables, des réactionnaires, des gens tout à fait insupportables.

— Voulez-vous dire des fascistes ?

— Ce n'est pas si simple. Lorsque j'utilise le terme de "fasciste" cela recouvre une certaine réalité politique. Begin était fasciste. Jabotinsky* aussi. Mais vous ne pouvez comparer le gouvernement israélien au fascisme, car ce n'est pas cela le fascisme. C'est trop simple de dire qu'il est fasciste. Il y a dans ses actes certains aspects fascistes, comme les attentats à l'explosif et le recours systématique au terrorisme pour atteindre ses objectifs. Les Etats-Unis,

---

* Ecrivain et dirigeant sioniste d'origine russe, père du révisionnisme qu'il lança en 1925.

comme la France, pendant la guerre d'Algérie, ont usé des mêmes méthodes. Le gouvernement de Begin était ultra-réactionnaire, militariste, et par conséquent fondamentalement antirévolutionnaire. Begin était fasciste à l'époque des chemises brunes du Betar*, lorsqu'il vénérait Jabotinsky, qui dans les années 20 avait participé au Congrès des fascistes italiens et affirmait que le sionisme constituait le front occidental contre la barbarie asiatique. Cela est à mon avis fasciste. Begin était fasciste. » Il ajoute : « Le rabbin Kaplan [ancien grand rabbin de France] a participé en 1936 à des manifestations de l'organisation de droite xénophobe, les Croix-de-Feu. Vous pouvez tout à fait être juif et d'extrême droite. Malheureusement le fait d'être juif n'est pas une garantie en faveur du progrès éternel. Je peux vous dire cela à vous, mais j'aurais peur de le dire aux juifs d'ici [19]. »

— Pensez-vous qu'il y ait un lien entre la souffrance de votre famille et votre engagement dans l'extrême gauche ?

— Bien sûr ! Pour moi la célèbre phrase de Rosa Luxemburg : "Le socialisme ou la barbarie" est une réalité. Je crains que les choses puissent se reproduire mais sous une autre forme. Il y a maintenant un racisme anti-arabe, anti-africain, un durcissement au sein de l'extrême droite et de la bourgeoisie. Je pense que si le socialisme triomphait en Europe, le danger du fascisme serait écarté. C'est la raison pour laquelle je suis trotskiste.

« Quand je songe à la question juive, je pense davantage à l'antisémitisme et au fascisme qu'au peuple juif en général. Mais il est vrai par ailleurs que si l'on traite un sépharade de "sale juif", je m'insurge aussitôt et je suis capable de frapper celui qui dit une chose pareille. Mais je n'ai que très peu de points communs avec lui. Ni non plus avec un juif bourgeois qui, lui, est viscéralement anticommuniste.

---

* Au moment où le Betar connaît un développement spectaculaire dans l'entre-deux-guerres, des dizaines de milliers de jeunes vont revêtir la chemise brune du mouvement (devenue bleue après la Seconde Guerre mondiale).

Avec le rabbin Kaplan de 1936 non plus. Mais nous avons des points communs dès l'instant où l'histoire bascule, lorsque le fascisme et Hitler triomphent, et que moi et le rabbin Kaplan sommes conduits dans les chambres à gaz. Pas avant. L'unique instant où le bourgeois et l'ouvrier se retrouvent est lorsque la question juive se trouve résolue par l'avènement du fascisme, pas avant. Je suis tout à fait conscient de ce que j'avance. En outre, le rabbin Kaplan n'a rien fait pour s'opposer au fascisme, et peut-être même y a-t-il contribué en ne défendant que ses propres intérêts de classe.

« Je pense qu'il est scandaleux d'affirmer qu'il est normal que le ghetto de Varsovie fasse partie de l'histoire de l'Etat d'Israël. Pour moi ce n'est pas nécessairement le cas. Il est vrai qu'une partie des rescapés a ensuite voulu émigrer en Israël. Mais en ce qui me concerne, je m'identifie à la révolte du ghetto de Varsovie sans pour autant être sioniste. Comme je vous parle, je parle de vous et de l'Etat d'Israël. Mais lorsque je vois les partisans d'Israël m'injurier et me cracher à la figure en prétendant que, parce qu'il y a eu le ghetto de Varsovie, il faut être tous les jours à l'ambassade d'Israël pour lui manifester son soutien, je trouve cela intolérable. Il est insoutenable et inacceptable d'un point de vue éthique et moral que des jeunes de la droite sioniste viennent perturber les vieux juifs communistes de l'UJRE préparant une cérémonie à la mémoire du ghetto de Varsovie. C'est choquant... »

De l'avis de plusieurs gauchistes, le grief de l'« exploitation » et de l'« utilisation » de la Shoah faites par l'Etat d'Israël et le mouvement sioniste est récurrent. Philippe Cyrulnik poursuit dans son témoignage : « Les grands flux migratoires en direction de la Palestine ont commencé dans les années 30, au moment de l'avènement du fascisme et de l'échec des mouvements communistes et ouvriers. Pour les populations qui avaient fui le fascisme et qui ne savaient, après guerre, où aller, car personne n'acceptait de les accueillir, il n'y avait d'autre issue qu'Israël. Cela a été abondamment exploité par les institutions sionistes qui ont attiré l'émigration en direction d'Israël. Toutefois, je pense que ceux qui avaient souffert du fascisme, de l'antisémitisme et du génocide, s'ils furent manipulés par la politique sioniste, ne sont aucunement responsables de cette politique. De plus, ils ont vécu des dizaines d'années en Israël où s'était développée une conscience nationale dont on ne peut nier ni contester l'importance. »

Parfois les militants de gauche ont accusé Israël et le mouvement sioniste d'avoir utilisé à leurs propres fins le sort des rescapés de la guerre et des réfugiés. Mais, en général, ils reconnaissaient qu'Israël avait été l'unique et seul refuge des survivants de la Shoah. Pour justifier leur opposition de principe et fondamentale à Israël et au sionisme, ceux qui pensaient ainsi se référaient au fait qu'Israël avait été une terre d'accueil pour les rescapés de la Shoah en prétendant qu'en dépit de cela il fallait s'opposer à son existence. La brochure *Pour comprendre le problème palestinien*, utilisée pour la formation des futurs cadres de la Gauche prolétarienne, en est une parfaite illustration : « Dès lors le problème sioniste se pose en des termes nouveaux ; quelle que soit la volonté de paix des rescapés des camps nazis, quels que soient les rêves des premiers immigrés, l'Etat d'Israël pour maintenir son existence, liée aux intérêts impérialistes, doit spolier le peuple palestinien arabe de ses droits, doit s'opposer à tous les mouvements anti-impérialistes arabes nécessairement solidaires de la lutte des Palestiniens [20]. »

La critique portant sur la relation d'Israël avec les Palestiniens se situe dans la droite lignée de celle menée par les gauchistes contre l'impérialisme et ses corollaires. Toutefois, leur grief portant sur l'exploitation par Israël de la Shoah est encore plus virulent et s'accompagne d'une forte implication personnelle. On peut peut-être y déceler certaines composantes antisémites, voire une manifestation de la « haine de soi ». Un militant juif d'extrême gauche, né dans les années 40 et d'origine ashkénaze, affirmait avec véhémence : « L'utilisation et l'exploitation du génocide par et pour Israël sont scandaleuses. La seule idée d'une compensation est terrible. C'est une façon ignoble de récupérer les morts. Le terme même d'"holocauste" révèle toute la supercherie selon laquelle nous nous sommes pour ainsi dire sacrifiés, un point c'est tout. C'est inhumain[21]. » Un autre intervenant cité dans le travail d'Edith Deleage, né aussi juste après la guerre dans une famille rescapée de la Shoah, disait à ce propos : « L'exploitation par trop visible de la mort ne contribue pas à respecter les morts. »

Un autre exemple encore est tiré cette fois d'un article sur la lutte des Palestiniens, rédigé par un dirigeant d'un groupe maoïste et parut dans *L'Idiot international*, sous le titre « Les soldats aux mains nues » : « Le sionisme prétend être la conscience et le porte-parole de six millions de juifs assassinés. Il tente de profiter des sentiments de culpabilité et de sympathie. [...] Il ne peut justifier ses propres exigences qu'en faisant appel à l'antisémitisme : arracher à la France par exemple des centaines de familles de religion juive. [...] Ce n'est justifiable que si une terrible menace de persécution pèse sur elles... Du social-chauvinisme (Mapam) au fascisme (Herout*), les sionistes ont un but commun : empêcher l'intégration des masses juives là où elles se trouvent[22]... »

La vision internationaliste des juifs trotskistes sur la solution aux problèmes nationaux et internationaux apparaît dans les propos de Jean-Louis Weissberg[23]. « Pour moi l'identité juive se fond dans l'idéal du militant communiste, comme l'idée de l'internationalisme, du cosmopolitisme et de l'absence de tout nationalisme. Israël était à mes yeux au contraire quelque chose de sclérosé, d'archaïque et de réactionnaire. Il était la représentation de l'anti-judaïsme, si l'on considère au contraire le judaïsme comme un mouvement transcendant tout nationalisme, sans terri-

---

* En 1948, Menahem Begin lance le mouvement Herout (Liberté). Héritier de l'idéologie et du programme révisionnistes, le parti Herout représentera à la Knesset d'abord les classes moyennes urbaines originaires d'Europe de l'Est puis, à partir des années 50, les couches défavorisées d'immigrants orientaux.

toire, avec une conscience universaliste, non limité à un Etat national.

— Votre mère a souffert à Auschwitz. N'avez-vous pas pensé qu'Israël n'était ni l'Algérie ni le Vietnam, et qu'il s'y trouvait de nombreux rescapés ? Cela ne vous paraît-il pas un peu choquant qu'une fraction de radicaux juifs ait affirmé qu'Israël était "fasciste" et "nazi" ?

— Il faut revenir sur la question de l'identité juive. Je pensais alors que les Arabes n'étaient aucunement responsables de la Shoah, que les responsables avaient été les populations et les gouvernements européens. Avec la création de l'Etat d'Israël, les Européens et le monde occidental en général, y compris l'URSS, ont soulagé leur conscience et se sont déchargés sur le dos des Arabes des crimes qu'ils avaient commis. Les Arabes ont vite compris qu'ils étaient devenus des boucs émissaires et qu'Israël avait été créé pour expier les fautes européennes qu'eux n'avaient pas commises. On reportait ainsi injustement la culpabilité sur les pays arabes et le tiers-monde. Si un Etat juif devait exister quelque part (il choisit lentement ses mots), ce serait davantage en Allemagne qu'en Israël. C'est un peu utopique. Ce serait plus à ceux qui ont perpétré des crimes de payer qu'aux autres. Mais effectivement, les Palestiniens ont également été exploités par les pays arabes. »

« Appel aux juifs »

Nous avons voulu reproduire ici de larges extraits de deux articles, exceptionnels à bien des égards. Parus dans deux revues anarchistes, ils permettent d'illustrer l'embarras et les difficultés du jeune juif de gauche face à son identité pléthorique : sa judéité, sa sensibilité gauchiste, la mémoire de la Shoah et, par-dessus tout, sa relation ambivalente avec Israël. Ces articles sont caractérisés par un ton fortement personnel, parfois anarchiste, mêlant des sentiments, des malaises et des contradictions internes. Une grande partie des radicaux juifs n'adhérait bien évidemment pas aux positions avancées ici. Un grand nombre refusait également de reconnaître la tension qu'il pouvait y avoir entre de pures revendications intellectuelles et des sentiments fortement juifs et contradictoires.

En septembre 1970, paraissait un « Appel aux juifs » dans le bihebdomadaire anarchiste *Ce que nous voulons : Tout.* Bien que l'article soit, à bien des égards, singulier et hors du commun, il est représentatif de l'état d'esprit d'une partie des radicaux juifs[24]. Les premiers numéros de la revue sont parus au moment du massacre de Palestiniens en Jordanie. L'engagement politique était du côté de la « résistance palestinienne » et contre la Jordanie et Israël. On pouvait y trouver des articles comme « La Palestine jusqu'à la mer » ou « Nous sommes tous des feddayin ».

L'« Appel aux juifs » était adressé aux « masses juives » dans la plus pure tradition gauchiste pour les convaincre de ne pas se laisser abuser. L'article était émaillé d'expressions en yiddish et écrit comme il se doit dans une verve anarchiste, directe, ironique, provocante, excessive, sans prétention idéologique et en se gardant de tout schéma simplificateur. Son auteur, Pierre Gagner, demandait aux juifs de quoi ils se réjouissaient et ce qui les faisait sourire :

« Vous riez parce que les Arabes se battent entre eux, parce que Nasser est mort ? C'est vraiment des primitifs ces gens-là, n'est-ce pas ? Même pas capables de s'entendre... Et les enfants, hein ?... Vous avez vu ce qu'ils en font : un cocktail Molotov dans chaque main, ils les poussent vers les chars. Oy, oy, boubale [expressions en yiddish]... Ça ne m'étonne pas de ces gens-là, tous feignants et rusés et cruels en plus... Et d'ailleurs on l'a bien vu en Israël. On a fait en vingt ans plus qu'eux en deux mille ans.

« Oh, les juifs, vous vous rendez compte qu'on est en train de vous avoir, que vous servez de caution morale à de grandes puissances impérialistes... Pensez donc, Israël, c'est le pays des réfugiés des camps de la mort, et les feddayin veulent le détruire, quelle honte ! Vous, parmi les plus opprimés, vous avez joué le sinistre rôle de l'oppresseur.

Vous vous rendez compte que vous deviez être les derniers à vous réjouir et les premiers à vous indigner du sort qui est fait au peuple palestinien. Vous ne pensez pas que les enfants juifs du ghetto de Varsovie [...] se sont battus aussi pour les enfants palestiniens ? Vous ne trouvez pas que les révoltés du camp de Treblinka ressemblent étrangement aux réfugiés. [...] Solution finale pour solution finale, vous ne trouvez pas que l'histoire se répète bizarrement. Alors arrêtez de sourire et recouvrez votre identité de juif pour dénoncer le rôle que l'histoire veut vous faire jouer... Arrêtez de sourire et cessez de vous reconnaître en Israël... »

Il poursuit : « Un mot encore pour les gauchistes. Je vous entends déjà dire : "Il nous refait le coup de la gauche au grand cœur, celle qui est pleine de sympathie pour les Palestiniens, mais qui ne veut pas qu'on touche à Israël. » Si vous voulez résoudre un problème un peu plus complexe que vos formules toutes faites, il faudra vous mettre un peu de complexité dans la tête. Il y a, rassemblés du côté de Tel-Aviv, trois millions d'individus et que vous le vouliez ou non, ce qui les a rassemblés là, c'est d'abord l'antisémitisme et ensuite le projet sioniste. [...] Sous peine d'alimenter constamment la bonne cause d'Israël, il faut avoir en tête toutes les données du problème. Nous sommes tous des feddayin parce que leur cause est juste, qu'ils sont opprimés. [...] Leur lutte mettra fin à l'idéologie sioniste, la dernière idéologie impérialiste à fonctionner à plein. [...] Parce que nous ne voulons plus nous contenter d'idées toutes faites et des schémas simplificateurs, nous sommes tous aussi des juifs, et pas israéliens bien sûr. Alors j'aimerais bien, tous ensemble l'année prochaine, le fusil à la main. On parie [25] ? »

Cet article eut de larges échos. Deux numéros plus tard, paraissait la réponse collective rédigée par « un groupe de copains diversement motivés au départ » : « *Tout*, journal révolutionnaire, publie un article qui, sous couvert d'une analyse qui se voudrait politique, est un article (involontairement ?) raciste. [...] En appeler "aux juifs" est une position raciste, car les juifs, qui c'est ? Parle-t-il de l'ouvrier, artisan, commerçant du coin ou de Rothschild, Dreyfus, Dassault, etc. ? L'amalgame [est] inadmissible de la part d'un militant qui veut aborder des problèmes politiques sur des positions de classe. De même qu'il y a "rassemblés du côté de Tel-Aviv trois millions d'individus" qui appartiennent à des classes sociales antagonistes, de même en France, parmi les quelques centaines de milliers de juifs, il y a des individus qui ont des intérêts pour le moins différents. [...] L'ensemble de l'article [...] repose sur une appréciation fausse. [...] L'idée d'une unicité des juifs par-delà les conflits politiques et économiques. [...] Pour nous, être pour les juifs ou pour les Arabes, ça ne veut rien dire. Nous sommes solidaires de tous les hommes et femmes opprimés qui, dans les pays arabes comme en Israël, se battent contre tous les Etats actuels. [...] La lutte contre le sionisme [...] ne doit pas être confondue avec une lutte aveugle et chauvine contre le peuple israélien lui-même. [...] Pari pour pari, ne vaudrait-il pas mieux que nous œuvrions pour que demain, à Amman, Tel-Aviv, Bagdad, Le Caire, Damas, etc., tous les opprimés d'aujourd'hui instaurent un Moyen-Orient authentiquement socialiste solidaire de la révolution mondiale [26]. »

Etre juif de gauche dans l'Europe d'après la Shoah, lorsque Israël se battait pour sa survie et sa propre identité, pouvait entraîner, comme nous l'avons vu, des conflits émotionnels et intellectuels frustrants, douloureux parfois et toujours insolubles. Dans le journal anarchiste *Le Cri du peuple*, diffusé dans les années 1970-1971, paraissait au moment du procès de Leningrad la lettre d'un juif anarchiste intitulé : « Je reviendrai en cas de pogrom ». Ses propos traduisaient le désarroi et l'indignation face aux sujets que l'impitoyable réalité imposait. Il s'insurgeait à la fois contre l'antisémitisme, le sionisme, les Palestiniens et ses camarades français d'extrême gauche. Le jeune anarchiste protestait contre ceux qui voulaient à la fois lui « coller » une étoile jaune, l'envoyer dans les camps de la mort, lui faire porter la responsabilité des réfugiés palestiniens, l'obliger à se démarquer d'un Etat majoritairement juif, lui imposer de participer au Comité Palestine pour prouver qu'il était un « bon » juif radical. D'un autre côté, il refusait de pleurer nuit et jour les six millions de morts, d'assumer le tragique destin juif, d'être, qu'il le veuille ou non, embarqué dans l'aventure israélienne et condamné à la solidarité juive.

« Etre juif est un "drôle de jeu" qui permet [...] d'être félicité par le poujadiste du coin parce que "vous avez foutu une bonne trempe à ces salauds d'Arabes". [...] D'être mis en demeure par un gouvernement (le gouvernement israélien) de vous installer dans un pays sous peine de ne plus pouvoir jouer le rôle du juif. [...] D'être mis en demeure par un autre gouvernement (le gouvernement français) d'approuver totalement sa politique [...] au risque de perdre la nationalité du pays où vous êtes né et où vous vivez. [...] De devoir (en tant que membre d'une organisation gauchiste) signer obligatoirement tous les manifestes de soutien au peuple palestinien. »

L'auteur poursuivait tout en se référant aux critères particuliers avec lesquels on juge Israël : « Le premier qui me sort : "Tu comprends, de la part d'Israël et de la part des juifs, on s'attendait à autre chose, à ce qu'ils fassent une politique progressiste", je lui envoie ma main dans la gueule à ce salaud de raciste ; la même chose à qui voudra me faire passer une épreuve spéciale pour voir si je suis un bon antisioniste. Moi, ça m'emmerde et puis, je vous l'ai dit, j'en ai ras le bol de votre jeu. C'est fini, je ne joue plus. Je ne joue plus que mon propre jeu dans le grand jeu collectif ; le juif est parti sans laisser d'adresse. Il ne reviendra qu'en cas de pogrom [27]. »

Avant d'essayer de comprendre la relation des radicaux juifs avec Israël, il convient de voir ce en quoi elle se caractérise, pour pouvoir aborder ce que fut leur implication directe mais aussi la façon dont ils tentèrent d'influer sur le conflit israélo-palestinien.

1. Au sein des radicaux les plus extrémistes, était largement répandue l'idée selon laquelle le sionisme ne constituait aucunement une solution concrète à la question juive. Il pouvait même constituer, en certaines circonstances, un obstacle pour les « masses juives ». Toutefois, même si certains niaient l'existence d'Israël, ils en comprenaient la nécessité après la Shoah. Quelques-uns allaient même jusqu'à justifier l'émigration juive en Israël avant et après la Shoah.

2. Leurs griefs à l'encontre d'Israël s'inscrivaient, comme nous l'avons vu, dans le cadre plus général de la dénonciation de l'impérialisme et du capitalisme occidental au détriment des intérêts du tiers-monde. La condamnation d'Israël venait s'ajouter à celle des Etats-Unis et de la France.

3. Dans la vision universaliste, principalement chez les trotskistes, les anarchistes et dans une moindre mesure chez les maoïstes, le nationalisme, le combat national et l'Etat national n'étaient en rien valorisés ni érigés en idéaux. Tout au contraire ils étaient perçus comme des valeurs négatives, à contre-courant de l'universalisme, portant atteinte et favorisant l'exploitation des minorités ethniques et des classes inférieures.

4. Leur critique devint plus virulente encore après 1967, se fondant sur ce qu'ils considéraient comme la dépravation morale d'Israël après sa victoire et sa domination sur les Arabes. Israël avait mis en place au lendemain de la guerre des Six Jours un appareil de contrôle répressif, négation même de l'image qu'ils avaient du juif. Toutefois, une partie d'entre eux sut faire la différence entre les agissements du gouvernement israélien et la caution apportée par la population israélienne, composée elle aussi de nombreux rescapés de la Shoah.

Implication directe
et volonté d'influencer le conflit israélo-palestinien

L'implication des organisations d'extrême gauche, et principalement des juifs, dans le conflit israélo-palestinien poussa certains à vouloir avoir une influence directe sur le cours des événements. Les organisations d'extrême gauche ont généralement apporté leur soutien au combat palestinien, soit en mobilisant l'opinion publique, soit en le soutenant moralement, soit encore par des actions à l'échelle européenne. Parfois aussi ce soutien a pu prendre la forme de visites ou de séjours dans des camps palestiniens au Proche-Orient, en signe de solidarité et d'identification au sort des réfugiés. La participation juive à ces visites était tout à fait remarquable. Dans des cas isolés, les juifs ont pu participer, seuls, à la lutte violente contre Israël. Dans d'autres rares cas, certains ont tenté — sans succès — de jouer les médiateurs entre Israéliens et Palestiniens.

Jean-Louis Weissberg était activiste au sein de l'Alliance marxiste révolutionnaire à la fibre très tiers-mondiste. Cette organisation, extrémiste dans son soutien aux Palestiniens, avait établi des contacts avec le Front populaire démocratique pour la libération de la Palestine de Nayef Hawatmeh. Pendant les vacances de Noël 1969, Jean-Louis Weissberg, à la tête de la délégation de son organisation, fut invité à séjourner dans un camp palestinien jordanien affilié au FPDLP. Pendant son séjour, il déclara qu'il n'y avait aucune contradiction entre sa judéité et son ralliement à la cause palestinienne, bien au contraire. Le dernier jour, il fut convié à une conférence de presse à Amman, au cours de laquelle il mit l'accent sur son appartenance juive. « Dans ma propre logique, c'était un immense honneur que d'être à la fois juif et du côté des Palestiniens. Avant que je ne parte en Jordanie dans des camps palestiniens, je m'étais demandé comment serait interprété le fait que je sois juif. J'avais décidé que, s'il y avait le moindre problème à ce sujet, je ne resterais pas. Si l'on m'avait demandé de cacher ma judéité, je serais rentré en France. Mais non seulement cela a été accepté, mais en plus ils en ont fait une exploitation politique en arguant du fait que des juifs avaient rallié leur cause, et qu'ils ne pouvaient par conséquent être taxés d'antisémitisme ou de racisme [28]. »

Le manifeste publié à la fin de son séjour mettait en avant les composantes socialistes et universalistes communes aux deux organisations, tout en brocardant le Fatah et les réactions arabes : « Face à l'idéologie réactionnaire de tous ceux qui tentent d'enfermer la lutte des masses palestiniennes et arabes dans le cadre étroit du chauvinisme, qui représente pour les Arabes ce qu'est le sionisme pour les juifs, une impasse totale, l'objectif de ce camp était de symboliser l'internationalisme révolutionnaire. [...] Toute conception de la lutte exclusivement militaire qui repose sur une croyance erronée en la possibilité de vaincre Israël par les armes, sans une alliance avec le prolétariat israélien, et le renversement préalable des régimes arabes réactionnaires et soi-disant progressistes, ne peut qu'aboutir à un nouvel échec. [...] La question à l'ordre du jour, c'est la transcroissance de la lutte de libération nationale en lutte pour la révolution socialiste [29]. »

L'influente organisation la Gauche prolétarienne avait tissé, quant à elle, des liens avec Arafat. Mahmmoud Hussein, le frère aîné de la famille Lévy, avait servi d'intermédiaire entre la Gauche prolétarienne et les Palestiniens. La famille Lévy avait quitté l'Egypte après la crise de Suez en 1956. Les deux frères, Tony et Benny, militaient tous deux à la GP. Tony était antisioniste pendant la guerre des Six Jours. Benny devint le leader incontesté de la GP, et plus tard le secrétaire personnel de Sartre. Se tournant ensuite vers la religion, il vit aujourd'hui à Jérusalem. Son frère, Mahmmoud Hussein, « juif par le sang et arabe par le cœur », communiste égyptien qui avait fui le régime de Nasser, eut une influence incontestable sur la politique proche-orientale des fondateurs de la Gauche prolétarienne, en les mettant en contact avec les « ambassadeurs » palestiniens à Paris, dont Mohammed Hamchari [30].

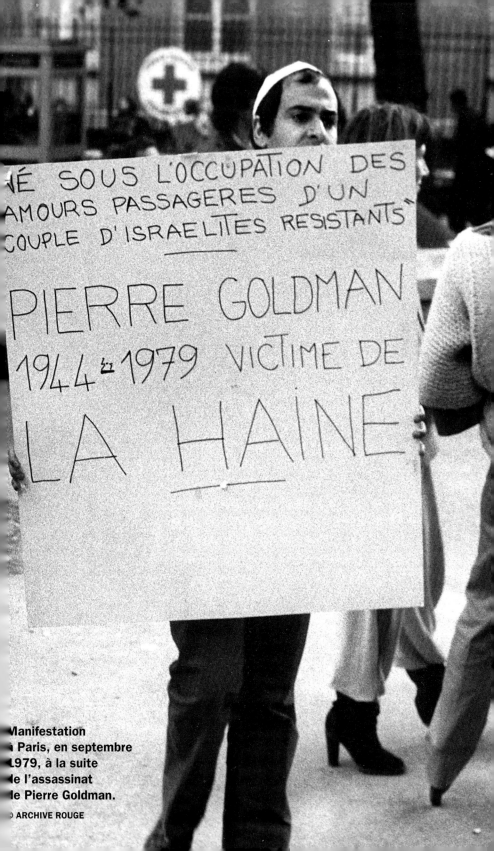

NÉ SOUS L'OCCUPATION DES
amours PASSAGERES D'UN
COUPLE D'ISRAELITES RESISTANTS"

PIERRE GOLDMAN
1944 ^à 1979 VICTIME DE
LA HAINE

Manifestation
à Paris, en septembre
1979, à la suite
de l'assassinat
de Pierre Goldman.

© ARCHIVE ROUGE

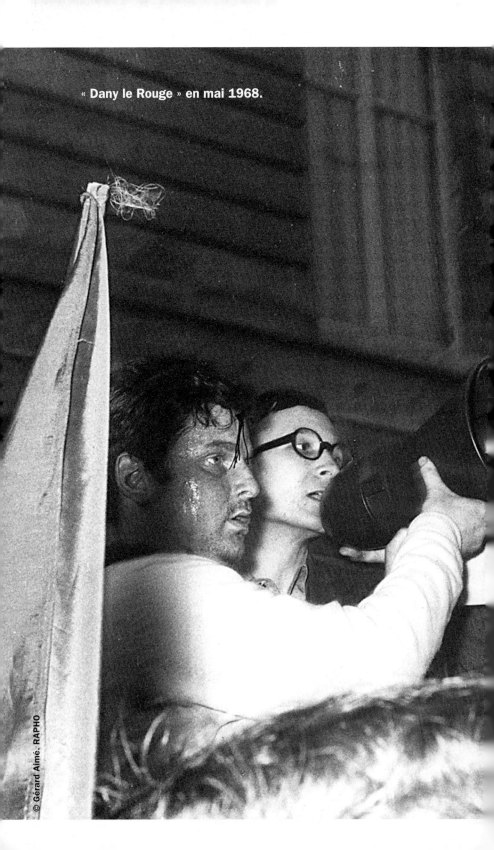

« Dany le Rouge » en mai 1968.

Daniel Cohn-Bendit dans les bras de sa mère à Cailly (Eure).

VF/AN

N° d'enregistrement : 71.937 8758

Bénéficiaire
de la
Convention du 10-2-1938

Signature du titulaire :

NOTA. — Ce document ne dispense pas son titu-laire de la carte de séjour.

Le Directeur de l'Office Français de Protection des Réfugiés et Apatrides

CERTIFIE

que Mr COHN-BENDIT Marc-Daniel

demeurant à PARIS 15°

né (e) le 4 Avril 1945

à MONTAUBAN (T. et G.)

fils (fille) de Erich

et de Herta-Judith née David

est réfugié(e) provenant d'Allemagne

et qu'il (elle) est placé (e) sous la protection juridique et administrative de l'OFFICE.

Ce CERTIFICAT est valable :

du 26.4.57 au 25.4.60

Paris, le 26 Avril 1957.
Le Directeur

Carte d'apatride
de Daniel Cohn-Bendit.

Alain Krivine en vacances avec ses parents en août 1955.

Mariage d'Alain Krivine (5e en partant de la gauche). Son beau-père (3e en partant de la gauche) est Gilles Martinet, membre du secrétariat national du PSU puis du PS, futur ambassadeur de France en Italie.

© ARCHIVE ROUGE

RUE
NT-SULPICE

**Alain Krivine dans les rues de Paris le 6 mai 1968.
Perché sur le panneau de signalisation on reconnaît Marc Kravetz.**

Alain Geismar
au cours de la
manifestation
du 13 mai 1968.

© ARCHIVE ROUGE

Alain Geismar en compagnie de Jean-Paul Sartre en 1970.

Les parents d'Ania Francos en 1936.

© DR

Ania Francos lors d'une interview de Yasser Arafat en 1973.

© Bruno Barbey. MAGNUM

André Glucksmann,
la cigarette aux lèvres,
sous la banderole
du journal maoïste
La Cause du peuple
le 1er mai 1968.

La Gauche prolétarienne apporta son soutien aux travailleurs immigrés en France, et en particulier aux Palestiniens. Elle fut également l'instigatrice du Comité Palestine. Ses slogans étaient extrêmement virulents : « Le sionisme ne passera pas », « La force est au bout du fusil », « Palestine vaincra », etc. A l'époque où Alain Geismar (numéro deux de l'organisation après Benny Lévy) avait été incarcéré, on pouvait aussi entendre : « Geismar, Arafat... même combat. »

En été 1969, l'organisation répondit à l'invitation qui lui avait été faite de visiter des camps palestiniens en Jordanie. Ceux choisis pour la représenter furent — par un fait exprès ou non — deux juifs : Alain Geismar et Léo Lévy, la femme de Benny Lévy. Après avoir séjourné un mois dans un camp palestinien à Karamé, ils furent rejoints par des représentants d'autres organisations gauchistes d'Allemagne et de Grande-Bretagne. Leur judéité fut évoquée lors d'une interview, retransmise sur l'antenne du Fath. Alain Geismar courroucé, et sans clairement saisir les raisons de son irritation, déclara alors : « Je suis parmi vous en qualité de militant révolutionnaire. Le reste, ce que vous sollicitez [l'aspect religieux], n'a aucun sens pour moi [31]. »

En octobre 1969, l'organisation de Georges Habache le FPLP, le Front populaire pour la libération de la Palestine, offrit à son tour à la Gauche prolétarienne de lui apporter son soutien. Il était question cette fois de participer à des attentats et de coordonner des actions dans des camps d'entraînement paramilitaires. Cette proposition fut rejetée, comme celle émanant d'Ahmed Jibril [32]. La Gauche prolétarienne était jalouse de son autonomie. Cependant, elle prit des initiatives, même à titre symbolique, en faveur des Palestiniens. L'attentat terroriste contre les athlètes israéliens aux jeux Olympiques de Munich en 1972, comme nous le verrons dans le chapitre suivant, contribua dans une certaine mesure à sa dissolution.

Dans la nuit du 25 au 26 septembre 1969, les murs de l'hôtel particulier d'Alain de Rothschild étaient recouverts de graffitis au contenu diffamatoire : « El Fath vaincra »,

« Oppresseur du peuple palestinien et trésorier d'Israël », « Rothschild, le peuple français et le peuple palestinien te balaieront ». Le lendemain, quelque trois cents manifestants européens et arabes attaquaient le siège de la banque Rothschild, brisant des vitres, tentant d'y mettre le feu et s'éloignant aux cris de « Rothschild crèvera ! ». Ils s'en prirent également aux locaux du journal de droite *L'Aurore*[33]. Il est indéniable que ces actions et ces slogans étaient empreints d'un fort antisémitisme, qui venaient s'ajouter aux propos violemment antisionistes associant le juif au sioniste.

Marek Halter, en revanche, est un exemple caractéristique des tentatives menées par certains radicaux juifs pour servir d'intermédiaire entre Israéliens et Palestiniens. Dans la période agitée de la fin des années 60 et du début des années 70, les tentatives de médiation de la part de radicaux juifs furent rares, comparées au soutien aveugle de nombre d'entre eux à la cause palestinienne. Son action fut cependant rejointe par d'autres radicaux, dont Bernard Kouchner[34].

Marek Halter, peintre et écrivain, est né en Pologne en 1936. Ayant fui à cinq ans avec ses parents le ghetto de Varsovie pour l'URSS, il est arrivé en France en 1949. Il s'est toujours senti proche d'Israël et a manifesté un très grand enthousiasme en faveur du kibboutz. Il se passionna pour le conflit israélo-arabe et fonda, à la veille de la guerre des Six Jours, le Comité international pour la paix au Proche-Orient, qui tentait de contribuer à l'instauration d'un dialogue entre Israéliens et Palestiniens. Il relate ces tentatives dans son livre *Le fou et les rois*. Il milita pendant les événements de Mai 68 puis combattit en faveur des droits de l'homme, en s'opposant entre autres au régime des généraux en Argentine, à l'intervention russe en Afghanistan et à la résurgence de l'antisémitisme en France. Il tenta d'instaurer le dialogue entre les différentes parties en établissant un contact direct avec les Palestiniens, essayant de faire se rencontrer les pays du bloc oriental et du tiers-monde à l'occasion de réunions et de congrès en faveur de la paix.

Cet extrait de son livre, intitulé « Du ghetto de Varsovie aux camps palestiniens », raconte l'une de ses entrevues avec des Palestiniens, au début des années 70[35] :

> Il y avait des heures que nous discutions. Assis tassés dans la cahute de glaise séchée, nous étions peut-être une quinzaine. Deux des Palestiniens, en tailleur sur le sol de terre battue, caressaient machinalement leur mitraillette. Alentour, la rumeur du camp de réfugiés — Sabreh, à l'entrée de Beyrouth — palpitait vaguement. La tranquille pénombre d'Orient exaltait la fièvre des voix et des regards.
>
> La révolte est faite autant de discours que d'action, de patience que de violence. Nous aurions sans doute pu parler des heures encore, sans progresser pour autant. Tout ce que je pouvais dire pour faire avancer l'idée d'une rencontre avec les Israéliens, ils le dénonçaient aussitôt : complot impérialiste. Peut-être contrôlaient-ils mal le langage que nous employions — mélange d'anglais et de français — ou peut-être était-ce simplement l'expression de leur conviction, mais ils me disaient « vous » chaque fois qu'ils voulaient dire Israël. Cette discussion ne menait nulle part. Je haussai le ton : « Je voudrais bien savoir si c'est aux Israéliens ou aux juifs que vous faites la guerre. Si c'est aux Israéliens, c'est avec eux que vous devrez régler votre différend, avec eux que vous devrez bien finir par parler. Mais si c'est aux juifs que vous faites la guerre, c'est aussi à moi, juif vivant et travaillant à Paris, que vous vous attaquez. Alors sachez que, même si je lutte pour la paix, je ne suis pas un non-violent. Et que si vous m'attaquez, moi juif, je ferai tout ce que je pourrai pour vous liquider avant que vous ne nous liquidiez. Je poserai des bombes dans vos maisons et je vous combattrai partout où vous vous trouverez, sans repos ni pitié. »
>
> Les mots, dans ces régions, pèsent leur poids de dynamite. Le silence qui se fit alors était lourd, tendu. Leurs regards, soudain incertains, m'évaluaient...
>
> « Nous n'avons rien contre les juifs, dit enfin un Palestinien. Ce sont nos cousins. C'est contre les sionistes que nous luttons.
>
> — Un sioniste, qu'est-ce que c'est ? demandai-je. Un Israélien ou un juif qui soutient l'existence d'Israël ?

— C'est la même chose.

— Et si les juifs affirmaient le droit d'Israël à l'existence tout
en restant critiques envers la politique de son gouvernement ?

— Nous lutterons contre eux tous.

— Parce que juifs ?

— Non, parce que sionistes... »

Je parlai longtemps aux Palestiniens de Sabreh. La Gestapo,
l'étoile jaune, les barbelés, la peur et la rage. La faim. Je parlai
longtemps, et ils m'écoutèrent jusqu'au bout. Ce que je leur
disais les laissait perplexes. On apporta encore du café. Cette
fois, nous le bûmes en silence. Dehors, un groupe d'enfants
jouaient avec des mitraillettes en bois et criaient : « A mort
Israël ! Feddayin ! Feddayin ! »

Je comprenais, à leurs regards, que les Palestiniens se
demandaient qui j'étais, et ce que je voulais. Ce qu'ils savaient
de moi — un peintre de quarante ans qui finance avec l'argent
de ses tableaux une revue politique sur le Proche-Orient ! —
ne leur permettait pas plus de me classer parmi les amis que
parmi les ennemis. D'autant que si on m'accusait parfois
d'être un espion israélien, ou américain ou russe — quelles
« fausses barbes » ne m'avait-on pas fait porter ! — ils connaissaient mon engagement en faveur de leurs droits nationaux.
Ils ne croyaient pas à l'existence d'un « peuple » juif — pour
eux, être juif signifiait seulement pratiquer la religion juive —
et n'imaginaient donc pas que le fait que je sois juif puisse
expliquer ma démarche et ma présence chez eux.

En réalité, ils ne me recevaient que parce que j'animais le
Comité international pour la paix au Proche-Orient, parce que
certaines forces politiques et syndicales de gauche à travers le
monde m'accordaient leur soutien, et parce que les articles de
journaux me concernant justifiaient leur curiosité. Ils savaient
aussi que j'allais souvent en Israël et que je refusais de toutes
mes forces la destruction de l'Etat juif. Tout cela, qui les irri-
tait, provoquait en même temps leur respect à mon égard.

C'est en luttant pour la survie d'Israël que j'ai découvert
l'existence des Palestiniens. De ce jour, je n'ai cessé d'affirmer
la légitimité de leurs revendications. A la fois parce que cela
me semblait essentiel et parce que c'était au bout du compte
la meilleure garantie de la survie physique et morale de l'Etat
juif. Dans cette région du monde que les uns nomment Palestine et les autres Eretz Israël, il y a place pour deux Etats indé-

pendants : puisqu'on ne peut partager la justice, il faut bien partager le pays.

J'avais encore des tas de choses à leur dire, à leur expliquer, je ne savais comment m'y prendre. La création d'Israël, ç'avait été à la fois l'aboutissement d'un idéal, d'une nécessité, et une tentative pour réparer un tort irréparable. Cela, il fallait qu'ils le comprennent. Concevoir la disparition d'Israël me révoltait, et cette révolte avait le même goût que celle qui me vient de mon enfance : quand je découvris, aussitôt après la guerre, que dans le même temps où l'on gazait les juifs, on faisait, à Paris, à New York ou à Buenos Aires, tranquillement la queue devant les cinémas. J'avais alors envie de dynamiter le Louvre, le Metropolitan, tous les musées. Pourquoi les musées ? Sans doute parce qu'ils nous assurent que nous sommes civilisés. Mais j'étais enfant. Aujourd'hui, je le ferais.

« Combien de juifs ont été tués par les Allemands ? demanda l'un des garçons à la mitraillette.

— Six millions.

— Comment le sais-tu ? C'est peut-être encore de la propagande sioniste... »

J'ai entendu cette objection dans tous les pays arabes, et elle me met chaque fois hors de moi. Comme si on nous enviait ces morts-là.

« Je ne les ai pas comptés moi-même, dis-je. Mais j'ai vu, à Auschwitz, une montagne plus infranchissable que le mont Hermon, terrible comme un champignon atomique, une montagne faite de centaines de milliers de chaussures des enfants brûlés dans les fours crématoires, j'ai vu...

— Ce n'est pas notre faute, m'interrompit un Palestinien avec agacement.

— C'est vrai, mais vous devriez être solidaires...

— Solidaires ? »

Il était suffoqué...

« Vous demandez solidarité et compréhension, dis-je, mais la solidarité n'est pas à sens unique. Ce qu'on a fait aux juifs, c'est l'affaire de tous, comme aujourd'hui le Vietnam, le Biafra ou la Palestine... »

Quelque part, proche, une nouvelle rafale de mitraillette.

« Nous, reprit le même Palestinien, nous mourons six millions de fois par jour. »

La guerre de Kippour et ses ramifications

Avec le début des années 70 commença le reflux de la vague gauchiste. Les mouvements gauchistes s'affaiblirent perdant peu à peu de leur influence. Ce fut pour une fraction de militants une période de crise profonde. La faillite du mouvement révolutionnaire et du militantisme radical fut ainsi compensée, consciemment ou non, par des quêtes existentielles et identitaires. Le « sujet juif » fut revisité comme fut réexaminée la relation avec Israël. La guerre de Kippour (octobre 1973) réveilla soudain les vieux démons de la peur collective et les interrogations individuelles. Après la victoire de 1967, transmuée en mythe, qui semblait avoir résolu le problème de l'existence physique d'Israël, les peurs liées au passé émergeaient à nouveau, auxquelles venaient s'ajouter la question de l'identité individuelle et de l'identification collective. Il n'est donc en rien surprenant que la guerre de Kippour, comme la guerre des Six Jours, ait constitué un repère temporel important.

Pour la grande majorité des juifs français, la guerre de Kippour avait été une nouvelle occasion d'exprimer leur identité et de s'identifier à Israël. Pour une petite partie de radicaux juifs qui se considéraient comme des « juifs antisionistes », la guerre fut le prétexte à une « croisade en faveur de la Diaspora », voulant pour l'essentiel mettre en garde contre l'hégémonie de l'Etat d'Israël dans l'appropriation de l'identité juive, des « options » et des « priorités » que se devait d'adopter la communauté juive. Il est intéressant dans ce contexte de relever les circonstances dans lesquelles eut lieu, au moment de la guerre de Kippour, le Rassemblement des juifs antisionistes, en réaction à l'appel spontané de deux ex-militantes de la Gauche prolétarienne, mouvement dissous en octobre 1973, quelques jours avant que la guerre n'éclate. Cette rencontre fut l'occasion (du moins de la part de ses initiateurs) de critiquer et de s'opposer, en tant que juifs, à la politique de l'Etat d'Israël. La triste ironie du sort veut qu'avant de se rendre à cette rencontre plusieurs de ses participants aient avoué, dans les premiers jours de la guerre, leurs plus grandes craintes pour le sort d'Israël. Ils n'en furent cependant pas moins critiques, allant jusqu'à nier l'existence même d'Israël ; mais ils cherchaient, au moment de leurs pires angoisses, à se rapprocher d'autres juifs partageant les mêmes convictions politiques.

Pendant la guerre de Kippour, deux jeunes juives avaient publié dans *Libération,* comme nous l'avons vu, un « Appel aux juifs antisionistes [36] ». L'une dont la famille avait vécu la Shoah était originaire d'Europe de l'Est, l'autre, d'Afrique du Nord. Elles invitaient les juifs à venir discuter de leur judéité et des questions liées au Proche-Orient : « Face aux événements du Moyen-Orient, nous avons à prendre position. Nous qui n'étions pas dans la manifestation sioniste place de la République. Nous sommes d'origine juive, nous avons subi nous ou nos parents l'antisémitisme, mais nous pensons que ce n'est en aucun cas la création d'Israël et le sionisme qui résoudront le problème juif. » La jeune ashkénaze ajoutait : « Moi, dont la famille a été déportée, je ne peux admettre que ces mêmes juifs participent à la déportation du peuple palestinien. » La jeune sépharade, quant à elle, soulignait : « Moi, juive marocaine avec le souvenir de l'entente entre juifs et Arabes dans le quartier de la Médina, je ne peux accepter que ce même sionisme qui a déporté la communauté juive marocaine en Israël se serve d'elle aujourd'hui pour massacrer les Palestiniens. [...] Nous ne tolérons pas que l'assassin Golda Meir ose parler au nom des juifs du monde entier. Nous avons quelque chose à faire pour que les crimes nazis ne se reproduisent plus et pour affirmer le droit à l'existence d'une Palestine libre et laïque où les communautés juives et arabes puissent vivre en paix. Pour ouvrir le débat et pour voir ce que nous pouvons faire en ce sens, nous appelons à une réunion débat qui se tiendra jeudi 18 octobre... »

L'appel spontané dans *Libération* fut à l'origine de l'organisation du Rassemblement des juifs antisionistes, lequel s'était maintenu avec des hauts et des bas jusqu'en 1976 [37].

Il fut dissout, selon ses propres membres, parce que son nom n'était plus approprié au contenu de son action. La qualification négative d'« antisioniste » n'était plus adaptée. Une partie de ses membres rejoignit le Cercle Gaston Crémieux, que d'aucuns définirent comme l'expression d'une certaine idéologie socialiste, humaniste et néobundiste[38]. Une partie de ces radicaux juifs se lança dans le journalisme ou la littérature. Certains se fondirent dans l'establishment. D'autres, après des années de militantisme, « se cherchaient » en tentant de faire renaître la culture juive française et en fondant l'Association des juifs de gauche. La participation à cette organisation comme sa désertion ultérieure sont une des voies empruntée par une fraction de radicaux juifs dans les années 70 dans leur évolution de radicaux juifs en juifs radicaux.

A certains égards, dans le processus traversé par les radicaux juifs, le Rassemblement des juifs antisionistes semble tout à fait révélateur. C'était aussi, paradoxalement, le premier rassemblement de militants à se définir comme juifs. Comme nous l'avons vu, ceux que nous avions définis comme radicaux juifs se trouvaient à l'origine d'un processus qui allait voir certains d'entre eux devenir des juifs radicaux[39]. Il est également tout à fait significatif de relever que cette organisation avait rassemblé tout aussi bien des juifs originaires d'Europe de l'Est que d'Afrique du Nord ou d'Egypte. Dans les années qui suivront, ce phénomène se concrétisera également par la parution de deux revues rédigées par les mêmes cercles de juifs de gauche ou ex-gauchistes en quête d'identité. La première, *Combat pour la Diaspora*, avec la participation d'anciens membres du Rassemblement des juifs antisionistes, commença à paraître, à raison de trois diffusions annuelles, en 1979, et toucha quelque mille abonnés. La seconde, *Traces*, fut créée en 1981 avec également une diffusion trisannuelle[40].

Le premier numéro de *Combat pour la Diaspora* donnait d'emblée la ligne éditoriale du journal[41]. « [Pour] ceux qui veulent vivre en Diaspora et n'optent ni pour la solution sioniste ni pour l'assimilation. [...] Pourquoi cette revue ?

Nous sommes un certain nombre d'individus venant d'horizons différents qui nous posons les mêmes questions. On demande tout à un juif sauf d'être lui-même. Notamment dans les différentes associations ou organisations auxquelles nous appartenons, notre identité juive n'est pas reconnue. Nous soutenons le combat des Occitans, des Basques, des Corses, des Bretons, comme nous nous sommes battus dans le passé pour l'indépendance de l'Algérie et des peuples colonisés, ainsi nous affirmons notre droit à la parole. Les inconditionnels de l'Etat d'Israël et les institutions religieuses monopolisent cette parole juive. Il est important qu'un autre discours s'élabore. Partir des interrogations de ceux qui veulent vivre en Diaspora et n'optent ni pour la solution sioniste ni pour l'assimilation, telle est notre volonté.»

Les rédacteurs de la revue rejetaient la «solution israélienne» de l'émigration comme unique solution. Ils stigmatisaient la prétention des sionistes à vouloir incarner la totalité du destin juif et à vouloir dominer le monde juif, soutenant tout accord de paix basé sur l'autodétermination des peuples israélien et palestinien. Ils abordaient la pérennité de la vie juive en Diaspora : «La Diaspora doit trouver sa propre voix. Pour notre part, nous nous voulons les héritiers du courant universaliste dont les tentatives dispersées pour briser le monde clos imposé par l'establishment ont été enrayées. Il est vrai que ceux qui ont voulu investir leur sensibilité juive dans un changement social, n'ont pas vu leur tâche facilitée par les expériences "socialistes" à travers le monde. Une réflexion sur ce que peut représenter une spécificité juive aujourd'hui en France est plus que jamais nécessaire. L'antisémitisme n'est plus considéré aujourd'hui comme un phénomène dangereux, ce qui favorise la résurgence des nostalgies de toutes sortes. Pire ! L'affaire Darquier de Pellepoix a dévoilé une campagne systématique aux fins de minimiser, voire de nier purement et simplement le crime hitlérien [42]. Après le traumatisme du génocide nazi qui entraîna une réprobation générale, la fascination trouble qu'exerce de nouveau la mythologie

fasciste ne peut être laissée sans réplique. La transformation sociale pour laquelle nous sommes engagés doit prendre en charge toutes les revendications spécifiques des
individus et des groupes à vivre leur culture. Ainsi l'approfondissement des liens qui nous unissent aux minorités
nationales peut permettre de faire progresser leur
réflexion et de nous faire préciser nos objectifs. Notre
combat est partie prenante de la lutte engagée par tous
ceux qui aspirent à une société débarrassée des contraintes
de l'exploitation et de la bureaucratie. Tant il est vrai, qu'il
n'est de socialisme que de socialisme dans la différence. »

Les années 70, comme nous l'avons vu, sonnèrent le glas
du mouvement contestataire, et les organisations d'extrême gauche se réduisirent comme peau de chagrin. Une
partie d'entre elles, principalement celles regroupant les
anarchistes et les maoïstes, cessèrent d'exister. Les trotskistes en revanche poursuivirent leur action mais ne furent
pas non plus épargnés par la crise.

La lutte violente contre Israël

Malgré l'ampleur de la critique à l'encontre d'Israël, les
organisations d'extrême gauche en général, et les radicaux
juifs particulièrement, n'ont eu que très rarement recours
à la lutte violente contre Israël. Il faut toutefois relever
deux exemples de juifs marginaux impliqués dans des actes
de violence contre des cibles israéliennes et juives. La
rareté de tels cas et la singularité des circonstances et des
particularités collectives et individuelles des membres de
ces groupes font ressortir avec plus de force encore le
consensus général du refus du recours à la violence chez
les radicaux juifs. Le premier cas de contestation politique
violente concerne le jeune Français Claude Halphen, membre de l'organisation terroriste Action directe. Il fut à la
tête de l'Union combattante Marcel Rayman qui s'attaquait
à des cibles juives et israéliennes et dont tous les membres
étaient juifs. Le second cas est celui de Hans-Joachim Klein,

qui agissait dans le cadre des Cellules révolutionnaires, résidus des groupes Baader-Meinhof et de la Fraction Armée rouge en Allemagne. Nous avons choisi de raconter son histoire, bien qu'il ait agi dans le contexte allemand, principalement parce qu'il fut aidé psychologiquement, idéologiquement et concrètement par Daniel Cohn-Bendit afin d'échapper à l'emprise des organisations terroristes et de leurs idéologies mortifères.

Action directe qui sévissait au début des années 80 fut l'unique organisation d'extrême gauche française à faire usage du terrorisme. De tendance anarchiste, elle avait une idéologie peu claire. Rejointe par des gauchistes qui n'avaient pu se résoudre à la disparition de l'extrême gauche, elle s'en prit à des cibles françaises, américaines, israéliennes et juives. Les membres de l'organisation étaient incontestablement propalestiniens, pour certains notoirement antisémites, et furent très probablement mêlés à d'autres attentats terroristes dans différents pays d'Europe.

Les composantes antisémites de l'organisation furent étalées au grand jour lors du procès d'un de ses leaders, ancien membre de la Gauche prolétarienne. Vouant aux gémonies les dirigeants de la GP, il les qualifia de « clan des juifs regroupés autour de Benny Lévy et de Geismar », les accusant « d'avoir livré une guerre sans merci au clan des non-juifs ». « Ils nous ont vendus aux flics, déclara-t-il. Ils sont arrivés à leurs fins : les allées du pouvoir. Tandis que nous, nous sommes en prison. » Un autre leader soutint que « la France était gouvernée par la "social-judéocratie" à travers le couple Attali-Mitterrand[43] ».

Le souvenir de Marcel Rayman (voir chapitre V) fut à nouveau évoqué — et de fait, profané — au moment de la guerre du Liban en 1982 par une fraction d'Action directe se faisant appeler l'Union combattante Marcel Rayman. En août 1982, elle s'en prit à la voiture de l'ambassadeur israélien à Paris et à la Discount Bank, filiale, avant sa nationalisation, de la banque Rothschild. En novembre 1982, l'Union combattante Marcel Rayman menaça des cibles israéliennes. Les membres de cette organisation, qui se définissaient comme « juifs non religieux ni nationalistes dans la tradition de la lutte anti-impérialiste », déclarèrent : « Nous lutterons contre les rats malfaisants au Proche-Orient ici et ailleurs[44]. » Lorsque pour la première fois apparut le nom de Marcel Rayman dans le contexte d'attentats anti-israéliens et antisionistes, certains pensèrent qu'il s'agissait certainement d'une provocation émanant d'organisations non juives. Il paraissait surprenant qu'une fraction d'Action directe incluant des juifs pût en même temps perpétrer des attentats contre l'Etat d'Israël et ses proches et voir en Marcel Rayman le symbole et l'incarnation de la lutte antifasciste. Des organisations d'anciens résistants s'insurgèrent contre la récupération du nom de Marcel Rayman à des fins terroristes antijuives.

Plus tard seulement on sut qui se cachait derrière l'Union combattante Marcel Rayman. On découvrit alors à quel point la réalité pouvait être complexe et tragique. Cette fraction avait été fondée par Claude Halphen, un jeune juif français. Né en France près de Paris en décembre 1955, son père, membre du PCF, avait appartenu pendant la guerre à une organisation de résistance composée d'immigrants dont de nombreux juifs. Plusieurs membres de sa famille avaient été déportés par les Allemands dans les camps d'extermination. Claude Halphen avait treize ans en Mai 68 et, malgré son jeune âge, prit part aux événements qui eurent sur lui une profonde influence.

Bien qu'ayant été élevé dans des valeurs révolutionnaires prônant le militantisme, l'anti-impérialisme et les actions contestataires, il ne rallia jamais le marxisme. Il refusa de rejoindre quelque courant que ce soit, pour finir par se lier à des groupes anarchistes. Il entra en conflit avec son père à propos de l'invasion de la Tchécoslovaquie par l'URSS, ne pouvant se résigner à ce que son père pût, malgré cela, rester membre du PCF. A l'époque, il se passionnait particulièrement pour tout ce qui touchait aux juifs de la Résistance et aux Brigades internationales. Il vécut quelques années en communauté dans une ferme du sud de la France.

En 1979, quelques groupuscules révolutionnaires fixaient les cadres de la future organisation Action directe. Claude fréquentait certains de ses membres. En 1980, il tomba amoureux d'une Italienne d'origine jordanienne avec laquelle il partit pour Israël et la Jordanie, en quête de leurs « racines ». Claude fut fortement marqué par Jérusalem où il demeura deux mois, fréquentant régulièrement le quartier ultra-orthodoxe de Méa Shéarim. Il se mit à étudier l'histoire du Bund et les fondements du sionisme, bien qu'il contestât farouchement à Israël tout droit d'exister. Il se voyait comme le continuateur de la lutte antifasciste de son père et comme l'héritier spirituel de sa famille décimée pendant la Shoah. En 1981, Halphen rejoignait Action directe, pensant qu'il pourrait, dans ce cadre, opposer une véritable résistance conforme à l'esprit juif. Les frères Halphen publiaient en 1984 dans le journal *Le Monde* un entrefilet dans la rubrique nécrologique en souvenir de leur père : « Il y a onze ans, le 26 octobre 1973, mourait Albert Halphen, résistant et militant communiste. Son combat continue. » Sur l'avis de décès signé des deux frères étaient précisés le lieu de leur incarcération et leurs matricules.

La guerre du Liban qui avait provoqué l'indignation de Claude Halphen l'incita selon toute vraisemblance à créer l'Union combattante Marcel Rayman dans le cadre d'Action directe. Cette fraction rassemblait, son jeune frère (né en 1963), un autre couple de juifs et lui-même. Elle revendiqua, comme nous l'avons vu, l'attentat qui prit pour cible le véhicule de l'ambassadeur israélien à Paris ainsi que celui de la Discount Bank.

Le 31 mars 1983, les membres d'Action directe tuaient deux policiers qui les avaient pris en chasse les prenant pour des gangsters. En mars 1984, les frères Halphen furent arrêtés, accusés d'avoir participé à l'assassinat des deux policiers et à des hold-up dans plusieurs banques. Leur procès débuta en décembre 1986. Des camarades de

Claude Halphen témoignèrent en sa faveur, déclarant qu'il s'était toujours opposé à prendre des hommes pour cibles et qu'il n'était probablement pas impliqué dans le meurtre des policiers. Mais il refusa de se désolidariser de ses compagnons, parce qu'il considérait cela comme une trahison envers eux comme envers les héros auxquels il s'était toujours identifié. Il fut également très probablement influencé par le personnage de Pierre Goldman. Selon le témoignage de ses camarades, lors de son incarcération, il vit régulièrement le rabbin de la prison et jeûna le jour de Kippour.

Dans un message communiqué à l'AFP en août 1982 par les membres de l'Union combattante Marcel Rayman, on avait pu lire : « Nous, membres juifs d'Action directe, déclarons nous opposer à l'assassinat du peuple palestinien par des unités israéliennes. On ne peut exterminer le peuple palestinien dans un ghetto de Beyrouth [45] ». Pour l'Union combattante Marcel Rayman, la victime s'était muée en persécuteur, Israël participait au génocide du peuple palestinien dans les quartiers déshérités de Sabra et Chatila au nord de Beyrouth. Pour les membres juifs de cette organisation, la Shoah était quelque chose d'unique, de profond et d'intériorisé justifiant leur intime responsabilité envers les victimes. Parce que c'était intolérable, ils voulaient s'en prendre au « nouveau persécuteur », à l'« exterminateur actuel », au nom des héros de la Résistance antifasciste. Ils agissaient, comme ils le disaient eux-mêmes, non pas en reniant leur judéité, mais au contraire, mus par un fort sentiment juif qui, à travers les tribulations tragiques de l'histoire juive, les avait conduits jusqu'à la haine de soi.

En novembre 1982, l'Union combattante Marcel Rayman avait envoyé un second message à la presse : « En tant que juifs, nous sommes choqués de voir que certains, qui ont souffert de la cruauté et des menaces du fanatisme stalinien et du nazisme, basculent dans le racisme fanatique en justifiant l'existence des camps de prisonniers, les lois racistes en Cisjordanie et dans la bande de Gaza, et l'oppression générale... »

Le second cas d'un radical juif impliqué dans des actions terroristes est en Allemagne celui de Hans-Joachim Klein, né à Francfort en 1947. Sa mère, juive, était morte des suites des persécutions qu'elle avait subies pendant la Seconde Guerre mondiale[46] dans le camp de concentration de Ravensbrück. Son père, si surprenant que cela puisse paraître, était policier, et nostalgique du régime nazi[47]. Ce n'est qu'à l'âge de dix-sept ans que Hans-Joachim Klein découvrit que sa mère était juive. Au cours d'une interview en 1978, il définit son père comme étant policier et nazi[48]. Plus tard, il répondra aux questions de Daniel Cohn-Bendit :

« Ta mère était juive et a épousé un policier allemand, un ancien nazi ?

— Oui, c'est stupéfiant... ça m'a hanté pendant des années. Je n'ai toujours pas réussi à comprendre. C'est inimaginable qu'en 1947, une juive, ancienne déportée, ait pu faire un enfant avec un nazi... Mais l'enfant, c'était moi[49] !»

A la différence de la majorité des membres des organisations terroristes d'extrême gauche qui étaient étudiants, Klein était ouvrier. Il se rapprocha de l'extrême gauche à la fin des années 60, participa à des manifestations et à des camps de formation. Progressivement, fort de ses convictions idéologiques, il apporta son soutien à l'action violente et participa à des opérations terroristes dans le cadre commun à des organisations d'extrême gauche allemandes et des mouvements terroristes palestiniens. En décembre 1975, il prit part à la tentative d'enlèvement des ministres de l'OPEP réunis à Vienne, dont le bilan fut de trois morts. Klein fut grièvement blessé mais réussit à échapper aux forces de sécurité.

Les victimes innocentes lors de cette opération manquée et l'exploitation qui en avait été faite conduisirent Klein à entamer un processus de désaveu du terrorisme. La tentative échouée du détournement d'un avion d'El Al à Nairobi en février 1976 fut l'une des raisons supplémentaires qui le poussèrent à abandonner le terrorisme international. Mais il ne pouvait le faire qu'en tentant de ne pas attiser le courroux de ses anciens frères d'armes. Il était tout à fait déterminé à ne pas se livrer lui-même ainsi que ses camarades. Le meilleur moyen selon lui pour se sortir du terrorisme était de consigner ses actes et pensées par écrit. En 1977, alors encore dans la mouvance terroriste, il commença, en secret, à écrire sa biographie. Il la poursuivit après avoir réussi à se soustraire aux organisations terroristes et aux services de sécurité de différents pays en entrant dans la clandestinité. Dans son livre *La mort mercenaire*, dont il acheva l'introduction en 1979, il raconte ce qu'il a vécu dans la spirale du terrorisme et comment, au prix de mille risques et d'un violent combat intérieur, il put en réchapper.

Le 26 avril 1977 Klein faisait échouer un attentat terroriste dirigé contre le président de la communauté juive de Francfort et le président de la communauté juive d'Allemagne de l'Ouest. Il fit parvenir son revolver au rédacteur en chef du journal libéral *Der Spiegel*, accompagné d'une déclaration et d'une mise en garde contre l'attentat meurtrier qui se préparait. C'est grâce à Daniel Cohn-Bendit que Klein put rompre définitivement avec le terrorisme. Il vit aujourd'hui caché et dans la clandestinité, recherché tant par les services de sécurité que par les mouvements terroristes.

Nous retrouvons chez Klein comme chez Halphen le même motif récurrent : comment ceux qui avaient tant souffert pouvaient-ils eux aussi, à leur tour, en faire souffrir d'autres ? Le massacre des Palestiniens perpétré par le gouvernement jordanien et celui des « défenseurs de l'Etat ouest-allemand[50] », à Munich, conduisirent Klein à regarder le problème palestinien de plus près. « Qu'un peuple, les juifs, qui avait lui-même eu à endurer les pires malheurs, ait depuis 1947 chassé de son pays un autre peuple, à savoir le peuple palestinien, qu'il conquière et défende ce pays avec des moyens qui auraient pleinement fait honneur à maints "vieux de la vieille" parmi les canailles gestapistes — cela me faisait terriblement rager. Le monde est en émoi quand des commandos palestiniens commettent des massacres, détournent des avions. Mais le monde ne dit pas un mot, à moins qu'il n'applaudisse, lorsque les Israéliens enferment des prisonniers arabes en général et palestiniens en particulier dans des camps de concentration — parfaitement, j'appelle ça des camps de concentration, il n'y a tout simplement pas d'autre mot pour ça... Bien sûr il n'est pas question de les jeter au four, tout s'y passe de façon beaucoup plus "humaine", beaucoup plus perfectionnée. On y torture et on y assassine.» Selon lui il y avait deux poids deux mesures dans la différence de traitement entre Israéliens et Palestiniens.

Klein entretenait une relation pleine de haine et de ressentiment à l'encontre de l'Allemagne. Il condamnait vigoureusement et sans ambiguïté l'attitude des nazis et des Allemands pendant la guerre, leurs tentatives de falsification et d'occultation de ce qui s'était passé, le révisionnisme historique et les tentatives négationnistes de la Shoah, l'émergence du néonazisme et le caractère dangereux, selon lui, de la République fédérale allemande pendant les années 70 : « Ce que les nazis allemands ont fait aux juifs — je vois mal quels mots pourraient convenir pour ce qui a été commis là. Bestialité, non, les animaux ont une règle de conduite. Je suis absolument incapable de trouver un terme qui convienne dans le langage des hommes. Je sais par contre qu'après 1945 on aurait dû traîner devant les tribunaux la moitié de la population allemande pour crimes de guerre. Cette ineptie, ce mensonge éhonté : personne ne savait rien. Voilà six millions de gens que l'on fait littéralement partir en fumée et personne n'a été au courant. Alors que la puanteur des fours crématoires reste accrochée à vos narines jusqu'à ce jour[51]. »

Le « terroriste international Klein » décida donc, après avoir été pendant une année lié au terrorisme, de l'abandonner et d'en faire le procès, restant ainsi fidèle aux premières motivations qui l'avaient alors entraîné dans la lutte violente : sa volonté de changer la société allemande. Aujourd'hui il critique ouvertement l'antisémitisme, flagrant selon lui, au sein des organisations terroristes internationales qui cherchent à porter atteinte aux juifs « uniquement parce qu'ils sont juifs[52] ». Il raconte également comment il est revenu de la « révolution palestinienne » et relate les meurtres fratricides perpétrés en son sein[53]. Mais il campe toujours sur ses positions anti-israéliennes, et ne change pas un iota à ce qu'il avait écrit en 1977, après avoir abandonné le terrorisme[54]. D'un autre côté Klein est fier d'avoir pu empêcher l'attentat contre les dirigeants des communautés juives de Berlin et de Francfort, évitant ainsi « quelque chose de terrible, et de ne pas être resté sans réagir quand il était question d'exécuter des juifs. Des assassinats qui auraient réveillé le souvenir traumatisant du passé allemand[55] ».

Klein était censé participer, selon lui, au détournement de l'avion d'Air France qui se posa finalement à Entebbe. Il raconte qu'à l'origine il n'avait nullement été question de détourner l'avion vers l'Ouganda ni de mettre les passagers juifs à part et que, s'il en avait eu connaissance et qu'il avait eu les moyens d'agir, il aurait tout fait pour l'empêcher[56]. Pendant cette opération, deux Allemands, membres de l'ancienne organisation de Klein, furent tués. L'un d'eux avait été à l'origine de son engagement dans les Cellules révolutionnaires. « Que des membres de la guérilla allemande se livrent à cette sélection [mettre les juifs à part], on ne peut imaginer de chose plus triste... Car Entebbe est une action fasciste. Ce n'est rien d'autre. Ce qui s'est passé à l'ancien aéroport d'Entebbe, pour moi, c'est Auschwitz. Dès que j'ai appris qu'à Entebbe ils avaient sélectionné les passagers de l'avion en plusieurs groupes, les juifs d'un côté, les autres de l'autre, j'ai immédiatement associé ça à ce qui se passait dans les gares de marchandises en partance pour Auschwitz[57]. »

Conclusion

On constate en définitive que chez les radicaux juifs, à la fin des années 60 et au début des années 70, le lien à Israël apparaissait comme extrêmement varié, allant du soutien et la sympathie jusqu'à la négation et l'opposition féroce. En de rares cas, on assista même à une lutte active, parfois sous forme d'attentats terroristes dirigés contre l'Etat d'Israël. Mais les opinions les plus répandues étaient alors, avec de légères variantes, soit anti-israéliennes, soit propalestiniennes, soit parfois même prosionistes. Certaines positions ont pu, parfois, mener à un certain antisémitisme et à la « haine de soi ».

L'extrême gauche fut beaucoup plus farouchement propalestinienne que ne purent l'être certaines personnalités de gauche comme Jean-Paul Sartre ou Pierre Mendès France qui jouissaient en son sein de la plus grande estime, ou même des personnalités comme François Mitterrand. Leur sympathie pour le combat palestinien s'accompagnait de positions fondamentalement pro-israéliennes et prosionistes, prônant un compromis entre les deux parties. Dans les années 60 et 70, l'extrême gauche fut plus extrémiste dans son soutien aux Palestiniens que ne le fut le PCF qui était incontestablement hostile à Israël, bien que soutenant et reconnaissant fondamentalement l'existence de son Etat.

L'extrémisme affiché ces années-là est à mettre au compte du jusqu'au-boutisme caractéristique de l'ensemble des positions fondamentales d'une grande partie de l'extrême gauche, encline à une vision du monde très manichéenne. Le combat palestinien était appréhendé dans ce contexte comme faisant partie de la lutte en faveur du tiers-monde et des peuples opprimés. Après le soutien apporté par l'extrême gauche au combat algérien, à Cuba, aux pays d'Amérique latine et au Vietnam, Israël était quant à lui perçu comme l'une des formes coercitives de l'impérialisme occidental.

Mais, comparativement, le soutien apporté aux Palestiniens semble avoir été relativement plus faible. Des militants d'extrême gauche avaient aidé directement et concrètement le FLN dans sa lutte contre la France, en allant jusqu'à faire passer clandestinement des armes et en cachant des combattants algériens recherchés par les autorités françaises. Ils restèrent parfois des années entières en Algérie, à Cuba, dans différents pays d'Amérique latine pour tenter d'aider la guérilla, de même qu'en Chine et au Vietnam. Dans le cas des Palestiniens, de telles manifestations étaient rares, s'il y en eut seulement.

L'« élément juif » avait peut-être tempéré le soutien actif aux Palestiniens. Ce même « élément juif », une sensibilité et une implication plus fortes encore, une certaine culpabilité envers Israël qui avait fait passer l'image du juif de victime à bourreau, tout cela avait contribué aux « intempérances exacerbées du discours » envers Israël. Dans les références utilisées alors, se trouvaient, consciemment ou non, des positions et des points de vue émaillés d'antisémitisme et révélateurs d'une certaine haine de soi.

A la fin des années 70 et au début des années 80, tout devint plus clair. Les radicaux juifs étaient devenus des juifs radicaux ou de « simples » juifs. On s'orientait clairement vers une plus grande implication juive culturelle et sociale. Les positions anti-israéliennes et propalestiniennes se faisaient plus rares, comme on pouvait également observer une relative déception quant à la tournure prise par le mouvement de libération national palestinien. La négation de principe de l'Etat d'Israël ne faisait plus recette. Les juifs radicaux commençaient à se réconcilier avec Israël, à l'accepter, à s'impliquer positivement et à s'identifier même à sa cause.

Les ex-radicaux juifs firent surtout part de leurs critiques envers la politique israélienne, particulièrement lorsque le Likoud se trouva au pouvoir. Certains, tout en épinglant cette politique, se démarquèrent et dénoncèrent le procès intenté à Israël au moment de la guerre du Liban et au début de l'Intifada. La forte médiatisation de personnalités comme Marek Halter, Bernard-Henri Lévy, Alain Finkielkraut, Bernard Kouchner, et d'autres encore, leur permit de faire entendre leur voix et d'avoir quelque influence en de pareilles circonstances. Les positions actuelles des ex-radicaux juifs ne sont pas monolithiques. On peut parler dans certains cas d'une certaine sensibilité sioniste, dans d'autres, d'une sensibilité prosioniste. Parfois aussi, il s'agit davantage d'une approche plus neutre, affirmant que la solution au problème juif ne réside pas dans une entité étatique. Même ceux qui refusaient de reconnaître l'Etat d'Israël ont aujourd'hui revu totalement leurs positions. Quoi qu'il en soit, nous sommes loin de l'époque où fusaient les slogans scandés par les juifs d'extrême gauche appelant à la destruction de l'Etat d'Israël[58].

Mais, même après les désillusions des solutions universalistes, et malgré l'amélioration des relations avec le sionisme et Israël, l'émigration vers Israël ne fut pas la solution la plus répandue. Un très faible nombre d'ex-gauchistes optèrent, semble-t-il, pour ce choix. Certains choisirent l'option nationaliste radicale en allant s'installer en Judée-Samarie et en faisant parfois un « retour » religieux. En revanche, nombreux sont ceux qui, s'en étant abstenus jusque-là, acceptent aujourd'hui de se rendre en Israël, y trouvant un intérêt et un moyen de collaboration potentielle. Cela ne les empêche pas, comme nous l'avons vu, de brocarder la politique israélienne et particulièrement le conflit israélo-arabe et les relations intercommunautaires.

CHAPITRE VII

Le procès de Leningrad (1970), le massacre de Munich (1972), l'attentat de la rue Copernic (1980)

La réaction des radicaux juifs aux manifestations antisémites

> « Sur la Commune de Paris,
> Sur la révolution d'Octobre,
> Sur la révolte du ghetto de Varsovie,
> On vous le jure, vous paierez ce nouveau crime. »
>
> Condamnation de l'URSS, dans le journal *Tout*, après le procès de Leningrad.

> « La solidarité sans réserve avec les victimes de la rue Copernic ne nous fait pas oublier un instant la solidarité sans réserve avec les victimes de Naplouse et de Ramallah. »
>
> Daniel Bensaïd et Bernard Cohen dans l'hebdomadaire *Rouge*, en 1980.

L'attentat de septembre 1972 pendant les jeux Olympiques de Munich et celui de la rue Copernic en octobre 1980 apparaissent, au vu de nombreux témoignages, comme deux événements importants dans le façonnement de la conscience juive des gauchistes nés pendant et juste après la guerre, et constituent incontestablement des référents fondamentaux dans la transformation des radicaux juifs en juifs radicaux.

On peut à juste titre se demander pourquoi les militants d'extrême gauche furent tant influencés, souvent même traumatisés par ces deux événements, bien davantage que

214

par d'autres, comme par exemple l'attentat de Lod quelques mois auparavant en juin 1972. Une explication en partie plausible, mais qu'il faut pourtant prendre en considération, est que les attentats de Munich et, quelques années plus tard, celui de la rue Copernic à Paris, s'étaient produits en un « lieu familier » et non « ailleurs » dans des lieux abstraits et éloignés qui ne suscitent qu'une attention stéréotypée et réductrice, comme ceux du Proche-Orient ou de l'Afrique de l'Est par exemple.

La proximité et la « matérialité » de ces événements sont tout à fait significatives pour comprendre le choc qu'ils provoquèrent. Il ne faut pas non plus négliger la portée symbolique historique rattachée à Munich, qui fut l'épicentre de l'activité d'Hitler jusqu'à son accession au pouvoir. Il convient également de souligner que le massacre de Munich était le second attentat en deux ans perpétré dans cette ville contre des juifs, par des terroristes palestiniens, au seul motif qu'ils étaient juifs[1]. La rue Copernic était en elle-même un « symbole ». Cet attentat constituait une première en France depuis la Seconde Guerre mondiale, avec l'assassinat de juifs français pour la seule raison qu'ils étaient juifs.

Nous analyserons dans ce chapitre la réaction des radicaux juifs au procès de Leningrad à la fin des années 70 et au début de 1971, ainsi que face à l'agression de la délégation israélienne lors des jeux Olympiques de Munich en septembre 1972 et face à l'attentat de la rue Copernic en octobre 1980. L'objectif poursuivi à travers cet examen des différents événements est de comprendre ce qui a pu conduire les radicaux juifs à plus de modération et à assumer leur identité spécifique. Le postulat avancé ici, dans le cadre de cet essai, est que des « événements à forte signification juive » ont été déterminants dans le retour au giron culturel et communautaire, même s'il fut lent, partiel et accompagné parfois de certaines réserves.

Il faut se souvenir que, lors du procès de Leningrad et de l'attentat contre les sportifs israéliens à Munich, les organisations d'extrême gauche étaient encore puissantes et influentes en France. Leur déclin commença fin 1972-début 1973. L'attaque des sportifs israéliens aux jeux Olympiques de Munich fut, comme nous le verrons par la suite, et si surprenant que cela puisse paraître, l'une des raisons de la dissolution de la Gauche prolétarienne.

Au cours des années 70, les organisations d'extrême gauche étaient donc en perte de vitesse, et leur influence diminuait. De nombreuses organisations disparurent, certaines éclatant en groupuscules de faible importance politique. Les maoïstes cessèrent effectivement d'exister, et les organisations trotskistes, touchées elles aussi par un phénomène d'usure, étaient en chute libre. Comme nous l'avons vu, de nombreux radicaux juifs étaient devenus, ces années-là, des juifs radicaux. Ainsi, nombre de ceux qui avaient protesté contre le procès de Leningrad et l'attentat de Munich en tant que radicaux juifs se trouvaient au beau milieu d'un processus de « transformation » individuelle, qui les conduisit à s'impliquer en tant que juifs radicaux ou « simples » juifs au moment de l'attentat de la rue Copernic.

L'attitude de l'extrême gauche face au procès de Leningrad (1970)

Le combat des juifs pour sortir d'URSS et émigrer en Israël dura de nombreuses années et culmina lors du procès de Leningrad en décembre 1970. Onze citoyens soviétiques, dont neuf juifs, qui avaient tenté de détourner un avion pour quitter l'URSS avaient été arrêtés et jugés. Deux juifs furent condamnés à mort ; les autres à de longues peines de prison. Les fortes vagues de protestation de la part de l'opinion publique occidentale conduisirent à une révision de la peine des deux juifs. Les prises de position des organisations d'extrême gauche en faveur des juifs d'URSS furent opiniâtres, cinglantes et sans équivoque, condamnant de la façon la plus ferme le verdict et l'attitude de l'URSS envers les juifs.

Les organisations d'extrême gauche se démarquèrent vigoureusement de l'URSS et des partis communistes européens, très puissants dans les années 50 et 60. L'émergence de ces organisations coïncidait avec les contestations qui commençaient à se faire entendre à l'encontre du bloc communiste européen. Les organisations d'extrême gauche — la Nouvelle Gauche — proposaient d'autres alternatives socialistes idéologiques : trotskiste, anarchiste et maoïste où chacun prônait sa propre voie et arguait de sa spécificité. La mise au ban de l'URSS par les organisations d'extrême gauche ne se réduisit pas à une simple lutte idéologique théorique : c'était une dénégation totale du régime totalitaire et une protestation contre l'appareil bureaucratique et répressif. Un court récapitulatif de l'origine et des causes de ce rejet et de cette hostilité permet d'avoir une meilleure appréciation des rapports entre les organisations d'extrême gauche et l'URSS.

Le 21 août 1968, au plus fort du mouvement contestataire en France et en Occident, les armées des pays du pacte de Varsovie envahissaient la Tchécoslovaquie pour étouffer la courageuse et émouvante tentative du président tchèque, Alexandre Dubcek, de bâtir une société socialiste à visage humain. Le choc et l'indignation des organisations d'extrême gauche, capables de faire la distinction entre la soi-disant corruption des régimes capitalistes occidentaux et le régime coercitif et répressif soviétique, furent extrêmes. Le 17 janvier 1969, l'étudiant tchèque Jan Palach s'immolait par le feu à l'âge de vingt et un ans pour protester contre l'invasion soviétique. Cinq cent mille Tchèques participèrent à ses obsèques, et des milliers de jeunes de sa génération pleurèrent sa disparition. Les organisations d'extrême gauche, et particulièrement les juifs, prirent, une fois encore, le relais : le 28 avril 1969, Ilia Rips, un étudiant juif du même âge, s'immolait aussi par le feu pour protester contre le traitement réservé aux juifs par les autorités soviétiques.

Le 13 novembre 1969, Alexandre Soljenitsyne était exclu de l'Union des écrivains soviétiques. La réaction internatio-

nale ne se fit pas attendre. Le 10 octobre 1970, il rempor-
tait le prix Nobel de littérature, faisant de sa contestation
des camps de travail soviétiques — le Goulag — le point
de mire politique et culturel du monde entier. La révéla-
tion de la cruauté de l'appareil totalitaire soviétique avait
ému un grand nombre de gens, et particulièrement les jeunes militants gauchistes, qui avaient pourtant eu connaissance de ces pratiques bien auparavant.

Lors des manifestations en faveur des juifs soviétiques à
Paris, dans les années 70, des organisations d'extrême gauche s'étaient jointes aux organisations et aux mouvements
de jeunesse sionistes. Toutefois, les organisations d'extrême gauche avaient adopté des positions différentes sur
le sens que revêtait le procès de Leningrad quant à la solution de la question juive, la position de principe envers le
sionisme, mais aussi envers l'Etat d'Israël. Les juifs d'URSS
se battaient pour quitter l'Union soviétique. La seule solution qui s'offrait alors à eux était d'émigrer en Israël. Les
différentes organisations d'extrême gauche s'accordaient
pour reconnaître à ces juifs le droit de quitter l'URSS. En
revanche, le fait que la destination officielle — et la seule
concrète alors — soit Israël provoquait des problèmes idéologiques au sein des différents mouvements. Leurs positions de principe envers le sionisme étaient claires : des
trotskistes aux maoïstes, ils se revendiquaient tous comme
antisionistes. La position des anarchistes, niant par principe l'Etat en tant qu'entité politique légitime, apparaissait
plus ambiguë et pas fondamentalement antisioniste. Toutefois, le réveil du nationalisme juif en URSS et le combat des
juifs pour l'émigration, montraient également que l'Etat
sioniste n'était pas, comme ils l'affirmaient, une « base
impérialiste », un « Etat raciste », un « agent américain »,
ou autres allégations du même goût, mais la destination
naturelle d'individus ayant une réelle ferveur nationale et
qui luttaient pour leur libération.

Aussi est-il important d'essayer de comprendre comment
les organisations d'extrême gauche furent confrontées à
cet écheveau de complexités qui apparut dans toute son

acuité après le procès de Leningrad qu'elles condamnèrent unanimement. Au-delà de la condamnation du procès et de la vive réprobation du régime soviétique, fut abordée la question des solutions envisagées pour les juifs soviétiques. Les interventions et articles des radicaux juifs témoignaient de la nécessité d'adopter une « position modérée », désapprouvant Israël parallèlement à leur condamnation du procès de Leningrad. Les critiques et analyses des organisations d'extrême gauche, qui plaçaient face à face de façon simpliste et dogmatique les frères ennemis — l'URSS et Israël — et les victimes — les juifs d'URSS et les Palestiniens —, apparaissaient souvent extrémistes, provocatrices, et même puériles.

Le journal *L'Humanité rouge*, organe du courant maoïste « orthodoxe », s'était prononcé en faveur de la libération nationale. A la différence des trotskistes, les maoïstes pensaient que l'élément national, et principalement le combat des peuples du tiers-monde pour la libération nationale, pouvait engendrer de façon déterminante une « situation révolutionnaire ». En dépit de ses positions propalestiniennes et violemment anti-israéliennes, le journal n'hésitait pas à condamner les juges de Leningrad, les qualifiant de « serviteurs d'un gouvernement social-fasciste ». L'auteur de l'article poursuivait avec véhémence : « Que tremblent les bourreaux espagnols de Burgos, les bourreaux russes de Leningrad, les bourreaux américains de Los Angeles, les bourreaux africains du Cameroun. La révolution mondiale triomphera. Les peuples vaincront [2]. »

Le journal incriminait l'URSS, « objet du mal », et condamnait les manifestations d'antisémitisme et de racisme envers ses citoyens juifs. En revanche, l'opinion de l'auteur sur le sionisme et Israël était sans équivoque : « Notre position sur la Palestine et l'Etat fantoche d'Israël est bien connue. [...] Nous affirmons notre soutien sans réserve aux justes droits nationaux du peuple palestinien. Nous sommes pour la disparition pure et simple de la base impérialiste et raciste que constitue l'Etat artificiel d'Israël soutenu par les fascistes américains. Cette position de principe s'est toujours démarquée du racisme et de l'antisémitisme. Elle ne diffère nullement des intentions des organisations patriotiques et révolutionnaires palestiniennes qui n'ont cessé de proclamer que leur objectif ne vise pas à exterminer les populations juives vivant en Palestine, mais exclusivement à briser l'Etat colonialiste et raciste qui, sous couvert du sionisme, opprime odieusement l'ensemble de la population palestinienne installée et née dans le pays depuis des siècles. Nous n'en sommes que plus à l'aise pour condamner le verdict de caractère fasciste prononcé à Leningrad contre deux citoyens soviétiques nés de religion juive, la peine de mort. »

Le journal de la mouvance anarcho-maoïste de la Gauche prolétarienne, *La Cause du peuple*, appela à un rassemblement en signe de protestation contre l'oppression des juifs en URSS. A cette réunion du 7 janvier 1971, participèrent des représentants du Parti socialiste unifié, le PSU, des personnalités de l'intelligentsia française avec à leur tête Jean-Paul Sartre et des sionistes de gauche (rattachés au Mapam) [3]. Il y avait plus de trois mille personnes dans la salle et à l'extérieur, convoquées à l'« appel de la gauche pour les juifs d'URSS ». La réaction du journal *La Cause du peuple* sur le procès ne parut qu'au lendemain de ce rassemblement (soit un mois après le début du procès) sous le titre : « Nazis ». On pouvait lire une citation prétendument empruntée à Mao Tsé-toung : « "En URSS, aujourd'hui, c'est une dictature fasciste, une dictature de type hitlérien." [...] Deux hommes sont condamnés à mort pour avoir voulu, pour avoir eu l'intention de faire quelque chose qu'ils n'ont pas fait. [...] Un régime qui fait de tels procès porte un nom, [...] le fascisme. » Au sujet des accusés était écrit : « Les condamnés de Leningrad sont juifs. D'autres procès, nombreux, se trament contre des juifs. On parle d'antisémitisme, d'antisionisme, les idées les moins claires sont à dessein répandues, on ne sait plus bien où on en est. Et tout le monde, en effet, a intérêt à entretenir la confusion ; les sociaux-fascistes qui feignent d'y trouver leur justification : ce ne sont pas des juifs que nous persécutons, ce sont des sionistes ; et les sionistes parce que cela leur fournit une occasion en or d'exercer leur plus perfectionné chantage sur l'esprit... »

La Cause du peuple commentait le procès de manière cynique et fielleuse : « La vieille sorcière Meir, si pleine de cœur et de sanglots qu'elle en oublie les milliers d'enfants palestiniens qu'elle a assassinés, s'écrie avec une émotion qui convainc : "Vous voyez bien qu'antisionisme et antisémitisme sont une seule et même chose." Tout le monde, en effet, a intérêt à entretenir la confusion... sauf le peuple russe... qui souffre sous les schlagues et les nagaïkas des maîtres du Kremlin. C'est de cela que vous avez peur, et c'est pour briser l'esprit de révolte que vous n'hésitez pas à utiliser, comme demain les fusils et les chars, la vieille arme abjecte des tsars pour diviser le peuple : l'antisémitisme. Antisémitisme et non pas antisionisme. Antisionistes ? Allons donc ! Nous avons suffisamment vu avec quelle vitesse ils courent à tous les compromis, toutes les tractations avec Israël, et cela parce qu'ils sont contre le peuple palestinien, comme contre le peuple russe, comme contre tous les peuples, parce qu'ils sont des fascistes [4]. »

Les trotskistes, en revanche, s'étaient démarqués de toute idéologie nationaliste. Seule la libération de la classe ouvrière et son ralliement aux prolétaires de tous les pays pouvaient mener au succès du combat pour la libération nationale. *Rouge*, le journal de la Ligue, la plus grande organisation trotskiste, accorda, de fin décembre 1970 à janvier 1971, une place importante au procès de Leningrad. En dépit de leur franche position antisioniste, les trotskistes condamnaient la propagande antisioniste des pays d'Europe de l'Est. En outre, selon *Rouge*, cette propagande était révélatrice d'un antisémitisme viscéral.

Dans le troisième numéro consacré par l'hebdomadaire au procès de Leningrad, était fait le lien entre les tendances antisionistes du régime soviétique et son antisémitisme : « C'est le procès du sionisme que le pouvoir veut organiser. En fait, c'est clairement un procès antisémite... Rien de prouvé. On juge sur des intentions... Deux peines de mort pour avoir voulu sortir d'URSS ? On peut se demander si cette volonté de fuite n'était pas amplement justifiée... Le caractère extraordinaire des peines requises pour "sionisme" est à lui seul un aveu. Il faut croire qu'il s'agit d'une menace sérieuse pour l'URSS ; cinquante ans après octobre 1917, le gouvernement n'aura de garantie que les juifs resteront en URSS qu'en les menaçant de mort.» Rien d'étonnant à ce que la Ligue ait vu dans ce procès « une arme pour les sionistes [5].»

Nathan Weinstock, spécialiste trotskiste de la « question juive », écrivait à ce sujet : « Quant au fond du problème il est simple : privés de leurs droits nationaux (les juifs soviétiques sont reconnus cependant comme une nationalité et celle-ci figure sur leurs papiers d'identité), d'organe de presse en yiddish, langue maternelle de centaines de milliers d'entre eux, frustrés de toute possibilité de vie culturelle, en butte à un antisémitisme diffus mais persistant — entretenu par les dignitaires du régime —, les juifs soviétiques sont nationalistes par désespoir. Les brimades, la frustration, l'oppression engendrent naturellement une conscience nationale aiguë. [...] Dans ces conditions, la société stalinienne en URSS s'avère un véritable bouillon de culture pour le sionisme. Et l'attitude équivoque de la politique soviétique sur la question du Moyen-Orient, inconditionnellement pro-israélienne en 1948, hystériquement anti-israélienne par la suite, le tout assaisonné d'une abondante sauce antisémite que cachait mal l'enveloppe antisioniste. Voilà qui doit nécessairement stimuler le nationalisme juif [6].»

Pour les trotskistes, les erreurs et les crimes du régime soviétique, considéré comme n'étant pas un véritable régime socialiste, étaient responsables du réveil sioniste en URSS : « La politique soviétique se fait le meilleur allié objectif du sionisme. L'oppression nationale des juifs engendre le réflexe sioniste. L'antisionisme mâtiné d'antisémitisme favorise le véritable colonialisme sioniste. Tel-Aviv attend impatiemment des colons pour les territoires occupés. [...] Le procès de Leningrad va permettre aux dirigeants de l'Etat hébreu d'effacer le résultat de plusieurs années d'un patient travail politique sur la question palestinienne fait par l'avant-garde révolutionnaire... L'attitude soviétique est criminelle : envers la cause du socialisme et envers celle des Palestiniens que le Kremlin sacrifie par ailleurs aux bienfaits de la coexistence pacifique[7]... »

Pour les trotskistes de la Ligue, il n'y a pas de solution à brève échéance à la question de l'antisémitisme, ni en URSS, ni dans le monde capitaliste, ni à celle des réfugiés palestiniens. La solution à plus longue échéance se trouve dans la révolution permanente pour la constitution d'un véritable socialisme universel. Les membres de la Ligue se démarquent de toute idéologie nationaliste et émettent les plus grandes réserves sur une solution nationale et spécifique. Bien que reconnaissant le réveil national et sioniste chez les juifs d'URSS, ils rejettent catégoriquement la solution sioniste incarnée par Israël. Mais « au moment où à travers le monde les forces sionistes se nourrissent du stalinisme (sous la forme du procès de Leningrad) il est du devoir des travailleurs révolutionnaires de renforcer leur soutien au peuple palestinien et au mouvement de résistance[8]. »

Lutte ouvrière, organisation trotskiste indépendante, plus modérée dans ses critiques envers Israël et plus virulente qu'une grande partie de la presse d'extrême gauche à l'encontre des Palestiniens, condamnait également sans ambiguïté le procès et affichait sa sympathie à l'égard des condamnés : « A cause du racisme et de l'antisémitisme, la communauté juive d'URSS, forte de trois ou quatre millions de membres, rêve de quitter le pays[9]. »

Il faut se souvenir qu'en avril 1970, huit mois avant le procès de Leningrad, le journal *Lutte ouvrière* avait publié un article intitulé « Stalinisme et antisémitisme ». Il y était question du « peuple juif » et du lien entre les juifs d'URSS, les juifs israéliens et ceux du monde entier : « Le peuple juif tout entier, en Palestine comme ailleurs, se sent particulièrement concerné par tout ce qui se passe en URSS et dans ses satellites. [...] Un grand nombre d'Israéliens sont originaires d'Europe de l'Est. Plusieurs millions de juifs résident toujours en URSS et dans les démocraties populaires. [...] Le renforcement du stalinisme entraîna le renforcement de l'antisémitisme. [...] L'antisémitisme est, dans les démocraties populaires comme en URSS, un procédé de gouvernement. [...] La politique d'oppression stalinienne aboutit logiquement à renforcer le sionisme, non seulement chez les juifs de Russie, mais chez les juifs du monde entier, pour qui le socialisme n'apparaît plus comme une solution à leur problème[10]. »

Le PSU, qui était plus radical que le Parti communiste, était plus proche par ses actes et ses idées des organisations d'extrême gauche. Il avait soutenu les Basques, au début des années 70, dans leur combat contre le régime espagnol. Il était particulièrement actif chez les militants des minorités nationales comme les Bretons, les Basques, les Catalans, les Corses et les Occitans, et reconnaissait de la même façon les droits spécifiques des juifs, contribuant ainsi à la parution du journal des radicaux juifs, *Combat pour la Diaspora*. Le PSU, dans son soutien aux minorités opprimées, s'opposait à toute forme de colonialisme, prétendant que la révolution socialiste signifiait la reconnaissance de la spécificité culturelle et linguistique de chaque peuple. Après son soutien aux peuples du tiers-monde, il reconnut, comme les maoïstes, que la souffrance des minorités opprimées constituait un fort potentiel révolutionnaire. Il soutint également les revendications d'autodétermination des différents groupes ethniques en France[11].

Le PSU avait pris une part active à la rencontre organisée à Paris en janvier 1971 en faveur des accusés du procès de Leningrad, et avait réagi dans *Tribune socialiste* : « Pour avoir dénié aux juifs soviétiques leur autonomie culturelle et religieuse, [le régime soviétique] a créé les conditions d'une opposition massive de la communauté juive. [...] Les Brejnev et compagnie se font les meilleurs agents recruteurs du sionisme dans leur propre pays. Et Golda Meir et Moshé Dayan n'ont effectivement qu'à se féliciter de cette stupidité [...] car d'ici peu, une grande partie des juifs soviétiques réclameront leur immigration vers Israël. Moscou ne peut évidemment pas y consentir sous peine de mettre en danger ses positions dans le monde arabe. Pour sortir de ce cercle vicieux, il n'y a qu'une seule voie : celle de la démocratie socialiste, celle qui assurera à chacun, juif ou non juif, le droit d'être un homme responsable, libre de ses choix et aussi solidaire de ses compagnons de travail. Il ne peut donc être question de traiter en soi, isolément des autres, le problème des juifs, mais de saisir l'antisémitisme comme l'expression d'un mal qui gangrène tout le corps social. Il faut revenir aux promesses et aux espoirs de la révolution d'octobre 1917, lorsque les juifs de Russie n'étaient pas posés devant le choix ou bien d'accepter l'oppression, ou bien de devenir les complices de l'oppression du peuple palestinien. La lutte contre l'antisémitisme n'est pas à séparer de la lutte pour le droit à l'autodétermination des nationalités opprimées [12]. »

Le journal *Politique Hebdo*, fondé en septembre 1970, se considérait comme un hebdomadaire populaire représentatif à la fois de la gauche et de l'extrême gauche. Dans un article intitulé « Un procès arbitraire et deux peines de mort », il qualifia le régime soviétique de « déboussolé » et le procès de « douteux ». Comparé aux violentes attaques contre le régime soviétique et le procès de Leningrad dans les autres organes d'extrême gauche, le ton était ici plus modéré. On pouvait même percevoir une certaine réserve à l'endroit des condamnés : « Certes, les victimes ne sont pas de nos amis. Leur cause n'est pas la nôtre : nous avons assez combattu ici en faveur de la résistance palestinienne pour que nul n'en doute... mais le procès de ces onze soviétiques, dont neuf juifs, a été un procès politique et un déni de justice [13]. » *Le Monde* publia à la même époque un manifeste dans la même veine cosigné par plusieurs journalistes et l'orientaliste Maxime Rodinson : « Notre prise de position en faveur des droits des Palestiniens ne nous rend que plus libres de témoigner pour la justice. »

Dans le journal *Tout* de l'organisation Vive La Révolution, parut une violente diatribe contre les autorités soviétiques dans l'esprit anarchiste : « Le plus beau drapeau du prolétariat, c'est l'internationalisme, c'est la lutte contre toutes les oppressions, les barrières de religion, de nationalité. Dans son drapeau, il y a la lutte contre l'antisémitisme. [...] En Pologne, depuis plusieurs années, ils en sont revenus à la bonne vieille tactique de l'antisémitisme. [...] Combien de militants [...] limogés parce qu'ils étaient juifs. [...] Combien de jeunes acculés à l'émigration. [...] Parce que leurs grands-parents étaient juifs. [...] Et tout ça, sous le couvert de la lutte contre le sionisme. [...] Savez-vous que tous les immigrants juifs polonais qui quittent leur pays ont un laissez-passer des autorités de Varsovie valable pour Israël uniquement. [...] Demandez aux Palestiniens s'ils n'appellent pas ça collusion avec le sionisme. [...] Aujourd'hui, c'est un tribunal à huis clos, à la sauvette, qui condamne, sans preuves, à mort deux juifs d'URSS et qui attend, pour accorder la grâce, de savoir ce que Franco décide du sort des Basques. Après octobre 1917, les juifs en URSS avaient liquidé toute absurde prétention nationaliste. [...] Aujourd'hui, pour trois millions et demi de gens en Russie, vous avez le visage de Hitler.

Sur la Commune de Paris,
Sur la révolution d'Octobre,
Sur la révolte du ghetto de Varsovie,
On vous le jure, vous paierez ce nouveau crime [14]. »

L'Idiot international reconnaissait aussi que l'avenir des juifs dans les pays de l'Est était condamné, que les opportunités qui avaient été offertes par la révolution d'Octobre n'avaient plus lieu d'être, mais ne proposait aucune alternative. Il accusait le sionisme de servir sa propre cause dans la résistance qu'opposaient les juifs aux autorités soviétiques. Sur le procès de Leningrad, on pouvait lire : « Quand Moscou la galeuse condamne à mort des juifs, lesquels juifs vont peut-être payer de leur vie l'amour de leur pays d'adoption, quand Israël emprisonne, torture et massacre les Palestiniens, quand la charogne Franco exige encore six cadavres avant de clamser, [...] La solution est dans la libération totale[15]. »

Les organisations d'extrême gauche et leurs militants juifs condamnaient à des degrés divers, et avec plus ou moins de virulence, les positions de l'URSS à l'égard de ses citoyens juifs. Ils voyaient dans sa relation avec les juifs l'expression du reniement de l'esprit révolutionnaire, la dégénérescence du régime et sa transformation en appareil bureaucratique révisionniste, « social-fasciste », que les maoïstes qualifiaient même de « nazi ». Une partie des organisations d'extrême gauche considérait que l'antisionisme des autorités soviétiques n'était qu'un prétexte à l'antisémitisme. prenant bien soin de souligner la différence entre leurs propres positions antisionistes et la politique notoirement antisémite de l'URSS.

La réprobation par les radicaux juifs des positions soviétiques et leur soutien aux droits des juifs de sortir d'URSS ne les avaient pas tous conduits à soutenir la solution sioniste. Ils refusaient de reconnaître en l'Etat d'Israël la solution au problème national juif. Au contraire, certains condamnaient Israël et niaient toute légitimité au sionisme avec d'autant plus de vigueur qu'ils avaient à considérer la situation particulière des juifs d'URSS. D'autres cependant reconnaissaient toute la complexité du phénomène sioniste et réalisaient qu'il ne pouvait se réduire seulement à un « outil au service de l'impérialisme américain » et qu'il était aussi un mouvement exprimant des aspirations nationales. Pourtant, même ceux qui reconnaissaient toute la complexité du problème n'apportèrent leur soutien ni au sionisme ni à Israël.

La réaction à l'attaque de la délégation israélienne aux jeux Olympiques de Munich (1972)

Le 4 septembre 1972, un groupe de terroristes membres de Septembre noir pénétrait dans le pavillon israélien du village olympique de Munich. Deux athlètes étaient éliminés pendant la prise d'assaut, par les terroristes, des logements des Israéliens. Neuf autres étaient tués au cours de la vaine tentative de sauvetage des forces de sécurité allemandes. L'assassinat des sportifs et le fait que cela se soit passé à Munich, en Allemagne, avaient provoqué un profond émoi. Cet attentat révélait aux radicaux juifs les dangers du terrorisme et la tragédie qu'il avait engendrée, bafouant les principes de l'internationalisme dont ils s'étaient fait les porte-drapeau, et les confrontait à leur identité dont certains jusque-là n'avaient pas eu conscience.

L'émotion ne se manifesta pas d'un seul coup, mais progressivement. Au début, les radicaux juifs exprimèrent la nécessité d'une « réaction mesurée » qui, à côté de leur réprobation d'Israël, s'accompagna d'une vive condamnation de l'assassinat des sportifs. Leurs premières réactions donnaient déjà toute l'ampleur de l'émotion et du traumatisme. Il n'est pas impossible que ces premières réactions « modérées », qui stigmatisaient encore et toujours Israël, aient rétrospectivement provoqué un choc supplémentaire, lorsqu'ils reconnurent que l'assassinat des sportifs n'était en aucune façon justifiable ; c'est-à-dire qu'on ne pouvait avancer d'arguments révolutionnaires légitimes, et que peu importait l'ampleur de l'oppression que l'attentat avait prétendu dénoncer.

L'organisation maoïste, la Gauche prolétarienne, fut profondément bouleversée par l'attaque de Munich et réagit par un communiqué publié par sa « branche armée », la Nouvelle Résistance populaire. Ce communiqué ne rendait toutefois pas compte de l'ampleur du drame qu'avait déclenché cet événement au sein de la Gauche prolétarienne. Derrière la « critique amicale » adressée aux responsables, couvait la crise dont nous allons parler plus tard. La déclaration de la NRP fut publiée dans *La Cause du peuple, J'accuse*, organe de la Gauche prolétarienne[16] :

La Nouvelle Résistance populaire s'élève contre la campagne raciste déclenchée en France à la suite de l'action de Septembre noir à Munich. Certains journaux comme *L'Aurore*[17], qui mettent pourtant en avant les idées olympiques de fraternité des peuples et de compétition pacifique, ont pu écrire sans honte que Munich marquait la coupure entre l'Occident « civilisé » et l'Orient « cruel, fanatique et buté ». Ces gens sont au-delà de la honte ; ils ne s'émeuvent pas un instant des massacres de populations civiles au Liban, des centaines de morts que viennent de faire les bombardements israéliens ; pas plus d'ailleurs qu'ils ne s'émeuvent des autres massacres perpétrés partout dans le monde au nom de l'« Occident civilisé », à commencer par l'écrasement systématique des populations d'Indochine.

La Nouvelle Résistance populaire condamne également l'attitude des faux amis du peuple palestinien, de ceux qui ne versent aujourd'hui une larme de crocodile sur la souffrance des camps que pour mieux pouvoir entonner la rengaine : « Un crime abominable qui déshonore la cause qu'il prétend servir », « un acte de désespoir qui fait enrager les amis des Palestiniens », etc. Ceux qui ne se préoccupent jamais de soutenir la lutte des Palestiniens n'ont aucun droit à leur donner aujourd'hui des conseils.

Nous autres, NRP, comme tous les maoïstes, nous avons toujours soutenu et nous continuerons à soutenir la juste lutte du peuple palestinien pour recouvrer sa terre. D'autre part, notre propre expérience, même si elle est moins importante, présente quelques points communs avec celle des guérilleros de Septembre noir ; nous connaissons un petit peu, pour les avoir affrontés, les problèmes politiques que pose ce qu'on appelle communément les « enlèvements », et que nous appelons nous : arrestations de responsables fascistes. Nous pensons donc pouvoir donner, fraternellement, notre avis aux combattants palestiniens.

Nous pensons, en premier lieu, qu'ils ont eu raison de choisir Munich pour faire éclater, aux yeux du monde, leur existence. C'est de bonne guerre, celle du peuple : lorsque des moyens fantastiques d'information sont réunis par les puissants de ce monde, il est parfaitement juste que les plus déshérités, ceux qui n'ont même pas droit à la parole, les détournent à force d'audace pour faire connaître leur droit de vivre. Que cela ruine les beaux rêves du gouvernement allemand, cela ne gêne pas beaucoup les Palestiniens, et on les approuve.

Nous pensons, plus généralement, que les Palestiniens ont le droit — eux qu'on a privés par la force de leur patrie — d'utiliser tous les pays pour se faire entendre et respecter. Ni Nixon, ni Brandt, ni Brejnev, ni Pompidou n'ont le droit de s'en indigner, eux qui acceptent ou appuient l'injustice permanente qui maintient comme des proscrits les Arabes de Palestine hors du pays où ils sont nés.

Nous comprenons enfin le sentiment profond des masses arabes qui saluent dans le courage des résistants palestiniens une revanche contre l'occupation israélienne, une revanche aussi contre l'oppression raciste dont elles sont victimes dans les pays d'Europe, en France notamment.

Mais nous portons une critique à l'action de Munich.

Nous pensons en effet que le principe fondamental de n'importe quelle forme de guérilla est de ne s'attaquer qu'aux ennemis directs du peuple. Or, tous les gens vivant en Israël sont-ils les ennemis directs des Palestiniens ? Nous pensons que cette thèse n'est pas soutenable. Israël est un pouvoir d'occupation, qui s'est imposé par la force brutale, qui a chassé au mépris de la justice les Arabes palestiniens de leur terre. Mais tous les gens qui vivent en Israël ne sont pas Moshé Dayan ; tous les gens qui vivent en Israël ne sont pas des partisans actifs, conscients de la spoliation et de la misère du peuple palestinien ; *on doit faire une différence entre un Israélien quelconque et l'armée, ou la police, ou l'administration d'occupation d'Israël.*

La délégation israélienne aux JO représentait l'État fasciste d'Israël, elle portait le drapeau des occupants de la Palestine : il était donc normal qu'elle soit ressentie comme une insulte par les masses arabes ; cependant, nous ne pensons pas que les Israéliens qui sont morts à Munich aient été des ennemis directs du peuple palestinien, des gens qui aient participé activement, consciemment, à l'oppression des Arabes en Palestine. Le groupe de Septembre noir ne l'a pas montré aux yeux de tous.

A notre avis, les résistants palestiniens doivent s'attacher à frapper les ennemis directs, indubitables de leur peuple : c'est pourquoi nous n'avons pas approuvé la fusillade de Lod, où sont morts des touristes portoricains. Par contre, nous avons salué comme une grande victoire l'exécution par Septembre noir de Wasfi-Tall, le boucher d'Amman, et nous comprenons aussi que la Résistance s'attaque aux grandes compagnies pétrolières, comme à Trieste.

Nous pensons en outre que les camarades palestiniens doivent tenir compte profondément du fait suivant : Israël est le seul Etat impérialiste au monde qui s'appuie sur un profond mouvement idéologique. D'où Israël tire-t-il sa force, son prestige aux yeux d'une très grande partie de l'opinion populaire dans le monde ? Du fait que six millions de juifs ont été massacrés par la barbarie nazie et qu'Israël se présente indûment comme un refuge pour les juifs, la garantie qu'ils ne seront plus exterminés. L'antisémitisme, comme le racisme antiarabe aujourd'hui, est le produit abject des classes dirigeantes occidentales, et tous les grands mouvements populaires en Europe ont toujours lutté contre lui. Aujourd'hui encore, la lutte contre les persécutions antisémites en Russie fait partie de la lutte contre le social-fascisme des nouveaux tsars de Moscou. La lutte contre l'antisémitisme, voilà la puissante opinion populaire qu'Israël détourne à son profit.

Les Palestiniens ne sont pas responsables des crimes des classes dirigeantes occidentales.

Mais à chaque fois qu'ils ont montré qu'ils faisaient des différences entre les juifs habitant en Israël, à chaque fois qu'ils ont clairement prouvé qu'antisionisme et antisémitisme n'avaient rien à voir, la cause palestinienne a fait des progrès considérables dans l'opinion populaire française ; lorsque les Palestiniens ont combattu les âneries antisémites de pseudo-dirigeants comme Choukeiri, ou des régimes réactionnaires arabes, et popularisent l'idée d'une république palestinienne laïque, où cohabiteraient les Arabes et les juifs qui n'ont pas collaboré à leur oppression, ils ont réussi à retourner presque entièrement l'opinion populaire en France ; cela, nous pouvons en parler en connaissance de cause, nous l'avons vu et éprouvé directement.

Les camarades palestiniens peuvent-ils négliger l'opinion populaire dans le monde ? Nous ne le pensons pas ; aucune lutte pour la libération ou pour la liberté ne peut négliger le soutien des peuples du monde ; et peut-être la lutte pour la libération de la Palestine moins que toute autre : car on sait bien à quel point Israël dépend de l'aide idéologique, politique, économique, militaire, de pays étrangers.

Nous autres, en France, n'avons pas à nous mettre à la place des Palestiniens. Mais nous connaissons un peu l'opinion populaire en France. C'est pourquoi, lorsque les autorités allemandes ont proposé l'échange des otages israéliens contre des otages allemands, nous n'avons pas pu nous empêcher de penser ceci : des hauts dignitaires nazis occupent les plus hauts postes de l'administration, de l'industrie, de la banque, en RFA, la police de Munich qui porte en fin de compte la responsabilité directe de la fusillade est truffée d'anciens nazis. Que se serait-il passé alors si Septembre noir avait proposé l'échange avec quelques dizaines de ces nazis ? A coup sûr en tout cas, les feddayin seraient apparus clairement, aux yeux du peuple français, pour ce qu'ils sont : des combattants de la liberté.

Hommage à tous les martyrs de la Résistance palestinienne !
Salut à tous nos frères de Palestine !

Après l'attentat de Lod en juin 1972, *La Cause du peuple, J'accuse* avait fait paraître en ces termes une critique réservée et prudente à l'encontre des poseurs de bombe, intitulée « La Résistance palestinienne à l'épreuve » : « Une certaine image de la Résistance palestinienne est en train de changer depuis quelques mois. [...] Les actions des feddayin en Palestine occupée apparaissent de moins en moins, alors que les actions à caractère spectaculaire, telles que les détournements d'avions, occupent de plus en plus le devant de la scène... Les gouvernements arabes se sont chacun efforcés d'affaiblir la capacité de la Résistance palestinienne. [...] Les conditions actuelles d'encerclement de la Résistance palestinienne font que les sentiments de dignité et de défi à l'occupant ne trouvent pas d'expression directe. Il est alors possible de s'appuyer sur cette profonde volonté de résistance pour rechercher l'approbation d'opérations spectaculaires, comme le détournement d'avions de la Sabena ou les fusillades de représailles de Lod. »

La question posée aux révolutionnaires palestiniens comme à tous les révolutionnaires dans le monde était : quelle finalité donnaient-ils à leurs actions ? L'auteur de l'article répondait : « Ce type d'actions ne permet pas aux masses palestiniennes de reprendre l'initiative sur le terrain. [...] Par ailleurs, à l'échelle internationale, ce type d'actions jette la confusion parmi les amis du peuple palestinien et permet à la propagande sioniste de sévir à nouveau dans des secteurs de l'opinion démocratique qui lui avaient échappé depuis quatre ans. [...] C'est le sionisme qui voit ses capacités d'initiative renforcées pour la première fois depuis le rejet de Choukeiri par les masses palestiniennes. [...] Ceux qui ont réduit des millions de familles palestiniennes à la misère et à l'humiliation des camps que n'épargnent pas même les bombardements n'ont pas le droit à la parole pour déplorer des victimes civiles. [...] C'est un des honneurs de la guerre du peuple et c'est aussi une des raisons de son invincibilité de toujours choisir des cibles qui frappent les forces militaires de l'ennemi et elles seules[18]. »

Nous avons déjà mentionné que la déclaration de la NRP ne donnait pas toute la mesure de l'émotion qui avait étreint une grande partie des membres de la Gauche prolétarienne. Elle dissimulait le drame qui se tramait en son sein. La « critique sociale » de l'opération palestinienne était accompagnée, comme nous l'avons vu, d'une critique acerbe à l'encontre d'Israël. Afin de « tempérer » les griefs à l'égard des Palestiniens, les attaques dirigées contre Israël dans les différents numéros étaient encore plus féroces qu'avant l'attentat de Munich. Les photos jointes aux articles étaient particulièrement violentes, montrant tortures, prisonniers et bombardements. Une claire référence était faite au passé le plus proche — c'était l'un des aspects les plus intéressants de ce contexte —, celui de la Seconde Guerre mondiale et de la Shoah.

Les comparaisons avec la Shoah revenaient explicitement dans d'autres articles de *La Cause du peuple, J'accuse*. Le journal titrait : « Palestine : ici chacun sait ce qu'il veut, ce qu'il fait quand il passe (extrait du Chant des partisans, 1943)[19] ». Ou encore : « Hier les juifs, aujourd'hui les Arabes ». On pouvait lire : « 1942, des milliers de juifs parisiens parqués au Vel d'Hiv' par les gardes mobiles du gouvernement de Vichy attendent le départ vers les camps de la mort. En 1961 et en 1972, le racisme en France touche davantage les Arabes. » L'article était étayé de nombreux exemples. Mais là aussi revenait (comme une obsession lancinante) la référence à Israël de façon particulièrement significative : « Les racistes de 1972 n'ont rien à envier aux nazis, d'ailleurs on a vu Xavier Vallat, ancien commissaire aux Affaires juives de Vichy, en tête des démonstrations sionistes pendant la guerre des Six Jours [20]. »

Le journal titrait encore de façon plus véhémente : « Des camps de concentration sionistes dans le désert ». L'article traitait ici des camps de prisonniers installés dans le Sinaï dans les années 1970-1971 (par le commandant de la région sud, le général Ariel Sharon pour « réprimer » la révolte qui sourdait dans la bande de Gaza). « Des camps d'internement de civils dans le cadre de la répression et du déplacement de populations visant à liquider la résistance dans la bande de Gaza. [...] Des milliers de personnes ont été déportées dans ces camps sous prétexte que des membres de leurs familles ont adhéré à la Résistance. Ces camps sont en général situés à proximité des camps militaires sionistes, sinon rattachés à eux. Les prisonniers vivent sous des tentes, entourées de barbelés. Chaque famille dispose d'une seule tente, parfois plusieurs familles s'entassent dans une seule grande tente. Il leur est interdit de se munir de tout objet ou habit supplémentaire lors de leur "évacuation" qui a lieu la nuit et se déroule de manière brutale. Les camps sont sous la surveillance de l'armée et personne n'est autorisé à en sortir ou à s'en approcher. Les détenus sont totalement isolés du reste du monde. Postes de radio, journaux, livres ne sont pas admis [21]. »

D'anciens militants de la Gauche prolétarienne m'ont dit qu'en lisant, quelques années plus tard, certaines publications de leur mouvement, ils avaient été surpris de constater que la terminologie utilisée pour les Palestiniens était empruntée à celle rattachée aux nazis et aux camps de concentration. Il est difficile de savoir s'ils étaient surpris de n'en avoir pas pris conscience ou parce qu'ils avaient refoulé ces associations pendant leur période de militantisme. Les images et associations étaient pourtant flagrantes. Se trouvent ici incontestablement une complexité et une charge symbolique que nous ne pouvons que relever, sans toutefois pouvoir les expliquer ou les analyser avec certitude. C'est un sujet douloureux et complexe. Certains parmi ces militants étaient des enfants de rescapés de la Shoah, d'autres en avaient fait directement l'expérience en tant qu'enfants. Ils faisaient eux-mêmes une distinction entre antisémitisme et antisionisme, s'appliquant à souligner qu'ils étaient bien antisionistes et non antisémites. Il se peut qu'il y ait eu dans leur attitude une certaine forme d'autoflagellation.

Le différend entre Sartre et la Gauche prolétarienne

Sartre, proche sympathisant de l'extrême gauche, fut particulièrement lié à la Gauche prolétarienne. Il prit même officiellement la direction de son journal pour en empêcher l'interdiction[22]. Les photos qui le représentent aux côtés de Simone de Beauvoir vendant le journal interdit dans les rues du Quartier latin devinrent l'un des symboles de cette époque haute en couleur. Sartre se joignit également à la Gauche prolétarienne lors d'actions de protestation.

Il n'est pas question ici d'aborder les relations de Sartre avec l'extrême gauche en général, ni même avec la Gauche prolétarienne en particulier. Il s'avère cependant, d'après un certain nombre de témoignages d'anciens gauchistes, que les relations de Sartre avec les membres de la Gauche prolétarienne furent toujours d'égal à égal et non des relations de maître à élève. Il y eut certes entre eux quelques divergences sur des questions essentielles — et particulièrement sur le lien à Israël. Sartre reconnaissait et acceptait l'existence de l'Etat d'Israël, s'y étant même rendu. Avec Simone de Beauvoir, il fut beaucoup plus partisan et sympathisant d'Israël que ne le furent les organisations d'extrême gauche.

Sartre qui avait refusé systématiquement tout prix littéraire, dont le prix Nobel, accepta exceptionnellement d'être nommé docteur honoris causa de l'Université hébraïque de Jérusalem. Dans son allocution à l'ambassade d'Israël à Paris le 7 novembre 1976, il expliqua avoir accepté cette distinction « pour dire encore une fois qu'il était sensibilisé aux problèmes du peuple juif et qu'il était un ami d'Israël ». Il poursuivait : « Non seulement mon amitié pour Israël n'implique pas que je suis moins pro-arabe, elle signifie au contraire que plus je suis pro-israélien, plus je suis propalestinien » ; ainsi se prononça-il en faveur de l'établissement d'un Etat palestinien à côté de celui d'Israël[23].

Un mois après la publication de la NRP (citée antérieurement) soutenue par la Gauche prolétarienne, Sartre réagit le 15 novembre 1972[24]. Il faut replacer ses propos dans leur contexte : l'article reproduit ci-dessous fut écrit en réaction à la déclaration de la NRP et n'est pas tout à fait révélateur de ses positions de principe vis-à-vis du terrorisme.

Ceux qui, tout en affirmant qu'Israël est un Etat souverain, considèrent que les Palestiniens ont droit au même titre à la souveraineté et que la question palestinienne est fondamentale sont contraints de reconnaître que la politique de l'establishment israélien est littéralement folle et nie délibérément toute possibilité de solution concernant ce problème. Il est donc politiquement juste de dire qu'entre Israël et les Palestiniens existe un état de guerre. Dans cette guerre, la seule arme dont disposent les Palestiniens est le terrorisme. C'est une arme terrible, mais les opprimés pauvres n'en ont pas d'autres et les Français qui ont approuvé le terrorisme du FLN quand il s'exerçait contre des Français ne sauraient qu'approuver à son tour l'action terroriste des Palestiniens. Ce peuple abandonné, trahi, exilé, ne peut montrer son courage et la force de sa haine qu'en organisant des attentats mortels. Il y aurait certes à envisager ceux-ci politiquement, c'est-à-dire à estimer les effets voulus et ceux qui ont été réellement obtenus. Il faudrait aussi régler la question fort ambiguë des relations réelles qu'entretiennent les gouvernements arabes, dont aucun n'est socialiste ou socialisant, avec les feddayin, ce qui peut conduire à se demander si les premiers ennemis des Palestiniens ne sont pas ces dictatures féodales dont certaines les ont soutenus en parole tout en tâchant de les massacrer et si le premier effort du peuple palestinien, que sa guerre voue nécessairement au socialisme, ne doit pas porter — au côté des peuples du Moyen-Orient — contre certains Etats arabes qui les oppriment. Ces problèmes ne peuvent être traités dans un article.

Ce qu'il faut dire ici, c'est que, pour tous ceux qui sont d'accord avec les attentats terroristes auxquels l'establishment israélien et les dictatures arabes ont réduit les Palestiniens, il semble parfaitement scandaleux que l'attentat de Munich soit jugé par la presse française et une partie de l'opinion comme un scandale intolérable alors qu'on a lu bien souvent dans les journaux le compte rendu sec et sans commentaires d'un attentat à Tel-Aviv qui avait coûté plusieurs vies humaines. Le principe du terrorisme est qu'il faut tuer. Et même si l'on s'y résigne, il demeure, comme Albert Memmi l'a dit, qui était d'accord avec le combat des Algériens, insoutenable de voir, après une explosion, des corps mutilés, la tête d'un enfant séparée du corps. Mais si l'on a pu l'admettre, alors il faut reconnaître en effet que l'attentat de Munich a été parfaitement réussi. Il a eu lieu au cours de compétitions internationales qui réunissaient des centaines de journalistes de tous les pays : il a donc, à cause de cela, revêtu une importance mondiale et, du coup, posé la question palestinienne devant les peuples, plus tragiquement qu'elle ne l'est jamais à l'ONU où les Palestiniens ne sont pas représentés. Il ne s'agissait nullement de massacrer les otages sur place mais de les emmener en un pays arabe où l'on aurait négocié leurs vies contre la mise en liberté de prisonniers palestiniens en Israël. De la même manière, bien qu'en désaccord sur tout autre point avec le gouvernement israélien, on peut à la rigueur comprendre que celui-ci, étant en état de guerre avec les Palestiniens, se soit refusé à toute concession : de quelque façon qu'on juge son intransigeance, elle était en tout cas étalée, elle aussi, devant l'opinion internationale.

Il n'y a donc eu de coupable devant tous que la police munichoise, d'autant que l'on sait, à présent, que les Palestiniens

237

n'ont pas fait sauter l'appareil qui devait les emmener mais que tous, feddayin et otages, ont été tués par les balles de la police. Qu'il y ait eu, à l'origine de cette tuerie, des désaccords entre Munich et Bonn ne peut excuser les flics. Bien au contraire.

Ainsi l'attentat des jeux Olympiques a dévoilé historiquement à tous le désespoir des combattants palestiniens et l'horrible courage que ce désespoir leur donne. Il ne fait pas avancer tactiquement leur cause mais il la montre et prouve mieux que les discours de l'ONU qu'il faut résoudre à présent, tout de suite, le problème de la Palestine et que ce problème est devenu le problème de tous. L'indignation si violente que tous les nobles cœurs de la presse ont fait paraître ne concernait ni les Palestiniens ni les Israéliens ; qu'on tue les Israéliens chez eux, voilà ce que pensaient ces bons apôtres, mais qu'on ne vienne pas déranger la noble ordonnance classique des jeux Olympiques, cérémonie sacrée qui vient de Grèce antique. Cette réaction était prévisible et fera bientôt place à une vue plus réaliste. Il n'en est pas moins permis de la trouver ignoble.

Il faut bien voir qu'en plus de la reconnaissance d'Israël appuyée dans la première phrase Sartre incriminait l'« establishment israélien » et non la société israélienne et encore moins l'Etat d'Israël. Le ton de la phrase sur la politique de l'establishment israélien, « littéralement folle et [niant] délibérément toute possibilité de solution concernant le problème palestinien », était relativement plus modéré en comparaison des formules à l'emporte-pièce comme l'« Etat d'Israël fasciste » que l'on pouvait lire dans la déclaration des maoïstes. Sartre s'en prenait violemment aux « dictatures féodales » des pays arabes, ce que les maoïstes — contrairement aux trotskistes ou aux anarchistes — s'abstenaient en général de faire. Il évoquait la question de principe du terrorisme et posait deux questions révélant toute la logique de son approche : pourquoi ne condamnait-on pas les actes terroristes de Tel-Aviv à la différence de ceux perpétrés en Europe ? Ceux qui avaient soutenu la lutte armée du FLN comme Sartre et les membres de la Gauche prolétarienne devaient expliquer pourquoi le terrorisme du FLN était plus légitime que le terrorisme palestinien. Sartre, même s'il n'adhérait pas totalement à l'attentat de Munich, « commentait » longuement le désespoir des Palestiniens[25].

Il n'est pas impossible que ce qui avait provoqué un regain d'émotion, au moins parmi certains radicaux juifs, était une certaine inclination, comme chez Sartre lui-même, à tenir des propos tendancieux afin de minimiser l'assassinat des sportifs israéliens. Plus grave encore fut la tentative de rejeter la faute de cette tragédie sur les forces de sécurité munichoises, après qu'il eut été établi avec certitude que deux des sportifs qui n'étaient ni armés ni ne menaçaient les terroristes avaient été éliminés sommairement dès le début de l'agression. Ces fausses allégations écornaient sérieusement la crédibilité de certains membres d'extrême gauche lorsqu'ils affirmaient comme Sartre : « Il ne s'agissait nullement de massacrer les otages sur place mais de les emmener en un pays arabe où l'on aurait négocié leurs vies contre la mise en liberté de prisonniers palestiniens en Israël. [...] Il n'y a donc eu de coupable devant tous que la police munichoise, d'autant que l'on sait, à présent, que les Palestiniens n'ont pas fait sauter l'appareil qui devait les emmener mais que tous, feddayin et otages, ont été tués par les balles de la police. » C'était une contre-vérité flagrante.

L'attentat terroriste de Munich fut l'une des principales raisons — certains même ont dit qu'elle fut décisive — de l'autodissolution de la Gauche prolétarienne. Cette organisation, faut-il le rappeler, fut tentée, plus que toute autre en France, de soutenir les opérations violentes et les actes terroristes. Pendant la séance de son comité exécutif qui s'était tenue après l'attentat de Munich, Benny Lévy, le leader du mouvement, s'était totalement démarqué de l'opération palestinienne. Les revendications du peuple palestinien étaient à son avis tout à fait justes, mais il déniait toute légitimité à cet attentat avec les arguments suivants : l'antinazisme était bien la pierre angulaire des mythes fondateurs de la Gauche prolétarienne, on ne pouvait ainsi tolérer que des juifs soient liquidés sur le sol allemand. Munich 1972 aurait dû effacer Berlin 1936, mais c'est exactement le contraire qui s'était produit. Benny Lévy se démarquait totalement de la notion de responsabilité collective. Quel crime était imputable à un jeune athlète israélien ? De porter l'uniforme ? D'être juif[26] ?

Lors du comité exécutif de la Gauche prolétarienne, tous les participants s'accordèrent à reconnaître que l'attentat de Munich était indéfendable et décidèrent de publier un communiqué signé par sa branche militaire, la NRP. L'attentat de Munich montrait aux membres de la Gauche prolétarienne jusqu'où pouvait dégénérer une action politique, même juste. L'ampleur de la crise au sein du mouvement peut être appréciée à sa juste valeur si l'on se souvient qu'il avait beaucoup milité en faveur de la population arabe en France, et en particulier des Palestiniens. Il avait, entre autres, fondé le Comité Palestine et, comme nous l'avons vu, Alain Geismar et la femme de Benny Lévy n'avaient pas hésité à se rendre dans des camps palestiniens en Jordanie.

La réaction des organisations trotskistes

Au sein des organisations trotskistes, les réactions divergeaient quant à l'attentat de Munich : soutien ou indignation. Le journal *Lutte ouvrière* fustigea Septembre noir. S'étant précédemment démarqué du terrorisme, il condamna sans ambiguïté l'attentat, traitant les membres du commando de « terroristes égarés » qui avaient réalisé un acte « imbécile », « dément », « exécrable ».

Un certain nombre d'articles publiés dans *Rouge*, organe de la Ligue trotskiste, soulignaient l'hypocrisie dans laquelle se drapait la bourgeoisie en protégeant les actions des Palestiniens. La Ligue avait auparavant stigmatisé la tenue des jeux Olympiques en Allemagne comme un acte caractéristique des gouvernements bourgeois, faisant le rapprochement avec les jeux Olympiques de Berlin de 1936. « Le mythe de la trêve, de la paix, de la fraternité olympiques dans un monde qui transpire par tous ses pores la violence impérialiste n'est qu'une illusion sinistre entretenue par une mafia d'affairistes et d'idéologues véreux. [...] Le mythe des jeux Olympiques, îlot de la paix impérialiste, s'est effondré le mardi 5 septembre à minuit sous les balles de la police allemande[27]. »

Dans un autre article à ce propos publié dans *Rouge*, on pouvait lire : « Dans la destruction de l'ordre bourgeois et le renversement de la domination bourgeoise, le terrorisme n'est pas l'arme suprême, mais un moyen que les révolutionnaires peuvent utiliser parmi d'autres[28]. » Selon l'auteur, les récents bombardements israéliens contre les réfugiés palestiniens et les populations civiles de Syrie ou du Liban relevaient du même principe totalitaire de « responsabilité collective », déjà brillamment utilisé par l'armée française en Algérie. Il faisait bien référence aux Français en Algérie et non aux Allemands pendant la Seconde Guerre mondiale, comme cela se faisait parfois, peut-être pour ne pas réveiller d'associations trop douloureuses. Mais la comparaison utilisée était tout à fait sincère et significative.

On pouvait lire encore : « La violence est du côté de l'impérialisme ; il l'impose aux classes opprimées, et ne leur laisse qu'un recours : la violence révolutionnaire. "L'histoire n'a trouvé jusqu'ici, écrivait Léon Troski, d'autres moyens de faire avancer l'humanité qu'en opposant chaque fois la violence des classes condamnées à la violence révolutionnaire de la classe progressiste." » L'auteur de l'article pourfendait Raymond Aron qui, « du haut de sa chaire d'intellectuel bourgeois », écrivait dans *Le Figaro*, que « le terrorisme est le recours des faibles ». « Oui, parfaitement, des faibles ! De ceux qui n'ont pas le pouvoir, de ceux qui subissent quotidiennement la répression de la classe que vous défendez, monsieur Aron ! » Aucun révolutionnaire ne pouvait se désolidariser de Septembre noir : « Nous devons défendre inconditionnellement face à la répression les militants de cette organisation. [...] L'action de Septembre noir, opération militaire réalisée au nom d'un peuple dépouillé de ses biens et de sa propre terre, n'est pas comparable à celle, perpétrée par trois Japonais au nom du FPLP, à l'aéroport de Lod en Israël, il y a quelques mois. Elle ne relève pas d'une même violence aveugle [29]. »

Tous les articles de *Rouge* ne soutenaient pas inconditionnellement Septembre noir. Dans un autre article du même numéro intitulé « Pourquoi Septembre noir ? », il était procédé à une analyse et à une critique du mouvement de résistance palestinien : « La Résistance palestinienne n'a non seulement pas tissé des liens privilégiés avec les avant-gardes naissantes dans les pays arabes et en Israël, mais aussi s'est rapprochée des Etats arabes. Par souci tactique, dit-on. Par opportunisme en fait, qui conduit à la situation actuelle. [...] Le type d'actions d'éclat que réalise Septembre noir est une fuite en avant qui a, certes, des bases de sympathie tout à fait réelles au sein de la population palestinienne. Il représente une solution de rechange immédiate, une réponse spontanée à la volonté de lutte des Palestiniens. Mais toute l'activité de Septembre noir ne procède pas d'une stratégie cohérente. Elle ne correspond pas à une ligne politique globale. C'est pour cela que nous la critiquons. Ce sont des actions isolées sans lendemains et souvent non éducatives. [...] Le terrorisme de Septembre noir représente une échappatoire, une réponse immédiate à la crise de la Résistance. C'est la face la plus apparente du mouvement palestinien après septembre 70. Mais ce n'est pas la seule. Depuis deux ans, de nombreux militants tirent des bilans. Bilans de faillites de *toutes* les organisations de la Résistance. [...] Cet affaiblissement organisationnel et militaire se double d'une faillite politique, y compris des organisations qui représentaient la gauche de la résistance, le FPLP et le FPDLP. [...] Elle se traduit par un opportunisme effarant vis-à-vis des régimes arabes et un suivisme de fait par rapport au Fath [30]. »

Michel Lenoir dans *Rouge* faisait également la critique de

Septembre noir : « Il ne nous appartient pas de nous faire les avocats du groupe Septembre noir. Soyons sûrs que cette action a soulevé l'enthousiasme des milliers de déshérités palestiniens ; ceux-là à juste titre comprennent cette action, c'est un acte de guerre contre le sionisme et l'impérialisme. [...] Tout en reconnaissant le courage et le sacrifice de ces militants, il n'en demeure pas moins que les initiatives de ce genre ne contribuent nullement à relancer et réorganiser la Résistance palestinienne détruite dans sa masse par la contre-révolution arabe qui a tiré avantage des erreurs politiques de la direction du mouvement de libération palestinien. L'action de Munich est l'expression de la paralysie présente du mouvement palestinien. Le groupe Septembre noir ne comprend pas que les dirigeants israéliens en aucun cas de figure, que ce soit à Munich ou à Lod, ne se départiront de leur attitude de fermeté : quelle que soit en effet l'issue de ces coups de main, que les otages israéliens soient exécutés comme à Munich ou libérés comme lors de la prise de l'appareil de la Sabena, la clique régnante en Israël joue gagnant, car c'est chaque fois la démonstration du petit peuple martyr assailli par les projets les plus criminels qu'elle est en mesure de refaire avec succès aux yeux des masses israéliennes. »

Il s'en prenait aussi à l'hypocrisie de la presse : « Dans la presse pourrie, le cadavre israélien se vend bien », ainsi qu'à celle des organisateurs des jeux : « et les jeux continuent, écrivait-il, le cirque reprend ses droits comme si de rien n'était, avec ses rites paramilitaires et ses débordements de chauvinisme grotesques... L'énorme machine des jeux Olympiques est beaucoup trop imposante pour qu'on la laisse enrayer par les cadavres de quelques athlètes israéliens ».

Un ancien militant de la Ligue, Patrick Rotman, revient sur son émotion lors des événements de Munich : « J'étais contre la violence. Cela peut paraître paradoxal de la part d'un membre d'une organisation qui avait soutenu la violence révolutionnaire des masses. Les détournements d'avion me paraissaient des actes idiots et imbéciles desservant la cause palestinienne, et humainement inadmissibles. Les positions que défendait la Ligue, de laquelle j'étais encore militant, étaient ambiguës : elle ne condamnait ni ne soutenait clairement les opérations palestiniennes. Cette attitude me choquait et j'y étais totalement opposé. »

L'impact de l'attentat de la rue Copernic sur l'extrême gauche (1980)

Le vendredi 3 octobre 1980, la veille de la fête de Simhat Torah*, éclatait une violente charge explosive à l'entrée de la synagogue libérale de la rue Copernic dans le XVIe arrondissement à Paris. Quatre personnes étaient tuées sur le coup, dont une Israélienne, et dix autres étaient blessées. L'impact de l'explosion avait aussi provoqué de très sérieux dégâts autour de la synagogue. Les conséquences auraient pu être plus dramatiques encore si la prière s'était achevée à temps — elle avait été prolongée par l'adjonction des prières du Shabbat à celles dites en l'honneur de la fête.

L'attentat de la rue Copernic ébranla violemment la communauté juive française, mais rencontra également un fort écho émotionnel à travers les médias et l'opinion publique française. D'immenses manifestations furent organisées condamnant l'attentat, les plus grandes qu'ait connues la France depuis Mai 68, à Paris comme en province[31]. La gauche accusa le gouvernement de n'avoir pas su s'attaquer aux signes avant-coureurs incontestables : les attaques répétées contre des institutions juives et israéliennes. Le gouvernement fut également mis en cause pour n'avoir pas saisi la gravité de l'événement — Giscard ne s'était pas rendu sur les lieux de l'attentat. Des ministres

---

* « Joie de la Torah », fête célébrée le 23 Tichri du calendrier hébraïque, qui marque la fin du cycle annuel des lectures hebdomadaires de la Torah et son recommencement.

et hauts fonctionnaires s'étaient également fourvoyés dans leurs propos : le Premier ministre Raymond Barre avait évoqué les « victimes innocentes », faisant ainsi référence aux passants accidentellement touchés, pour les différencier des victimes « véritablement » visées — les fidèles de la synagogue. Les organisations gauchistes avaient amorcé, comme nous l'avons déjà vu, leur lent déclin au cours des années 70. A l'exception des organisations trotskistes, la plupart des mouvements d'extrême gauche disparurent. Durant ces années-là, s'opéra le passage des radicaux juifs en juifs radicaux. Ainsi, allons-nous illustrer la réaction à l'attentat de la rue Copernic essentiellement à travers les positions adoptées par la Ligue et celles des « juifs pour la Diaspora ».

Alors que le gouvernement français s'efforçait d'établir le lien entre cet événement et la situation au Proche-Orient, les organisations de gauche (essentiellement l'extrême gauche) entreprirent de dénoncer la dérive fasciste de la société française telle qu'elle s'était cristallisée à travers cet attentat, en faisant le lien avec d'autres attentats perpétrés alors en Italie ou en Allemagne par l'extrême droite. De hauts fonctionnaires de police furent également accusés d'avoir été infiltrés par l'extrême droite, en particulier par des cadres pronazis et fascistes. La Ligue fut l'une des premières organisations à appeler à manifester, et le soir même une manifestation spontanée s'organisa sur le lieu de l'attentat[32].

La Ligue participa également à l'immense manifestation organisée à Paris le 7 octobre 1980[33]. Les gros titres de *Rouge* après l'attentat étaient accompagnés d'illustrations représentant des poux et autres vermines : « Unité contre le racisme, contre le fascisme », « Giscard-Bonnet [alors ministre de l'Intérieur] complices », « Dehors ce gouvernement », ou encore : « Qui protège les nazis ? », « L'internationale nazie s'est-elle réunie à Paris ? »

Dans un article cosigné intitulé « Sionisme ou assimilation : le cercle vicieux[34] », Daniel Bensaïd et Bernard

Cohen rejetaient les positions de l'establishment juif calquées sur le gouvernement français, ainsi que les revendications des jeunes juifs (du Renouveau juif*) qui parallèlement à leur appel en faveur de l'autodéfense — que les auteurs approuvaient — prônaient le « retour à Sion ». Partisans ni de la solution de l'assimilation, ni de celle du sionisme et de l'émigration, ils appelaient à la lutte unie contre l'antisémitisme et le racisme.

« L'assimilation ? Ce fut trop souvent le prétexte à la politique de l'autruche, le drapeau de la résignation. On n'efface pas d'un mot une histoire cinq fois millénaire, encore brûlante de l'holocauste nazi et des persécutions staliniennes. On ne nie pas d'un mot la culture et l'identité d'un peuple, fût-il dispersé aux quatre vents de la planète. Aussi longtemps qu'il y aura des candidats à l'antisémitisme, le peuple juif aura à s'affirmer et se défendre en tant que tel[35]. Le retour à Sion ? On peut comprendre, sans le justifier, qu'il ait pu signifier, pour des millions de juifs échappés au massacre, l'espoir de trouver un territoire sûr. Les camps de la mort, le repoussoir du stalinisme, les arrangements et intrigues entre l'impérialisme, les féodaux arabes, et les autorités sionistes (soucieuses de canaliser l'exode) y ont œuvré. Mais le temps n'a-t-il pas balayé l'illusion ? Le retour n'est-il pas à la fois un enfermement volontaire dans un nouveau ghetto et une forme de désertion ? Le véritable défi à l'antisémitisme, c'est faire front ici et maintenant, revendiquer où que ce soit le droit d'être juif, et non pas aller au-devant des projets xénophobes qui, faute de solution finale, seraient tout prêts à faire le slogan : juifs go home ! Pire encore, ceux qui croyaient trouver une nation, n'ont-ils pas seulement créé un Etat comme les autres, un instrument de domination d'une classe sur une autre, qui creuse au sein même de la communauté conflits et différences. [...] Il ne s'agit pas d'un choix moral mais d'un choix politique : le refus de fuir l'oppression en devenant oppresseur. Car la solidarité sans réserve avec les

---

* Organisation fondée en 1979 par Henri et Serge Hadjenberg.

victimes de la rue Copernic ne nous fait pas oublier un instant la solidarité sans réserve avec les victimes de Naplouse et de Ramallah. [...] Nous avons été et nous serons toujours au premier rang du combat antifasciste. Pour cette raison même, nous restons fidèles à la vieille idée selon laquelle un peuple qui en opprime un autre ne saurait être libre. [...] Car l'antisémitisme, l'histoire en témoigne, se nourrit tout à la fois de l'isolement des juifs, du silence et de la passivité des autres. [...] *Juifs, Arabes, unis contre le racisme et l'antisémitisme.* »

Les auteurs reconnaissaient le droit à l'existence de l'Etat d'Israël, mais rejetaient l'émigration, utilisée comme moyen de renforcer la politique colonialiste d'Israël. Ils appelaient à privilégier la lutte contre l'antisémitisme, contre toute forme de racisme, plutôt que prétendre que l'existence d'Israël puisse protéger les juifs. Il fallait opposer au slogan « Fascistes-OLP, même combat » celui de « Juifs, Arabes, unis contre le racisme et l'antisémitisme ». Leur extrême sensibilité à l'antisémitisme se rattachait à la « leçon de la Shoah » éprouvée intimement par de nombreux militants d'organisations d'extrême gauche. Aussi, ressentaient-ils un profond dégoût face à tous les relents fascistes — comme purent en témoigner les manifestations consécutives à l'attentat de la rue Copernic.

Le cinquième numéro de *Combat pour la Diaspora* est révélateur, comme nous l'avons vu, de la transformation des radicaux juifs en juifs radicaux. Il parut après l'attentat au début de l'année 1981. Sous le titre « La planète Copernic », il était entièrement consacré à la résurgence de l'antisémitisme et aux réactions juives qu'il engendra[36].

La revue mettait l'accent sur la gravité de l'antisémitisme en France et sur la nécessité de le combattre. « La planète Copernic n'est pas, comme ont voulu le faire croire certains, une autre planète, mais bien la nôtre. » L'éditorial précisait qu'à la suite de l'attentat et des importantes manifestations qui lui avaient fait écho, c'était la première fois en France depuis bien longtemps que le fascisme avait pu être endigué. L'article fustigeait toutes tentatives faites en

France ou ailleurs de minimiser les crimes du nazisme et critiquait l'attitude des autorités françaises face à la résurgence de l'antisémitisme et l'émergence de groupes xénophobes, fascistes et néonazis. Le rédacteur en chef de la revue, Bernard Chaouat, radical juif originaire d'Afrique du Nord, qui avait été militant au sein du Rassemblement des juifs antisionistes, écrivait : « Autant Mai 68 a-t-il surpris les observateurs, autant l'attentat de la rue Copernic est un événement qui était, je ne dis pas prévisible, mais possible », précisant qu'entre 1975 et 1980 il y avait eu beaucoup plus de flambées d'antisémitisme que durant les trente dernières années de l'après-guerre.

Dans un autre article intitulé « C'était demain », une enseignante racontait comment elle était régulièrement confrontée à l'antisémitisme de la part de jeunes enfants et d'adolescents et concluait : « L'antisémitisme renaissant n'est pas le propre de "quelques fanatiques" mais la régénération d'un racisme enfoui dans l'inconscient collectif. Eveillons-nous ! Prenons notre destin en mains ! N'acceptons plus jamais d'être les agneaux que l'on mène à l'abattoir ! N'attendons pas de devenir les assistés que les bien-pensants accepteront de "cacher" lorsqu'il n'y aura plus rien à faire [37]. »

CHAPITRE VIII

La Shoah, référent dans la lutte contre l'antisémitisme le racisme et le fascisme

Analyse idéologique et conclusions politiques

« Je ne peux parler de moi sans d'abord évoquer mon père. Il était militant communiste, plus extrémiste que cela encore, militant révolutionnaire juif en Pologne. Il fut révolutionnaire jusqu'à quarante ans. Il n'a jamais eu d'autre activité et ne fit rien d'autre dans son existence que d'œuvrer pour le militantisme révolutionnaire en Pologne, en Allemagne et en France. »

Frédéric Degaz, membre de Lutte ouvrière, lors d'un entretien à Paris en 1983.

« Auschwitz fut le terrible berceau de la nouvelle conscience juive et de la nouvelle nation juive. [...] J'aurais préféré que les six millions d'hommes, de femmes et d'enfants survivent et que la Juiverie disparaisse. Nous avons vu le phénix de la Juiverie renaître des cendres de six millions de juifs. Quelle résurrection ! »

Daniel Bensaïd citant Isaac Deutscher, lors d'un entretien à Paris en 1983.

« *CRS* = *SS* ». *Emotion et idéologie*

Contrairement à la légende, la Révolution française n'a pas seulement engendré la devise « Liberté, Egalité, Fraternité », elle a aussi conduit à la dictature de Napoléon, l'homme qui par ses multiples guerres réussit à affaiblir la France tout entière qui après lui n'essuya que défaites sur défaites. Contrairement aux mythes existants, la Révolution française n'a pas non plus entraîné, du moins pour les citoyens, ni la démocratie ni la séparation des pouvoirs qui ne sont entrées en vigueur en France qu'après la défaite humiliante subie face au chancelier de fer allemand Otto von Bismarck en 1870-1871. Et en dépit de l'aveuglement volontaire de nombreux intellectuels et historiens, on peut dire qu'elle est aussi à l'origine des trois caractéristiques principales de la politique moderne : le nationalisme, l'appareil bureaucratique centralisateur de l'Etat et l'idéologie.

Cet état de fait revêt une grande importance, parce que les trois principales caractéristiques énoncées ci-dessus constituent sous leur forme paroxystique le fondement du fascisme. Cela implique la disparition d'un autre mythe fondateur : le fascisme n'est pas le fruit des désillusions de la bourgeoisie ou du capitalisme, mais le produit tronqué et tardif de la Révolution française. En outre, les fondements du fascisme ont été élaborés, à la fin du XIXe siècle, par des idéologues français eux-mêmes issus des classes moyennes et inférieures [1].

Le terme d'idéologie fut forgé en 1796 par Destutt de Tracy, qui pensait avec ses confrères que ses projets de « science des idées » (héritée de John Locke) engendreraient de vastes réformes institutionnelles, à commencer par celle de l'instruction publique en France. Les « idéologues », pendant une courte période, avaient assumé les plus hautes fonctions dans le domaine des sciences morales et politiques au sein de l'Institut de France. Napoléon les considérait comme des visionnaires peu pragmatiques et les chassa avec dédain et brutalité lorsqu'il réorganisa l'Institut dans les années 1802-1803. Karl Marx, même s'il les traita avec le même souverain mépris que Napoléon, adopta leurs conceptions de l'idéologie comme un système intellectuel scientifique censé lutter contre la mystique et la religion qu'il considérait avec les idéologues comme des moyens d'asservissement social[2].

A l'origine, l'idéologie se voulait un système intellectuel, scientifique et rationnel destiné à façonner la morale, les institutions et la politique de l'Etat moderne. Elle était censée lutter avec la mystique et contribuer à la séparation fondamentale de l'Eglise et de l'Etat. Elle constituait ainsi le fondement de toute conception politique, conférant toute légitimité à l'assimilation de la « religion civile » de l'Etat. Mais elle devint très vite un outil puissant au service de l'Etat et du nationalisme, perdant de sa spécificité scientifique et rationnelle au profit d'un romantisme ethnocentrique et du mouvement révolutionnaire universaliste. L'idéologie, censée extirper le religieux de la sphère sociale et politique en le déplaçant vers le domaine individuel et intime, devenait une religion à part entière, plus nocive encore, car le dieu de la religion devant qui tout fidèle a des comptes à rendre s'était mué en idole : l'Etat, qui dans sa version fasciste constitue l'essence de toute chose et, au-delà, le substitut d'un cadre moral. Il est superflu de souligner que, dans de nombreux cas, la base scientifique et rationnelle de l'idéologie avait cédé la place à une émotivité excessive et au racisme.

L'ironie de l'histoire veut que le mouvement de contestation étudiant éclatât sous la forme d'une révolution anarchiste à double sens : ce fut tout autant la contestation du système éducatif français, conservateur, sclérosé et oppresseur, comparable à la révolte originelle des idéologues, que la contestation des idéologues eux-mêmes qui avaient érigé l'Etat au rang de divinité. Pour les jeunes insurgés, cela ne changeait rien, qu'il fût question de l'idéologie fasciste du régime de Vichy, du chauvinisme de l'extrême droite, ou encore du nationalisme de de Gaulle. L'idéologie, érigeant l'Etat en valeur suprême se substituant au citoyen, était corrompue, condamnable et appelait la révolution. La « structure » du mouvement contestataire n'était homogène ni d'un point de vue intellectuel et idéologique ni sur le plan organisationnel. Le fondement unificateur du mouvement était la négation des idéologies qui contribuaient d'une quelconque manière à justifier la force et le potentiel répressif de l'Etat, et en tout premier lieu la négation de l'idéologie fasciste sur laquelle planait l'ombre de la Shoah.

La question brûlante de la libération sexuelle fut peut-être ce qui déclencha la révolte étudiante. Les étudiants n'acceptaient pas de ne pas être traités en adultes. Le droit de visite dans les cités de filles ou de garçons, revendiqué par le sexe opposé, était l'un des points de tension entre les étudiants et les autorités universitaires parisiennes, auquel venaient s'ajouter d'autres revendications sur la réforme de l'institution éducative, jugée rigide et paternaliste. Les premiers signes de tension avant-coureurs de l'explosion qui se manifestèrent en janvier 1968 à Nanterre mettaient en lumière la continuité dans le présent de la politique du passé de discrimination et d'oppression de la Seconde Guerre mondiale[3].

La colère des étudiants se cristallisa dans le slogan provocateur inscrit sur les murs et scandé par les manifestants : CRS = SS, avant que ne se popularise celui de « Nous sommes tous des juifs allemands ». Ce slogan, parmi d'autres, naquit spontanément pendant les événements. La violence et la fermeté manifestées par la police ne peuvent à elles seules expliquer la virulence de son contenu. Les slogans, comme le comportement de la foule, confrontée à une forte tension et une certaine émotion, répondent à une logique particulière, qui peut aller jusqu'à créer des situations où l'individu, au sein de la foule, se laisse aller à des comportements qu'il ne s'autoriserait pas s'il était tout seul. En criant : CRS = SS, les étudiants entendaient protester contre l'oppression et les violences policières. Mais il se pourrait aussi que les jeunes aient voulu pousser les choses « jusqu'à l'absurde », en faisant référence, consciemment ou non, à la part de responsabilité de la police française dans la déportation des juifs vers les camps de la mort et sa collaboration avec l'occupant nazi[4].

Ce que les organisations juives et même sionistes n'avaient osé dire était proclamé haut et fort par les gauchistes juifs et les organisations de gauche dans les années 60 et au début des années 70 dans le cadre de leur combat antifasciste. La responsabilité française dans le sort des juifs pendant la Seconde Guerre mondiale devint alors au cœur des relations entre les juifs et les radicaux et la France. Les sentiments de trahison, d'altérité, de rejet, « de ne pas être des Français comme les autres », et la culpabilité envers la génération des adultes étaient propres à la France, sans qu'on puisse trouver d'exemple comparable dans la contestation de la jeunesse d'autres pays[5]. En effet, l'outrance apparaissait comme un mode de provocation caractéristique des jeunes « enragés » à sensibilité anarchiste qui eurent une forte influence sur la déferlante de Mai 68. Cette responsabilité des Français à l'égard des juifs revenait de temps à autre, souvent de façon dramatique, dans l'expression des sentiments, les images et les associations faites par les acteurs des événements.

P.G., né en 1953, fut pendant de nombreuses années militant d'extrême gauche, principalement au sein de la Gauche prolétarienne[6]. En 1971, il s'était joint à une manifestation près de la gare de Lyon, au cours de laquelle il y eut, comme cela arrivait souvent, des accrochages avec la police : « La police a voulu m'arrêter, et je me souviens très bien avoir crié dans l'émotion aux policiers : "Ce sont les mêmes qui sont venus embarquer mon grand-père (déporté vers les camps de concentration), un seul juif suffit." »

L.S. est née en France en 1931 de parents originaires d'Europe de l'Est arrivés à la fin des années 20. Elle a vécu la guerre en France, pendant laquelle sont mortes deux de ses sœurs. Elle milita, entre autres, en faveur des militants clandestins cubains, pour l'indépendance de l'Algérie, et après 68 au sein d'un groupe maoïste : « L'événement marquant de ma conscience politique est ma participation à une manifestation lorsque j'avais environ dix-huit ans. Après avoir été arrêtée par la police, je me suis dit : Les policiers sont comme les Allemands, ils font la même chose. J'avais soudain pris conscience que rien n'était terminé, et que tout continuait insidieusement. »

G.R., activiste trotskiste dans les années 60, se rappelle de sa mère : « Souviens-toi, lui disait-elle, ce sont les Français qui ont livré ton grand-père aux Allemands. Les Français aussi sont nos ennemis. » Elle garde de cette période des souvenirs d'enfance très précis, en particulier sur l'arrestation de juifs par la police française : « Je n'ai jamais été véritablement française, nous n'avons jamais été véritablement français, pas même un seul de mes contemporains », ajoute-t-elle au sujet des juifs de sa génération.

Ce sentiment d'altérité, de rejet et de culpabilité constitue l'une des causes essentielles de l'abandon de l'identité particulariste — ethnocentrique juive et nationale française — au profit d'une quête de solutions idéologiques universalistes. Les juifs contemporains de la Shoah ne furent jamais des « Français comme les autres », pour avoir été persécutés, eux et leurs familles, par l'Etat français. Ces jeunes juifs, à des degrés divers, étaient conscients du risque de mort qu'ils avaient avec les leurs encouru dans les années 40, une mort décrétée par une société, un Etat ou des institutions contre lesquels ils se battaient et qu'ils voulaient à tout prix changer. Sur le plan émotionnel, il s'agissait là d'un élément incontestablement significatif. Cette dimension de la contestation n'existait pas avec une telle ampleur dans d'autres pays comme la Grande-Bretagne ou les Etats-Unis, à la différence de certains pays européens où l'occupation, la collaboration, la dénonciation et la déportation de juifs constituaient une partie de leur passé commun proche.

Les propos de Bruno Bettelheim dans la postface du livre de Claudine Vegh *Je ne lui ai pas dit au revoir*, où sont interviewés des enfants de parents disparus pendant la Shoah, apparaissent dans ce contexte tout à fait pertinents : « L'Etat, qui a pour obligation de protéger la vie des enfants, était déterminé à détruire les enfants juifs ; de même, c'est l'Etat qui, le premier, leur a volé leurs parents et ensuite les a assassinés. Ce n'est pas un hasard malheureux s'ils ont perdu leurs parents, comme dans le cas des orphelins dont les parents ont succombé à la maladie ou à une catastrophe naturelle ; c'est parce que leurs parents étaient juifs qu'ils étaient destinés à mourir, et les enfants avec eux [7]. »

Au cours de débats publics, y compris à la télévision française, sur les événements de Mai 68, des radicaux juifs comme Daniel Cohn-Bendit, André Glucksmann, ou d'autres encore, ne manquaient jamais d'accuser la police française et les institutions de l'Etat français d'avoir été directement impliquées dans le destin de leurs familles et d'avoir activement participé à la dénonciation des juifs. Ce n'est que depuis quelques années que la France a commencé à se confronter ouvertement, sincèrement et courageusement au passé de la Seconde Guerre mondiale. Il est en tout cas juste d'affirmer que la génération de 68 — juive et non juive — contribua fortement à révéler les actes de collaboration, de dénonciation des juifs, ainsi que l'attitude équivoque des institutions de l'Etat. L'examen historique s'inscrivant dans la lutte contre le racisme et amorcé lors de débats publics se trouve mené de front par l'appareil politique et la recherche universitaire.

Certains après coup prirent leur distance avec le slogan CRS = SS. Toutefois, André Glucksmann pense que, même s'il fut outrancier, il n'y eut aucune exagération ni dans la pensée ni dans les actes. Il tendait à neutraliser les idéologies racistes et antisémites et apparaissait aussi comme une forme d'avertissement, à savoir que la logique de l'oppression pouvait mener aux SS. Il semblait vouloir dire : Policiers, gardez-vous de devenir des SS. Ce slogan était repris par des centaines de milliers de manifestants à travers les rues de Paris : « Cette équation, passée slogan, marquait le refus non d'une réalité mais d'une virtualité logique ; par ce détour, elle porta à la parole le sentiment obscur qui porta l'anticolonialisme récent : toi qui as juré "jamais plus

Auschwitz", ne te mets pas en situation d'avoir à user des procédés répressifs et racistes d'une occupation douteuse, décolonise et "go home". [...] Imprévisible et fulgurante, l'histoire de la décolonisation manifeste qu'Auschwitz devint l'horizon indépassable et répulsif de l'Après-Guerre européen[8]. »

« *L'imagination au pouvoir* ». *Combat et idéologie*

La crise de 68 fut caractérisée principalement par une tendance anarchiste et quasi individuelle. Elle prit la forme de slogans, de manifestes et de tracts donnant libre cours aux aspirations individuelles, à la créativité, à l'imagination et à l'utopie : « L'imagination au pouvoir », « Le rêve est réalité », « Soyons réalistes, demandons l'impossible », etc. Ce fut la grandeur du mouvement contestataire mais aussi sa grande faiblesse. « L'imagination au pouvoir » était un appel anarchiste contre l'idéologie de l'establishment, déniant tout devoir et responsabilité et n'offrant aucune idéologie supplétive large et consensuelle. Ainsi, l'anti-idéologie prônée par « L'imagination au pouvoir » pouvait induire un changement plus ou moins durable des normes établies et des comportements, mais n'était pas suffisante pour provoquer un bouleversement politique.

La génération contemporaine de la Seconde Guerre mondiale, juive et non juive, avait vécu dans une société imprégnée de relents antisémites, où les collaborateurs avec l'occupant nazi avaient été légion. Ces derniers se trouvaient en général dans l'autre camp, celui du pouvoir, contre lequel se battaient les radicaux, qui n'éprouvaient que haine et mépris à leur égard.

Les organisations d'extrême gauche recouvraient trois courants principaux : les trotskistes, les maoïstes et les anarchistes. Les trotskistes et les maoïstes étaient les plus importants, avant comme après Mai 68. Face à eux, la mouvance anarchiste, principalement à travers le Mouvement du 22 mars, occupait une place centrale dans la déferlante de

68. Les organisations trotskistes et maoïstes, comme les partis de la gauche institutionnelle, furent surpris par le mouvement étudiant et l'ampleur prise par les événements. Ces organisations attribuaient la plus grande importance à l'idéologie et à l'action politique, considérant que « tout est politique ». Plus les partis et les mouvements jouissaient d'une assise idéologique et organisationnelle stable, plus ils furent pris de court par l'aspect anarchiste, non dogmatique et spontané des événements de Mai 68.

Chez les trotskistes, l'analyse idéologique marxiste avait induit que, parce que le capitalisme avait engendré l'impérialisme auquel avait succédé le fascisme, il pourrait à nouveau donner naissance à des phénomènes identiques. Ils en concluaient par conséquent que, jusqu'à l'avènement du socialisme, il fallait combattre sans répit le capitalisme de peur que le fascisme ne resurgisse. Les maoïstes, quant à eux, tiraient comme leçon de l'analyse des années 30 que la situation à la fin des années 60 et au début des années 70 était comparable ; le fascisme étant réapparu, il fallait donc éradiquer « ce nouvel occupant ». Alors que les trotskistes craignaient que le fascisme ne redevienne prépondérant dans un avenir proche, les maoïstes voyaient déjà sa présence hégémonique en France.

La Gauche prolétarienne, à la tête de laquelle se trouvaient deux juifs, fut fondée à la fin de l'année 1968 et devint l'organisation la plus active et la plus opiniâtre dans son combat contre le pouvoir, jusqu'à sa dissolution en 1973. De nombreuses fois interdite, certains de ses militants furent même arrêtés, et son organe, *La Cause du peuple*, se trouva suspendu plus d'une fois et interdit de publication pour « incitation à la violence ». Celui-ci louait les valeurs de la révolution chinoise et de la Résistance et condamnait la collaboration pendant la Seconde Guerre mondiale. Associant la lutte des classes au combat national, il comparait la bourgeoisie au pouvoir d'occupation et aux collaborateurs du régime de Vichy. La bourgeoisie constituait les « nouveaux occupants ». A l'opposé, la masse représentait les Français occupés. Les militants de la Gauche prolétarienne se considéraient eux-mêmes comme les nouveaux partisans d'un pays occupé par la bourgeoisie. Le mouvement avait sa branche clandestine armée, opérationnelle si nécessaire, la Nouvelle Résistance populaire[9]. Rétrospectivement, ces associations et analogies apparaissent incontestablement caricaturales et ahistoriques. Mais la façon dont le gouvernement avait perçu le danger contenu dans la « révolte étudiante » et les organisations d'extrême gauche semble aussi disproportionnée par rapport à la réalité. Le pouvoir décréta à plusieurs reprises les organisations d'extrême gauche illégales, arrêta certains de leurs dirigeants, interdit la publication de leurs journaux, allant même jusqu'à les suspendre. A la fin de Mai 68, l'on craignit que l'armée ne vienne au secours du gouvernement[10]. La lutte qui opposait les organisations d'extrême droite à celles d'extrême gauche fut féroce, souvent même violente[11]. Les mouvements d'extrême gauche attribuaient une grande importance à la lutte pour le « pouvoir sur le Quartier latin ». « Il fallait cette fois tuer le fascisme dans l'œuf. » Il était redevenu hégémonique parce que la gauche n'avait pas été suffisamment déterminée dans sa lutte contre le fascisme dans les années 30. Il était clair pour les organisations d'extrême gauche que la simple confrontation idéologique était insuffisante, et qu'il ne fallait par conséquent pas perdre de terrain ni reculer devant les menaces de violence.

Un exemple parmi d'autres est celui du combat que livrèrent en juin 1973 les organisations d'extrême gauche contre le mouvement d'extrême droite Ordre nouveau. Celui-ci voulait tenir un meeting dans la salle de la Mutualité où se tenaient de temps à autre des rassemblements et réunions politiques. Leur demande de faire interdire la manifestation ne fut pas satisfaite. Les organisations d'extrême gauche manifestèrent leur désapprobation le 21 juin 1973, sans autorisation préalable, sachant quels risques elles encouraient en défilant illégalement[12]. En représailles, la police investit les locaux de la Ligue communiste révolutionnaire, la déclarant illégale. *Rouge* titrait le

27 juin : « Mise à sac du local de la Ligue », « Meeting raciste en plein Paris », « Les nazis protégés par la police », « Répression contre les antifascistes », « La lutte continue », etc. Dans un communiqué la Ligue s'insurgeait : « Le pouvoir a eu une attitude inadmissible en mettant sur le même plan les racistes et les antiracistes, les fascistes et les antifascistes. Il n'y a pas de neutralité lorsque les libertés élémentaires sont en jeu : la lutte contre le racisme, l'antisémitisme et le fascisme doit rassembler toutes les forces vives du mouvement ouvrier démocratique et révolutionnaire pour triompher. »

Dans un article du même numéro paru sous le titre « Non », Daniel Bensaïd se prononçait pour la lutte contre le fascisme. « Bien qu'ils veuillent s'en cacher, [les dirigeants d'Ordre nouveau] ont l'antisémitisme à fleur de plume. [Pour eux] le MRAP[13] n'est qu'un "mouvement juif". [Les fascistes], sous prétexte de lutter contre l'immigration sauvage, cultivent le racisme. Sous prétexte de contrôle, ils veulent remettre l'étoile jaune à la poitrine des juifs et le croissant d'or à celle des Arabes. Après viendront les Espagnols, les Portugais, les Sénégalais. » Aux accusations de bassesse proférées à l'encontre de l'extrême gauche (en lui interdisant de manifester), Bensaïd rétorquait : « Qui parle ici d'avilir ? Ceux qui tiennent réunion au son des hymnes du IIIe Reich, sur des croix gammées, qui font le salut nazi ? Les porte-parole d'un gigantesque avilissement collectif. Les héritiers de Hitler et de Goebbels ? Ou encore les policiers qui déjà piétinent les livres de notre local ? Nous nous souvenons. De tout. Mieux parfois que ceux qui ont vécu cette époque. La génération militante d'aujourd'hui est née de ces cendres. Les démissions, les responsabilités, les héroïsmes aussi du mouvement ouvrier d'alors font partie de notre éducation. C'est pourquoi nous tenons à dire NON à temps[14]. »

Les organisations d'extrême gauche soulignaient — comme continuent de le faire celles qui existent encore, en particulier les trotskistes — combien la lutte antifasciste était l'une de leurs préoccupations majeures, et considéraient de leur devoir de se tenir aux premières lignes du combat. Patrick Rotman, ancien militant trotskiste qui quitta la Ligue en 1973, témoigne : « La dimension antifasciste et antinazie de la Ligue était extrêmement forte. Nous étions, sans nul doute, les plus virulents et les plus violents dans la lutte contre l'extrême droite, dirigée essentiellement contre les racistes et les nostalgiques du IIIe Reich. Cela est imputable au fait que de nombreux militants étaient d'origine juive ; que leurs parents avaient souffert ou avaient été exterminés pendant la guerre, ce qui les rendait d'autant plus sensibles à la lutte antifasciste, davantage peut-être que la génération précédente [15]. »

Interprétation et idéologie

Les différents courants, les mouvements idéologiques et les individus pris isolément ont toujours tenté de tirer les leçons des événements historiques, et en particulier des événements principaux. La Shoah est appréhendée comme un événement marquant, que ce soit par le mouvement sioniste ou le monde juif religieux toutes tendances confondues, sionistes ou pas. Nul doute que la Shoah constitue un événement historique majeur du destin du peuple juif, de son passé le plus proche et de son présent avec de fortes répercussions sur son avenir. Elle implique une approche complexe, parfois douloureuse, ravivant sans cesse des interrogations. L'un des moyens de s'y « confronter » est de tenter d'en tirer des « enseignements ». Le fascisme et le nazisme — responsables de la Shoah — s'opposaient également à l'idéologie communiste. Ainsi, dans l'analyse de la lutte des organisations d'extrême gauche contre le fascisme, les questions du racisme, de l'antisémitisme et du génocide des juifs européens occupent-elles une place centrale.

L'étude des « enseignements » et significations de la Shoah apparaît comme une tentative d'analyse rationnelle permettant d'affronter par des moyens cognitifs certains aspects de la Shoah. A cela s'ajoutent bien évidemment ses aspects émotionnels qui revêtent incontestablement une importance capitale pour ceux qui en firent directement l'expérience ou pour leurs familles, mais aussi pour les radicaux juifs qui ont toujours souligné qu'elle faisait partie intégrante de la vie émotionnelle d'une grande partie d'entre eux comme de celle de nombreux non-juifs.

Les conclusions que tirent de la Shoah les juifs de la génération d'après guerre font ressortir trois catégories : 1. Ceux qui optent pour la solution *sioniste*. Pour eux, les leçons fondamentales de la Shoah sont que les « juifs doivent nécessairement émigrer en Israël », qu'« un Etat juif fort indépendant s'impose », et bien évidemment qu'« il ne peut y avoir de sécurité en Diaspora ». 2. Ceux qui mettent l'accent sur l'aspect *juif*, à savoir « la nécessité d'une union juive d'autodéfense » ou « la nécessaire vigilance face à toutes manifestations d'antisémitisme afin de les combattre. » 3. Ceux qui insistent sur la portée *universelle* de la Shoah, pour lesquels les leçons fondamentales que l'on puisse en tirer sont de « livrer un combat contre toute dérive antidémocratique en quelque lieu que ce soit ». « Il faut lutter pour les droits des minorités partout dans le monde et se battre contre le racisme. » « La Shoah nous rappelle toutes les turpitudes et les dangers que peut renfermer le genre humain. »

La plupart de la jeunesse israélienne et des jeunes élevés dans un cadre sioniste en France choisirent — et continuent de le faire — les solutions sionistes ou juives[16]. Il n'est en rien surprenant que les structures éducatives israéliennes et les mouvements de jeunesse sionistes en Diaspora aient voulu souligner les leçons sionistes de la Shoah. Les mouvements de jeunesse communautaires et les organisations juives françaises et dans d'autres pays mirent l'accent sur les solutions juives de la Shoah. En revanche, les organisations d'extrême gauche et les radicaux juifs furent enclins à en tirer des enseignements universels. Ces conclusions s'accompagnaient, d'une manière ou d'une autre, d'une spécificité juive. Il ne faisait aucun doute, pour eux, que la Shoah revêtait des significations transcendant le problème juif. Certains parmi eux — et ils furent nombreux — pensaient que la Shoah était l'expression de la singularité de l'histoire juive, mais voulaient, à l'inverse des sionistes, en tirer des conclusions universelles, leur permettant de justifier leur guerre contre le fascisme, l'oppression et l'injustice où qu'ils se trouvent.

L'historiographie marxiste sur le fascisme accorde une importance primordiale au déséquilibre entre le grand capital, la petite bourgeoisie et la classe ouvrière dans les périodes de dépression économique capitaliste. Elle décrit les relations entre les différentes classes, usant de termes comme « soumission », « exploitation », « manipulation », « alliances » et « luttes », conformément aux liens existant sur les plans économiques et politiques. Plus le chercheur attribue d'importance au pôle économique, plus le grand capital revêt de l'importance, plus il insiste sur l'aspect politique, plus il met en valeur le rôle de la petite bourgeoisie. Dans les études où l'antisémitisme moderne est expliqué par le déterminisme économique, l'accent est mis sur le sens particulier qu'a pu revêtir la crise économique capitaliste pour la petite bourgeoisie.

L'analyse trotskiste

Abraham Léon avait développé au début de la Seconde Guerre mondiale la théorie du « peuple-classe ». Son ouvrage *Le concept matérialiste de la question juive* fut l'une des deux « bibles » des organisations trotskistes pour ce qui concerne la question juive [17]. (Le second ouvrage auquel elles se référaient était celui de Nathan Weinstock, *Le sionisme contre Israël*, paru en 1969.) Abraham Léon acheva la rédaction de son livre en décembre 1942. Quelque temps après, il fut arrêté et déporté à Auschwitz où il mourut à l'âge de vingt-six ans. Sa tragédie personnelle ajouta une dimension héroïque au personnage et à son œuvre. La première édition de son livre parut en 1946.

Abraham Léon était né en Pologne et avait milité au sein du mouvement Hashomer Hatsaïr en Belgique. Sa famille s'y était installée après un bref séjour en Palestine. Dès 1936, il avait été attiré par la mouvance trotskiste. Les procès calomnieux intentés par Moscou en firent un trotskiste convaincu, bien qu'il continuât en même temps à être sioniste. Il cherchait alors une justification marxiste aux idées sionistes. Cependant, après avoir réexaminé ses positions, il en vint à nier le sionisme comme moyen de résolution de la question juive. Malgré les dures conditions qu'imposait l'appartenance à un réseau de résistance antinazie en Belgique et les lourdes responsabilités qu'il occupait au sein du mouvement trotskiste et de la IVe Internationale, il trouva les forces morales nécessaires pour entreprendre une vaste analyse, abondamment documentée, de l'histoire juive depuis ses origines.

Il expliquait, par leur rôle socio-économique, l'essor de la religion juive et la survie du peuple juif malgré sa dispersion et son absence d'autonomie. Il développa la théorie du « peuple-classe », s'appuyant sur les écrits de Karl Marx, Max Weber et Otto Bauer. Il n'y avait, selon lui, dans le cadre du capitalisme décadent aucune solution possible à la question juive. Le sionisme, idéologie petite-bourgeoise, qui avait émergé à l'époque impérialiste, était condamné à n'être qu'un outil au service du capitalisme mondial.

La situation tragique du judaïsme à son époque s'expliquait par l'extrême précarité de sa position sociale et économique : « Les masses juives se trouvent coincées entre l'enclume du féodalisme décadent et le marteau du capitalisme pourrissant [18]. » « Les intellectuels petits-bourgeois juifs et non juifs présentent Hitler comme l'unique responsable de l'antisémitisme de notre temps. [...] Certes, Hitler organise d'une façon préméditée la destruction du judaïsme européen [...] mais les différents gouvernements plus ou moins "démocratiques" qui se sont succédé en Pologne n'auraient pas eu beaucoup à apprendre de lui. La disparition de Hitler ne peut rien changer d'essentiel à la situation des juifs. Une amélioration passagère de leur

sort n'en laissera pas moins subsister toutes les racines profondes de l'antisémitisme du xxᵉ siècle [19]. »

Abraham Léon passait en revue la situation des juifs
d'Europe occidentale, considérant qu'il était faux d'accuser le grand capital d'avoir engendré l'antisémitisme. Il
s'était servi de l'antisémitisme primaire de la masse de la
petite bourgeoisie pour en faire la pierre angulaire de
l'idéologie fasciste. A l'heure actuelle, précisait-il, ce
n'étaient pas les causes concrètes de l'antisémitisme qui
nourrissaient la propagande nazie — comme la concur-
rence économique —, mais plutôt la « conspiration mondiale du judaïsme international », leitmotiv à l'origine des
Protocoles des Sages de Sion et des discours hitlériens. Aussi
fallait-il analyser les éléments mythiques et idéologiques
récurrents de l'antisémitisme.

La contradiction inhérente au capitalisme, entre produc-
tion et consommation, avait poussé la petite et la grande
bourgeoisie à se battre pour l'expansion des marchés exté-
rieurs — dont l'aboutissement avait été l'impérialisme —
et l'expansion des marchés intérieurs — qui avait conduit
au racisme. Historiquement, le triomphe du racisme signifiait que le capitalisme était parvenu à canaliser la
conscience anticapitaliste des masses vers une forme antérieure du capitalisme qui n'existait plus dans le présent
qu'à l'état de vestige. Ces résidus étaient assez significatifs
pour conférer au mythe quelque crédibilité. Pour la petite
bourgeoisie, le judaïsme avait continué d'incarner la puissance capitaliste. Les intérêts capitalistes de la petite bourgeoisie la conduisaient à se battre contre le concurrent juif
des classes moyennes et inférieures, sa volonté anticapitaliste l'amenait à lutter contre le capital juif. Le but du
racisme était de démasquer les différences sociales, et particulièrement la contradiction interne dans laquelle se
débattait la petite bourgeoisie, en fondant les différentes
classes dans le creuset d'une communauté homogène agissant contre les autres races.

La « race allemande » se voyait contrainte de soumettre
le juif, son principal ennemi, qui se cachait derrière plu-

sieurs étiquettes : le bolchevisme, le libéralisme, le capitalisme et l'internationalisme. De même qu'il fallait nécessairement fondre les différentes classes en une seule race, il fallait également désigner un ennemi commun : le juif international. Le mythe de la race était nécessairement accompagné de son négatif : l'antirace, le juif. Le racisme s'appliquait à flatter le prolétariat et à paraître comme un mouvement « socialiste » radical. Dans ce domaine, l'équation « judaïsme = capitalisme » jouait un rôle considérable dans le maintien de l'idéologie raciste.

Pour Abraham Léon, le capitalisme avait détruit les vieux principes de l'existence juive (en tant que peuple-classe) en abolissant le rôle socio-économique des juifs. Le capitalisme avait en outre fait du judaïsme un bouc émissaire afin de résoudre ses contradictions internes. Ainsi n'y avait-il pas dans la société capitaliste de solution à la question juive, ni même dans la création d'un Etat juif : étant donné que le monde constituait alors une entité ouverte aux influences capitalistes, « il n'eût été que pure folie d'y entreprendre de constituer un îlot à l'abri de ses tempêtes. La faillite de l'assimilation devait forcément être accompagnée de la faillite du sionisme. A l'époque où le problème juif prend l'allure d'une immense tragédie, la Palestine ne peut constituer qu'un faible palliatif. Dix millions de juifs se trouvent dans un immense camp de concentration. Quel remède peut apporter à ce problème la création de quelques colonies sionistes ? [...] Jamais la situation des juifs n'a été aussi tragique. Aux pires époques du Moyen Age, des contrées entières s'ouvraient pour les recevoir. Actuellement, le capitalisme qui domine l'univers entier leur rend la Terre inhabitable. Jamais le mirage d'une Terre promise n'a tant hanté les masses juives. Mais jamais une Terre promise ne fut moins en mesure qu'à notre époque de résoudre la question juive[20] ». (Cette analyse fut écrite en 1942 !)

En plus de l'habituelle analyse marxiste, Abraham Léon conférait la plus grande importance aux mythes idéologiques récurrents de l'antisémitisme. A la différence de nombreux révolutionnaires juifs, il n'évoquait pas la détresse juive avec un froid recul idéologique. Mais son analyse pèche par trop de dogmatisme lorsqu'il écrit que « la disparition de Hitler ne peut rien changer d'essentiel à la situation des juifs » et lorsqu'il nie catégoriquement la solution sioniste comme solution providentielle, évoquant le mirage d'une Terre promise qui n'est pas en mesure de résoudre la question juive.

Dans les années 60 et 70, les organisations trotskistes s'étaient inspirées, dans leur façon d'appréhender la « question juive », des analyses d'Abraham Léon. Même après la Shoah et la création de l'Etat d'Israël, elles continuaient de rejeter l'option sioniste. La solution de la question juive résidait, selon elles, dans l'avènement d'une société socialiste mondiale, mais non dans le modèle proposé par l'Union soviétique. Il fallait donc mener un combat antifasciste opiniâtre et systématique. Les trotskistes, les maoïstes mais aussi bien sûr les anarchistes accusaient le communisme institutionnel occidental et soviétique de trahison, de n'avoir pas réussi à tenir le fascisme en échec, d'avoir contribué par leurs actes et leurs erreurs à l'avènement du nazisme, et dénonçaient les relations de l'Union soviétique avec ses citoyens juifs[22].

Nathan Weinstock, auteur du livre *Le sionisme contre Israël*, aida les trotskistes et les organisations d'extrême gauche dans l'élaboration de leur politique sioniste et israélienne. Il fut membre de Hashomer Hatsaïr en Belgique qu'il quitta, convaincu qu'il ne pouvait y avoir de passerelle entre le nationalisme sioniste et la fraternité prolétarienne internationale. Il rédigea après la guerre des Six Jours son livre qui parut en 1969[23]. Dans ce livre, il analyse la solution sioniste lui déniant toute légitimité dans la solution à la question juive qu'il considère comme stérile et desservant le peuple juif. Israël doit s'émanciper de l'idéologie sioniste, parce que celle-ci ne peut que le conduire irrémédiablement à sa perte[24].

Nathan Weinstock se fonde sur l'analyse d'Abraham Léon sur les causes de l'antisémitisme contemporain, sa place dans la culture populaire et son imbrication dans l'idéologie national-socialiste, tout en précisant sa quasi-inexistence dans le fascisme italien où il ne constitue pas un élément central de la culture populaire[25]. Il écrit : « On connaît la suite effroyable de l'antisémitisme nazi : six millions de juifs exterminés dans les fours crématoires. La vivacité des sources populaires de l'antisémitisme est attestée par les pogroms dirigés contre les survivants du judaïsme polonais après 1945[26]. [...] Quelle solution peut-on apporter à ce drame angoissant ? En vérité, le seul moyen de résoudre le problème est de l'attaquer à la racine, *en supprimant les causes économiques et sociales de l'antisémitisme.* C'est-à-dire, en d'autres termes, que seule la révolution socialiste peut liquider *définitivement* ses racines.» Et d'ajouter : « On ne peut malheureusement invoquer à l'appui de cette thèse l'expérience soviétique, malgré ses débuts prometteurs au cours des premières années de la révolution[27].»

Il s'insurge contre l'indifférence des grandes puissances au sort des rescapés[28]. Ainsi, ne leur restait-il pour toute solution que de s'installer en Palestine, ce qui changeait les données ultérieures de la question palestinienne. « Les grandes puissances qui sont restées indifférentes et passives devant l'holocauste nazi, qui se sont montrées sourdes aux appels qu'élevaient les victimes des fours crématoires, persistent cyniquement à refuser l'accès de leur territoire aux survivants du génocide. [...] Comme tous les refuges leur sont interdits et puisque aucun pays n'accepte de les héberger, les "personnes déplacées" se raccrochent à un ultime espoir : s'installer en Palestine, le seul endroit au monde où une communauté s'offre à les accueillir, loin du souvenir omniprésent de la persécution raciale. [...] La scandaleuse indifférence des gouvernements occidentaux au sort des rescapés du national-socialisme explique leur adhésion massive au sionisme[29].»

Sur ce point, l'analyse et les conclusions de Weinstock ne divergent pas de celles des historiens et idéologues sionistes. Il semble qu'il ait été influencé par son appartenance passée au Hashomer Hatsaïr, comme aussi par sa propre souffrance et celle de sa famille. Les critiques émises quelques années plus tard, y compris au sein de l'extrême gauche, sur l'exploitation par Israël des victimes et de leurs souffrances n'apparaissent pas dans ses écrits[30]. D'après lui, la faiblesse fondamentale des revendications arabes est l'absence de tout projet de référence au futur statut des juifs israéliens, mais aussi l'existence de manifestations haineuses comme l'appel : « Les juifs à la mer »[31]. La masse juive israélienne et à plus forte raison les rescapés des camps ne sont en aucun cas coupables, selon lui, de leur implication dans le conflit israélo-arabe, même si les instances dirigeantes sionistes se sont fourvoyées.

Daniel Bensaïd est né en France en 1946. Son père débarqua d'Afrique du Nord en 1934[32]. Sa famille fut durement éprouvée par la guerre : deux de ses cousins moururent en déportation, son père fut arrêté puis libéré par la suite : « J'ai été élevé dès mon plus jeune âge avec l'étoile jaune. Jusqu'à aujourd'hui, j'ai conservé celle de mon père. » Il ajoute : « Les persécutions nazies ont rapproché les branches ashkénazes et sépharades de ma famille. » Pour lui aussi, le traumatisme de la Shoah constitue le substrat psychologique et politique de son évolution.

Il fut parmi les fondateurs de la Ligue communiste révolutionnaire et pendant de nombreuses années l'un de ses piliers. En avril 1982, il écrivit un article sur la question juive et la théorie du « peuple-classe » telle qu'elle avait été développée par Léon, puis reprise par Weinstock, Rosdolsky, Deutscher et Mendel[33]. Selon lui, quarante ans plus tard, la théorie du « peuple-classe » et particulièrement l'analyse qu'en avait faite Léon étaient plus que jamais le seul point de départ permettant d'expliquer, d'un point de vue matérialiste et historique, le maintien de l'unité nationale des juifs malgré leur dispersion. Son unique point de départ et non son point final. Trois facteurs avaient provoqué un retour en arrière avec une aggravation du problème juif : la Shoah, l'antisémitisme stalinien et pour finir la création de l'Etat d'Israël.

Sur l'antisémitisme stalinien, Daniel Bensaïd déclare : « Ce motif est peut-être moins impressionnant comparativement à la Shoah, mais il fut profond et continu. Non seulement le triomphe de la première révolution prolétarienne n'avait pas résolu la question juive dans la solution attendue de l'assimilation, mais le stalinisme avait aussi inscrit un nouveau chapitre dans l'histoire de l'antisémitisme. » Sur la Shoah, il ajoute : « Nous critiquons l'usage qui a été fait de la Shoah à des fins de propagande et pour la bonne conscience sioniste. Le film *Holocauste* est un exemple flagrant de l'assentiment unanime hypocrite de la bourgeoisie occidentale et de l'establishment juif. »

Cependant cela ne modifie en rien, selon lui, ce phénomène historique sans précédent. Il cite les propos de Deutscher de l'ancienne génération juive de trotskistes : « Auschwitz fut le terrible berceau de la nouvelle conscience juive et de la nouvelle Nation juive. Nous qui avons rejeté la tradition religieuse, nous appartenons maintenant à la communauté négative de ceux qui ont été exposés tant de fois dans l'histoire, et dans des circonstances si tragiques, à la persécution et à l'extermination. Pour ceux qui ont toujours mis l'accent sur l'identité juive et sur sa continuité, il est étrange et amer de penser qu'elle doit son nouveau bail sur la vie à l'extermination de six millions de juifs. J'aurais préféré que six millions d'hommes, de femmes et d'enfants survivent et que la Juiverie disparaisse. Nous avons vu le phénix de la Juiverie renaître des cendres de six millions de juifs. Quelle résurrection [34] ! »

Il faut préciser que Bensaïd a écrit cet article en 1982 et que notre entretien date de septembre 1983. Au début des années 70, les trotskistes abordaient la question du nationalisme avec plus de tempérance et de circonspection, et cela pour plusieurs raisons : le réveil des mouvements des minorités nationales, le regain d'intérêt chez les radicaux juifs pour l'identité juive, la résurgence de l'antisémitisme en

France et l'affaiblissement du gauchisme. La singularité juive se mit alors à susciter de l'intérêt.

En 1970, on pouvait lire déjà dans *Rouge* un article intitulé « A propos du sionisme, chacun ses trahisons, le Parti communiste international » : « Le Parti communiste international (PCI) trotskiste a toujours compté un nombre considérable de militants juifs. [...] Le caractère internationaliste de ce parti, interdisant à ses membres toute manifestation de nationalisme, fût-il défensif, il n'y avait pas, au sein du PCI, de résistance juive. [...] Néanmoins, on peut affirmer, sans risquer un démenti, que la résistance trotskiste comprenait un pourcentage élevé de juifs[35]... » Un ancien militant trotskiste se souvient que, lorsque *Rouge* publia ses articles faisant mention de l'origine juive de certains membres de la Résistance, des bruits de couloir dans la rédaction circulaient à son sujet : « Toi et ta question juive ! », « Toi et ton sionisme ! »

Le mouvement Voix ouvrière était l'héritier d'une organisation fondée au début de la Seconde Guerre mondiale par des militants trotskistes, dont de nombreux juifs roumains. Au moment de sa réorganisation dans les années 50, beaucoup de ses militants avaient été d'anciens membres des Jeunesses socialistes sionistes, essentiellement issus du Hashomer Hatsaïr. Après sa dissolution et sa réorganisation consécutives aux événements de Mai 68, il prit le nom de Lutte ouvrière. Le mouvement s'investit beaucoup en faveur des travailleurs en usine qui ne comptaient pratiquement pas de juifs. Chez les « intellectuels », qui se sentaient pour mission d'agir en milieu ouvrier, se trouvaient vraisemblablement de nombreux juifs[36].

Pendant la Seconde Guerre mondiale, l'organisation s'était opposée à la IVe Internationale, parce qu'elle soutenait des positions nationales plutôt qu'internationales, et qu'il ne fallait pas protéger la bourgeoisie française au détriment de la bourgeoisie allemande. Ses adhérents considéraient les soldats allemands comme des alliés potentiels. Aussi distribuèrent-ils des tracts les appelant à renverser le régime nazi pendant que la classe ouvrière française renverserait, elle, son propre gouvernement ! Ils se tinrent ainsi en dehors de « tout front commun » entre communistes et gaullistes dans la Résistance, voyant en cela un lien artificiel entre la bourgeoisie et le prolétariat. En mai 1971, Lutte ouvrière publiait les trente-quatre numéros clandestins de son journal *La Lutte des classes* parus sous l'Occupation entre le 15 octobre 1942 et le 4 août 1944. Les rédacteurs rappelaient que ce groupe avait refusé de rallier d'autres mouvements trotskistes clandestins qui avaient fondé entre 1943 et 1944 le Parti communiste international, la branche française de la IVe Internationale. Ils fustigeaient le côté petit-bourgeois qui selon eux s'était développé au sein du courant principal du mouvement trotskiste[37]. On pouvait lire, entre autres, dans le numéro 17 du 3 septembre 1943 sous le titre « A bas la guerre impérialiste, vivent les Etats-Unis socialistes d'Europe ! » : « La Résistance et les victoires de l'Armée rouge depuis juin 1941 ont permis au capitalisme anglais et au capitalisme américain de se préparer à loisir pour la conquête militaire du continent, et le quatrième anniversaire de la guerre a été choisi par eux pour débarquer en Europe. Les illusions semées à leur endroit par les agents conscients et inconscients du capitalisme (parmi ces derniers surtout les prétendus défenseurs de l'URSS, les staliniens) sont quelque peu refroidies par les bombardements que subit la population civile, et qui ne sont cependant qu'un faible avant-goût de ce qui doit se produire. Devant ces événements nous répétons inlassablement : il y a deux voies, également douloureuses, remplies de sang, de destruction et de souffrances sans nombre. *La voie capitaliste*, qui consiste à aider les impérialistes alliés à occuper le continent ruiné pour y établir leur domination, qui mènerait à une autre série de guerres. *La voie prolétarienne*, qui consiste à utiliser les difficultés croissantes et les défaites de l'impérialisme allemand pour mener une politique de classe et, en union avec les ouvriers d'Allemagne, d'Ita-

271

lie, d'Espagne, des Balkans, etc., renverser le capitalisme sur le continent et fonder les Etats-Unis socialistes d'Europe. »

Frédéric Degaz, né en 1949, fut militant à Lutte ouvrière de 1967 à 1973. Dans son enfance, entre l'âge de six et treize ans, il appartint à la CCE, mouvement de jeunesse juive d'obédience communiste (voir le chapitre IV sur la communauté juive) où le souvenir de l'Occupation et de la révolte du ghetto de Varsovie était très présent. Dans les années 80, il chercha en tant qu'universitaire le moyen de renouer avec sa judéité. Son appartenance à la CCE eut sur lui une profonde influence.

Dès le début de son entretien, il précisa d'emblée : « Je ne peux parler de moi sans d'abord évoquer mon père. Il était militant communiste, plus extrémiste que cela encore, militant révolutionnaire juif en Pologne. Il fut révolutionnaire jusqu'à quarante ans. Il n'a jamais eu d'autre activité et ne fit rien d'autre dans son existence que d'œuvrer pour le militantisme révolutionnaire en Pologne, en Allemagne, puis en France. Mon oncle aussi, Moshé Zalcmann, était communiste. Après les vicissitudes de la guerre, il fut encore emprisonné dix ans dans des camps de travail staliniens. Mon père avait une très forte identité juive mais était profondément antireligieux. Mes parents n'étaient ni sionistes ni même antisionistes. Mon père avait choisi de vivre en Diaspora et d'y faire la révolution. C'était un autre choix que le sionisme[38]. »

Les années n'ont pas altéré ses convictions : « Je m'interroge sur la manière dont je percevais à l'époque les positions de l'organisation sur la Résistance qui avaient un caractère spécifiquement national. C'était pour nous, juifs, beaucoup moins acceptable qu'à l'égard du Proche-Orient et du problème palestinien. C'était bien plus qu'un sacrilège, contraire à toute ma culture familiale. Nous critiquions la Ligue de défendre une alliance nationaliste avec tous les antifascistes... Il n'y avait pas au sein de Lutte ouvrière[39] de corporatisme, ni de camaraderie : on cultivait l'héroïsme, en particulier l'héroïsme trotskiste, en mettant l'accent sur les victimes, liées également au judaïsme (Trotski le juif, l'exilé, le persécuté, représentant des minorités). Nous venions après les victimes et nous nous devions de conserver la tradition et l'héritage de ceux qui étaient morts avant nous. Il y avait une très grande discipline interne et morale, quasi militaire. Nous travaillions avec des ouvriers et nous devions être à leur disposition. Il nous fallait vérifier s'ils avaient bien progressé et assimilé la lecture des auteurs marxistes. Nous devions contrôler la vente des journaux et le collage des affiches de l'organisation. J'ai toujours eu le sentiment de ne pas en faire assez en tant que révolutionnaire [40]. » A la fin des années 60, l'organisation continua d'exister clandestinement, telle une pyramide dont les militants ne connaissaient que les membres de leur propre cellule. Des noms circulaient bien parmi le grand public, mais ce n'étaient pas ceux des véritables dirigeants.

Les anarchistes et la leçon du fascisme

Les anarchistes rejettent catégoriquement l'idéologie fasciste selon laquelle l'Etat est l'objet d'un culte idolâtre. Ils établissent une nette distinction entre la société et l'Etat. Ce dernier est une machine inhumaine et corrompue. L'idéal anarchiste tend vers une société dominée par la communauté elle-même, où les institutions étatiques apparaissent comme superflues. L'Etat est, pour les anarchistes, un appareil d'oppression et de répression. La police et l'armée, piliers de l'Etat fasciste, incarnent à leurs yeux les aspects les plus négatifs de son régime coercitif et oppresseur. C'est en supprimant cet Etat coercitif et inhumain qu'il deviendra possible d'ériger une société véritablement communautaire. Ce n'est que lorsque l'appareil bureaucratique et autoritaire aura disparu que l'on pourra surmonter toute aliénation bloquant l'épanouissement des capacités individuelles et collectives et l'instauration de relations humaines de qualité.

Le fascisme et le nazisme sont une forme d'excroissance de l'Etat. Celui-ci, par son sens et son contenu, peut conduire au fascisme, au nazisme ou à un Etat criminel comme le communisme-stalinisme de l'URSS. « Le péché est tapi à la porte*. » On ne peut négliger l'ironie historique qui transparaît, consciemment ou non, de la vision anarchiste. L'Etat moderne est le produit incontesté du développement historique issu de la Révolution française. Lorsque à l'appareil bureaucratique de l'Etat moderne l'on ajoute, dans leur version extrémiste, les deux « descendants » intellectuels de la Révolution française, à savoir le nationalisme et l'idéologie, le résultat devient explosif. L'« anti-idéologie » anarchiste, même si cela n'est pas explicitement formulé, est l'expression des sentiments de culpabilité et de rejet du legs de la Révolution. La lutte des anarchistes contre l'« Etat » les rapprochait des trotskistes qui combattaient « le double conceptuel de l'Etat » : le « nationalisme ». Les uns comme les autres agissaient en vue de l'établissement d'un mouvement révolutionnaire international, supranational et antinational.

Les anarchistes, contrairement aux trotskistes et aux maoïstes, se caractérisaient par leur absence de dogmatisme, leur autodérision comme leurs slogans en témoignaient, et leur souplesse, toute relative malgré tout, dans leurs prises de positions. Quoi qu'il en soit, s'agissant de l'Etat d'Israël comme de la solution à la question juive, les positions concrètes et idéologiques des organisations trotskistes apparaissaient moins hostiles et moins rigides[41].

Daniel Cohn-Bendit en tant qu'anarchiste n'accordait aucune valeur au cadre de l'Etat. Ce qui ne l'empêcha pas d'affirmer : « Intuitivement, je devais avoir une position sioniste de gauche. Venant d'une famille juive, je ne me demandais jamais si l'Etat d'Israël devait exister ou non. Pour les juifs, et particulièrement pour les juifs allemands, l'Etat d'Israël est le résultat logique et nécessaire du nazisme. Non pas que je ressentais le besoin de vivre en

---

* Genèse IV, 7.

Israël, mais je trouvais tout à fait normal que des gens veuillent y vivre après ce qui s'était passé [42]. » Ce point de vue ne l'empêcha pas de dénoncer avec la plus grande virulence la politique et les actions de l'Etat d'Israël, et particulièrement de ses dirigeants politiques.

Les maoïstes

L'analyse marxiste des maoïstes, on l'a vu, aboutissait à la conclusion qu'il fallait combattre impitoyablement le capitalisme de peur que le fascisme ne réapparaisse. Dans cette optique, ils accordaient une grande importance au combat national des peuples du tiers-monde contre l'impérialisme, ce qui les différenciait des trotskistes opposés au « nationalisme » et à ses avatars politiques. Les maoïstes croyaient que, pour obtenir la libération des peuples du tiers-monde, il fallait réaliser, à l'instar des révolutionnaires chinois ayant participé à la Longue Marche, des opérations de résistance et des actions terroristes afin que progressivement le peuple tout entier rallie le mouvement de la Nouvelle Résistance. Chaque succès remporté par les peuples révolutionnaires du tiers-monde, à l'image des révolutions nationales, provoquerait l'effondrement mondial du capitalisme. A l'injonction de Karl Marx : « Prolétaires de tous les pays, unissez-vous ! », les maoïstes avaient ajouté une nuance nationale : « Prolétaires de tous les pays, nations et peuples opprimés, unissez-vous ! » Le slogan de classe révolutionnaire s'était transformé en slogan de classe national-révolutionnaire, imprimé en haut de chaque numéro de *La Cause du peuple*. A un certain moment même, lui avait été adjointe la photo de Mao Tsé-toung.

On pouvait lire en substance dans *La Cause du peuple* : Les peuples commencent à se soulever — Une nouvelle période historique s'ouvre — Le combat contre l'impérialisme américain et le révisionnisme soviétique — Le combat des peuples du tiers-monde, commencé avec la révolution chinoise, se poursuit en Amérique latine, en

Asie, en Afrique et au Proche-Orient — La lutte des peuples des pays capitalistes « occupés » gagne l'Amérique du Nord et l'Europe. Le lien avec les travailleurs étrangers apparaissait particulièrement important, comme étant le seul lien avec le tiers-monde. Une place centrale, parmi les travailleurs étrangers, était faite aux ouvriers arabes d'Afrique du Nord. Cet aspect, auquel s'ajoutaient le combat en faveur de la libération nationale et la lutte contre le colonialisme israélien, poussa les maoïstes à soutenir les organisations palestiniennes.

Après 68, s'était développé parmi les maoïstes un courant « orthodoxe » et « spontané » dont l'activité principale résidait dans l'analyse de textes. Leur « spontanéité » leur faisait pourtant préférer l'action à la théorie, les poussant à agir contre tout déterminisme « manichéen » et « scientifique ». Ils pensaient que l'action pouvait mettre un terme à l'aliénation des masses et briser le carcan hiérarchique qui les étouffait. Après la dissolution par le gouvernement, en juin 1968, du mouvement précurseur l'UJCL, ses anciens membres furent rejoints par ceux du Mouvement du 22 mars avec lesquels ils fondèrent la Gauche prolétarienne.

La Gauche prolétarienne était fermement opposée à toute forme de hiérarchie. Les militants s'étaient fixé comme finalité non seulement la lutte contre le pouvoir, la bourgeoisie capitaliste et toutes formes d'oppression, mais aussi contre ce qu'ils appelaient les « petits chefs » des usines, des entreprises, des administrations, des universités, etc. Les membres de la Gauche prolétarienne se considéraient eux-mêmes, d'une certaine manière, comme des « justiciers populaires ». Ils furent à l'initiative d'actions du Secours rouge qui organisa des occupations de bâtiments en faveur de personnes âgées ou d'immigrés expulsés et œuvrèrent en faveur des prisonniers politiques. Les membres de la Nouvelle Résistance populaire, sa branche clandestine, se considéraient comme les héritiers des résistants de la Seconde Guerre mondiale. Dans leurs hymnes, écrits dans le goût de ceux de la Résistance, ils s'autoproclamaient « Nous, les nouveaux partisans ».

Radicaux juifs et idéologie radicale

Les rapports entre vision idéologique, activisme radical et individus sortent de l'objet de notre étude. Cela étant, on peut affirmer que le militantisme de l'extrême gauche a tour à tour réprimé, refoulé, dissimulé et contribué à « résoudre » la question juive des radicaux appartenant à la « communauté négative » — être juif à travers l'autre, être juif à cause de l'antisémite. Néanmoins, ce militantisme raviva, stimula et développa une certaine sensibilité contre le racisme et l'antisémitisme, en faveur d'une lutte antifasciste, imprégnée de valeurs de justice, qui pouvaient sans aucun doute être imputées à leur appartenance juive singulière et spécifique.

La question juive n'avait à l'époque pas sa place dans les organisations d'extrême gauche, et le ralliement de nombreux juifs n'était pas motivé par leurs origines. Si les organisations d'extrême gauche avaient la réputation pour leurs membres comme pour le public en général de lutter contre le fascisme et le racisme, elles le devaient à leurs nombreux adhérents juifs. Ils s'y sentaient à l'aise même s'ils n'évoquaient pas explicitement leur judéité et leur sensibilité juive. Leur engagement politique était à rechercher dans leur appartenance juive et dans la nécessité qu'ils éprouvaient à se battre pour que plus jamais ne se reproduise ce qui s'était passé. Parce que pour certains la judéité s'était réduite à l'antisémitisme et à l'épreuve de la Shoah, elle prenait essentiellement la forme de la lutte contre l'antisémitisme. « Tant qu'il y a de l'antisémitisme, je suis juif », répétaient haut et fort la plupart d'entre eux. Cela relevait aussi sûrement du fantasme : « Lorsqu'il n'y aura plus d'antisémitisme, je ne serai plus juif. Nous le combattrons, nous l'éradiquerons, et peut-être alors cesserons-nous d'être juifs. » Chez les militants juifs d'extrême gauche, on pouvait déceler parfois une certaine réserve, voire un certain mépris à l'égard de ceux qui avaient changé leurs noms ou cachaient leurs origines, même lorsque cela s'était produit au sein de leurs propres familles. Ils n'étaient en aucun cas des « juifs honteux ».

Quel fut donc le sens, et le contenu, de cette judéité si elle ne s'exprimait ni à travers la religion, ni à travers l'appartenance nationale, ni même à travers une quelconque identification à Israël ? Pourquoi donc condamnèrent-ils avec le plus grand mépris tous les phénomènes de dénégation et de rejet identitaires ? Selon nous, cela est indissociablement lié à l'influence de la Shoah sur les membres de toute une génération. Les radicaux ressentaient la dissimulation de leurs origines et la modification du nom patronymique comme un abandon des morts et une trahison des victimes. La judéité était pour eux un fait irréductible. On les surnomma les « juifs existentialistes » ou les « juifs malgré eux ». Beaucoup se sont définis d'après l'acception sartrienne selon laquelle le juif est celui que les autres perçoivent comme tel et n'est pas forcément quelqu'un qui a de réelles spécificités juives. « Je me suis toujours considéré comme juif, "juif" et non "d'origine juive", mais non pas juif d'un point de vue culturel et ethnique. Etre juif pour moi n'était rattaché à rien de concret, en dehors de la Shoah », nous déclara un des leaders de la révolte étudiante [43].

La judéité d'une fraction de radicaux juifs se résumait, du moins à ce stade de leur existence, à l'expérience en tant qu'enfants ou par leurs parents de la Shoah. Les autres composantes de l'identité juive chez les jeunes juifs des organisations sionistes ou communautaires étaient quasi inexistantes. En tant que « citoyens du monde », universalistes et cosmopolites, ils étaient en quête d'une « patrie », de « racines » en des lieux différents, physiquement, idéologiquement et intellectuellement éloignés : en Chine, en Amérique latine, au Vietnam ou en Algérie.

Ils revinrent souvent bredouilles de tous ces lointains périples vers des mondes sans frontières. Une partie d'entre eux resta avec la Shoah comme unique composante de leur identité juive. Une identité réduite à l'épreuve de la Shoah était très lourde à porter. Aussi, beaucoup revinrent-ils à leur judéité qu'ils n'avaient peut-être probablement jamais quittée, en trouvant un autre équilibre entre particularisme juif et universalisme. Quoi qu'il en soit, cela constituait la différence majeure avec la génération précédente de radicaux juifs, chez qui l'on pouvait parfois percevoir dénégation, abandon ou hostilité à l'égard de leur judéité, comme chez Karl Marx ou Rosa Luxemburg.

Les portes de l'intégration (et de l'assimilation) dans la société française et européenne s'étaient largement ouvertes devant la génération d'après la Shoah (et dans une large mesure à cause d'elle). Toutefois, les radicaux juifs rechignèrent à emprunter cette voie. Ils avaient la volonté d'appartenir non pas à la France ou à l'Allemagne mais au monde entier. Ils n'aspiraient pas à devenir « citoyens français égaux en droits » mais à être « citoyens du monde ». Leur combat révolutionnaire était motivé par un « choix intellectuel » issu d'une certaine détresse existentielle et morale, davantage symptomatique chez les dirigeants des mouvements révolutionnaires que dans la foule anonyme des militants. La révolution universelle n'était pas un moyen de rompre avec leur judéité mais plutôt une façon de résorber l'angoisse vertigineuse, quasi insoutenable et insoluble que ravivait en eux leur judéité.

Une remarque supplémentaire s'impose : la volonté d'échapper, au moins en partie, au « poids » de l'existence juive ne fut pas seulement caractéristique des radicaux juifs. Les jeunes juifs européens qui optèrent après la Shoah pour la solution sioniste voulurent également « s'émanciper du judaïsme diasporique » et devenir israéliens. Les radicaux juifs, comme les sionistes, ne voulaient plus « s'en remettre à des étrangers généreux ». « Si je ne suis pas moi-même, qui suis-je donc ? » affirmaient-ils. Les sionistes avaient voulu trouver leur place à Sion. Les radicaux juifs, quant à eux, voulaient trouver leur place dans un monde nouveau, différent, égalitaire. C'était à eux qu'incombait la tâche de lutter en sa faveur, de combattre l'injustice, le racisme et le fascisme partout où ils pouvaient se trouver, même si cela devait se faire par des voies différentes, parfois même opposées, au risque de tensions entre les tenants de la solution universaliste et les partisans de l'optique sioniste.

D'une certaine façon, les motivations du jeune juif après la Seconde Guerre mondiale qui se battait au sein de l'extrême gauche n'étaient pas tellement éloignées de celles du jeune juif des mouvements de jeunesse sionistes. Ils avaient en commun une conscience politique aiguë transmise en grande partie par leurs parents. Après la guerre, on pouvait entendre la critique — commune parfois aux marxistes et aux sionistes — selon laquelle ils n'avaient pas vu poindre le danger hitlérien et s'étaient par conséquent trouvés démunis pour lui résister. Cela avait provoqué chez eux de nombreuses interrogations et parfois même des sentiments de honte à l'égard de la génération de leurs parents. Ainsi cela conduisit-il à une certaine forme de rupture entre les générations. Il y avait beaucoup de points communs entre le point de vue sioniste et celui du révolutionnaire de la génération d'après la Shoah : « Vous, la génération des parents, ne vous êtes pas opposés aux événements. Nous, nous ne permettrons pas que les mêmes choses se reproduisent. » C'était, incontestablement, une profession de foi éminemment politique, caractéristique de ces années-là. Ils avaient une sorte de complexe qu'on ne se soit pas, dans le passé, suffisamment battu contre le fascisme qui pouvait à nouveau les surprendre. Une certaine vision dogmatique, commune aux sionistes et aux gauchistes avait émergé : « On ne nous y prendrait plus. » « Nos pères et nos mères avaient été abusés, nous, on ne nous tromperait pas. » Ils n'avaient pas en leur temps été assez vigilants, assez déterminés. Ils avaient minimisé l'ampleur du danger. Il fallait désormais être sur ses gardes, résolu, et pour pouvoir lutter contre le danger il fallait en exagérer la gravité. Mais les conclusions et les leçons qu'avait tirées le sioniste du passé récent du fascisme et de la Shoah et les modes de combat qu'il avait adoptés différaient souvent radicalement des choix opérés par le révolutionnaire des années 60 et 70.

ÉPILOGUE

« J'ai été élevé, dès mon plus jeune âge, avec l'étoile jaune.
Jusqu'à aujourd'hui, j'ai conservé celle de mon père. »

> Daniel Bensaïd, leader de la Ligue,
> lors d'un entretien à Paris en 1983.

« Pour les juifs, il ne saurait y avoir hésitation ou passivité
quand il s'agit du combat pour les droits de l'homme, et en
particulier de la lutte contre le racisme qui n'est qu'un de ses
aspects. Sauf à démentir toute leur tragique histoire, les juifs
ne peuvent être qu'aux côtés des victimes, jamais du côté des
bourreaux. Or l'on est objectivement du côté des bourreaux
quand on choisit la voie commode du silence, ou la voie profi-
table de la compromission. Ne pas lutter contre les persécutions des « refuznik » — ou des dissidents (même combat) —
en URSS est une trahison pour un juif. S'accommoder des tortures en Argentine, en Uruguay, au Chili, est une lâcheté pour
un juif. Ne pas s'opposer à l'apartheid est une démission pour
un juif. Et fermer les yeux, quand bien même il s'agirait de
l'Etat d'Israël, sur toute atteinte aux droits de l'homme, est un
reniement pour un juif. Je m'étonne seulement — et m'afflige
souvent — que cette vérité élémentaire — hors le respect
absolu des droits de l'homme, pas de salut pour les juifs — ne
soit pas perçue par tous les juifs. Et qu'ils n'en tirent pas en
actes toutes les conséquences. »

> Robert Badinter, ancien ministre de la Justice,
> dans une interview en septembre 1980 à *L'Arche*,
> mensuel du judaïsme français.

Robert Badinter, dont la biographie rejoint celle des radicaux juifs « enfants de la guerre », ajoute subtilement que tous les juifs peuvent ne pas penser comme lui. Nous pensons, quant à nous, que la grande majorité des juifs français (et israéliens), et particulièrement ceux qui dans leur jeunesse n'étaient pas radicaux, ne pensent pas comme lui.

Les différents témoignages rapportés dans les différents chapitres de cet ouvrage donnent une idée globale de la manière dont les radicaux juifs, « enfants de la guerre » ou « enfants de rescapés », appréhendaient la Shoah. Nous avons adopté dans l'exposé et l'analyse de leur engagement et de leur identité les points de vue personnels des radicaux juifs que nous avons tenté de restituer avec la plus grande fidélité possible, même s'ils semblaient en contradiction avec les opinions ordinairement partagées par la grande majorité de la communauté juive française et israélienne. L'histoire de ces radicaux juifs est celle de la redécouverte de leur identité individuelle et juive. Il s'est avéré, à la lumière de leur militantisme et au cours de nos entretiens, qu'à travers leur combat individuel dans la recherche de leur identité, le souvenir et l'analyse personnelle de la Shoah occupaient un rôle central. Nous espérons que les différents chapitres de ce livre sont parvenus à démontrer à quel point leur histoire fut complexe, passionnante, souvent pleine de contradictions, mais toujours unique et personnelle, malgré les nombreux points communs au sein du groupe des radicaux.

Les phénomènes révolutionnaires ont toujours revêtu une dimension dynamique. Ils demeurent liés à un âge et à une période spécifiques dans l'existence des individus, à une époque où « pour être jeune il fallait être de gauche ». Le gauchisme « collectif », qui était un phénomène marquant de la société occidentale, est aujourd'hui devenu quelque chose de tout à fait marginal. Il semble que les juifs radicaux aient été en quelque sorte l'illustration des propos de George Bernard Shaw, pour qui « celui qui n'était pas communiste à vingt ans n'avait pas de cœur, celui qui le restait après, était écervelé ».

Les organisations d'extrême gauche, à l'exception de quelques mouvements trotskistes de peu d'influence, n'existent plus. Malgré tout, certains des personnages qui avaient appartenu à la mouvance trotskiste, et auxquels il a été fait référence, continuent de militer. Les mouvements des Verts et les différentes organisations écologiques — que d'aucuns considèrent comme les produits tardifs de la « Révolution de 68 » — jouent aujourd'hui un rôle non négligeable dans la politique européenne. Ainsi, Daniel Cohn-Bendit est-il l'un des leaders des Verts en Allemagne, et l'un de leurs représentants au Parlement européen.

L'impact, sur le plan individuel, de la « génération de 68 » sur la société française est loin d'être négligeable. Une fraction de cette génération a embrassé la politique en ralliant le plus souvent la gauche française. On a pu la retrouver dans les différentes structures du pouvoir socialiste, parfois aux plus hautes fonctions. Certains ont réoccupé des postes majeurs après la victoire socialiste aux législatives de mai 1997. Bernard Kouchner, ministre du gouvernement Jospin, continue d'être l'un des hommes politiques les plus populaires en France. De même, dans les différents domaines de la vie intellectuelle, universitaire, artistique et médiatique, la présence des « anciens de 68 » est tout à fait remarquable.

« *Le processus du retour aux origines* »

Chez une proportion importante de radicaux juifs, on a pu observer une évolution et une modification dans la manière d'appréhender leur propre identité et leur judéité. Avec les années, s'est opéré, chez un grand nombre d'entre eux, un processus de revendication et de regain d'intérêt pour la composante juive de leur identité, d'abord lent et hésitant dans les années 70, et qui s'est ensuite accéléré à partir des années 80. Ce processus individuel constitue une réaction secondaire dans le réveil et l'effervescence intellectuelle et culturelle des juifs français.

Ce réveil se manifeste, entre autres, par des publications sans précédent d'ouvrages, de thèses, de revues, l'élargissement du réseau éducatif juif, l'ouverture de sections d'études juives dans les universités et la création de stations de radio juives. Il est également perceptible dans le mode de vie individuel des juifs français. Des jeunes qui, il y a seulement une vingtaine d'années, étaient considérés comme « perdus pour le peuple juif », « éloignés », « assimilés » et « hostiles » vivent désormais leur judéité par des chemins contrastés. Beaucoup parmi la jeune génération prennent désormais une part active, souvent centrale, à ce réveil spirituel.

Certains voudront exagérer le sens de ce phénomène, parler de changement « radical », de « revirement », ou même de révolution au sein du judaïsme français. D'autres, au contraire, chercheront à en minimiser l'importance, en parlant de « mode », de « phénomène passager » ou de « changement d'appréciation au sein de l'intelligentsia parisienne ». Quelle est la nature du « revirement » de cette génération de 68 qui constitue une composante centrale de ce qu'on peut qualifier de « sursaut juif français », d'« effervescence spirituelle de la dernière génération », de « nouvelle explosion ethnique », de « renouveau » ? Peut-on parler de « retour aux origines » ? Quiconque parle de « revirement » présuppose qu'il y eu désaffection, abandon, rupture antérieure. Il semble, au contraire, que la quête de solutions universalistes dans les années précédentes, puisse aussi être imputée à la judéité de la génération de 68.

La Révolution de 68 a échoué, bien qu'elle ait apporté des changements sociaux et culturels d'envergure, et ait contribué à des transformations fondamentales dans les normes établies et dans les mentalités. Après les déceptions politiques, auxquelles a succédé une certaine désillusion de la politique en général, est venu le temps des bilans et de la recherche d'autres systèmes de valeur et de croyance

plus élaborés, pour remplacer ces « religions profanes »,
— vérités absolues, partisanes et dogmatiques dont ils sont,
depuis, revenus.

Les années 70 ont caractérisé en France — même sous
l'influence du mouvement contestataire — l'affaiblissement de la tradition centralisatrice jacobine. Le sursaut
ethnique, généralement symptomatique de certaines
régions du monde, se trouva accéléré en France. Les Basques, les Corses, les Bretons et les Occitans revendiquèrent
le « droit à la différence ». Ce slogan pénétra de plus en
plus la conscience collective jusqu'à ce qu'il devienne tout
à fait légitime et soit repris à son compte par la population
juive.

La déception engendrée par les régimes et l'idéologie
communistes, et, pendant les années 70, par l'idéologie
universaliste de la Nouvelle Gauche, a laissé le champ vide.
Ce vide a parfois provoqué des crises violentes et a incité à
la recherche de solutions individuelles plutôt que collectives. Ainsi fut renforcée une certaine inclination en faveur
du phénomène communautaire, de quête de voies mysti-
ques et religieuses, de retour à la nature, sous des comportements empreints parfois d'un certain cynisme, de
nihilisme et de désespoir. Mais un nombre non négligeable
continua à rechercher des idéologies supplétives, même
après la « mort des idéologies ». En dépit de leur désen-
chantement, certains parmi cette « génération perdue »
ont continué à chercher « ailleurs » leur propre voie, le
sens, le contenu et les valeurs de leur existence. Non plus
un monde en noir et blanc et surtout en rouge, où « tout
est politique », mais un monde tout en contrastes révélant
d'autres champs à explorer. Le vide consécutif au désen-
chantement « post-révolutionnaire » se trouve aujourd'hui
comblé par la lutte en faveur des droits de l'homme, contre
les régimes totalitaires, les dérives fascistes, la xénophobie
et l'antisémitisme dans la société occidentale et française
en particulier, parallèlement souvent à une quête de la particularité et de la singularité juives.

Les idéologies et les programmes politiques officiels des

organisations d'extrême gauche ont fait long feu, non seulement parce qu'ils ne répondaient pas aux demandes identitaires, mais aussi parce qu'ils étaient incapables d'affronter les réalités politiques et économiques du dernier quart du XXe siècle. Il semble que, parfois, seuls l'anti-idéologie, l'anti-étatisme, l'antifascisme nationaliste — déferlante spontanée, tumultueuse et anarchiste — aient remporté quelque succès (mais non pas la victoire). Depuis l'explosion du mouvement contestataire étudiant, les institutions de l'Etat ont perdu de leur force arbitraire, despotique et bureaucratique. Le paternalisme et l'arbitraire, l'indifférence et la rigidité bureaucratiques, caractéristiques des institutions éducatives et religieuses, de la police, de la politique intérieure et des institutions de la République à Paris comme en province, ont connu des changements radicaux en s'ouvrant davantage aux citoyens. Tout cela nous ramène au cœur de notre ouvrage : Quelle était l'origine de l'indignation ? D'où venait cet enthousiasme révolutionnaire ? Quelles étaient les motivations du changement tant souhaité ? D'où venait cette quête identitaire des radicaux juifs (mais aussi des radicaux non juifs) ? Pour qui a lu attentivement cet essai, la réponse est évidente : la raison de la colère, les origines de l'élan révolutionnaire, la volonté de changement, et bien évidemment la quête identitaire des radicaux juifs, étaient intimement liées à la Shoah.

La Shoah apparaît comme le référent politique, la source des impératifs moraux et l'élément fondateur de l'identité individuelle des radicaux juifs. Elle est à l'origine de l'identité complexe, problématique, douloureuse et irréductible dans la communauté, sur le plan familial, et même dans chaque conscience individuelle à jamais marquée par le souvenir des morts. L'ampleur de cette tragédie explique son caractère déterminant dans le retour, plus ou moins important, des radicaux juifs vers leur judéité. Cela dit, la Shoah n'est pas l'unique composante de la question identitaire sur ce « revirement » de la génération de 68. Mais son ombre imposante et menaçante reste toujours obstinément présente.

Le second élément qui revêt une influence certaine dans le processus de quête identitaire et de « revirement » — qui lorsqu'il n'était pas religieux était au moins culturel ou communautaire — est la lutte contre le fascisme, le racisme et l'antisémitisme. L'ironie du sort a voulu que l'alliée naturelle de ce combat soit la minorité arabe en France qui souffre et a régulièrement souffert des menaces racistes et de la xénophobie de l'extrême droite, davantage que la communauté juive. Dans les années 80, juifs et arabes ont agi conjointement, dans le cadre de l'organisation SOS-Racisme, contre l'extrême droite et le parti de Jean-Marie Le Pen, le Front national. La confrontation avec l'extrême droite s'est concentrée sur l'immigration, culminant dans les années 1996-1997, dans la contestation des nouvelles lois sur l'immigration, qui ne concernaient pourtant pas, directement ou indirectement, les juifs de France. Ce combat a également été symbolisé par la récente pétition de ceux dont les « noms sont difficiles à prononcer » (citoyens français de longue date) qui faisait clairement référence à la mémoire du passé. Pendant la manifestation à la gare du Nord, lieu d'où partaient les convois en direction de l'Allemagne, certains manifestants s'étaient munis de valises afin de rappeler le destin des juifs déportés. Comme nous l'avons vu dans le chapitre V, les héros auxquels s'étaient identifiés les radicaux juifs dans leur lutte contre les forces de l'oppression étaient les résistants juifs communistes de l'étoffe d'un Marcel Rayman, mais aussi les victimes de l'Affiche rouge. « Parce qu'à prononcer vos noms sont difficiles », écrivait Aragon.

Le fait que beaucoup de radicaux juifs aient été des enfants ou des proches de rescapés de la Shoah les avait rendus plus sensibles à la lutte en faveur des opprimés de tous bords. Ils ne se sont pas contentés de la lutte antifasciste dans leur propre pays. Les mouvements contestataires des organisations d'extrême gauche, auxquels appartenaient les radicaux juifs, ont voulu se distinguer en mettant en avant leurs penchants internationalistes, dans leur combat contre l'impérialisme et le colonialisme. Ils furent plus d'une fois conscients que la lutte véritable, cruciale, se déroulait dans les pays du tiers-monde. Parce qu'ils étaient juifs et vivaient dans l'Europe d'après la Shoah, ils se devaient de prêter assistance aux opprimés et particulièrement aux victimes du joug occidental.

Ce combat nous amène à la troisième composante du processus de quête identitaire et du retour à la judéité des radicaux juifs. Cet élément, aussi complexe et problématique que les précédents, est la relation ambiguë et orageuse des radicaux juifs avec l'Etat d'Israël. Condamnant souvent l'exploitation cynique faite, selon eux, par Israël des victimes de la Shoah, ils se démarquent violemment du fait qu'Israël s'érige en héritier exclusif de ses victimes. Ils ne pensent pas que l'émigration soit la solution de la lutte contre le danger de l'antisémitisme et du fascisme. Il leur incombe, pensent-ils, de les combattre partout où ils se manifestent. Mais il convient de souligner qu'une large fraction de radicaux soutient l'existence d'Israël, veut sa sécurité, essentiellement à cause de la Shoah, et parce que de nombreux citoyens israéliens sont des survivants ou des descendants de rescapés.

Les relations avec l'Etat d'Israël ont connu des hauts et des bas selon deux variantes : 1. L'appréciation par les radicaux juifs de la morale, de la politique et des actes de l'Etat d'Israël. 2. La manière dont ils évaluaient le danger et les menaces auxquels s'exposait Israël. Un changement s'était opéré dans la situation d'Israël et dans son image, écornée après la guerre des Six Jours : d'un Etat de rescapés persécutés, il s'était mué en Etat colonialiste persécutant la population arabe dans un régime oppresseur d'occupation provoquant une forte animosité de la part des radicaux juifs à l'encontre d'Israël. Bien que le ressentiment et la rupture avec Israël soient beaucoup moins sensibles, l'hostilité de certains, juifs radicaux et ex-juifs radicaux, s'exacerbe à nouveau lors de chaque affrontement entre l'armée israélienne, les colons et la population arabe.

La quatrième composante est leur croyance au message moral et éthique contenu aussi bien dans le judaïsme que dans leur lutte, et dans la possibilité de les combiner l'un à l'autre. Les radicaux juifs s'estiment fidèles au caractère révolutionnaire de l'esprit du judaïsme et à ses représentants charismatiques qui jamais ne rechignèrent à se confronter à l'autorité et au pouvoir, ni à revendiquer des valeurs d'équité et à défendre les opprimés. Il convient ici d'insister : cet élément de leur identité existait déjà auparavant mais de manière moins flagrante et moins consciente. Parfois, au nom de ce même élément, ils combattirent Israël, selon eux inique et irrespectueux des valeurs morales fondamentales. Ainsi, certains, bien qu'ayant revu leurs positions à l'égard d'Israël, continuent de prétendre que le juif est plus fidèle même minoritaire en Diaspora à son devoir moral qu'il ne peut l'être en Israël, nécessairement confronté à la question du recours à la force.

Dans chacune des composantes du processus de quête identitaire et de retour à la judéité interfère le souvenir de la Shoah. Avec la lutte contre le racisme et l'antisémitisme, le lien à Israël et la mise en relief du message éthique du judaïsme, ils constituent les éléments communs — à divers degrés — du réveil juif qui caractérise aujourd'hui la génération issue de la Seconde Guerre mondiale. Définir ce réveil comme un « revirement » est aussi erroné que de parler d'« abandon » de leur judéité à un stade antérieur de leur existence. Cette génération tente désormais de doter de contenus juifs spécifiques sa condition juive « existentialiste » et complexe. Ce réveil juif revêt plusieurs aspects, souvent contradictoires, sous diverses tendances. Nous allons tenter de relever celles qui nous semblent les plus importantes.

Épilogue

Réveil ethnique et culturel du judaïsme diasporique ouvert à l'universalisme

Un exemple de ce réveil apparaît dans les deux revues *Combat pour la Diaspora* et *Traces* parues à la fin des années 70 et dans les années 80. Les rédacteurs de ces revues et leurs collaborateurs réguliers étaient des intellectuels juifs, pour la plupart d'anciens militants d'extrême gauche (seule une petite minorité était restée gauchiste). Les débuts de *Combat pour la Diaspora* remontent au Rassemblement des juifs antisionistes qui s'est maintenu avec des hauts et des bas de 1973 à 1976 — à la suite d'un appel spontané au moment de la guerre de Kippour. Ce mouvement fut dissous parce que son appellation n'était plus adaptée à son contenu. La définition négative d'« antisioniste » devenait insuffisante[1]. Une partie des membres du journal, qui commença à paraître en 1979, avait appartenu dans le passé à l'Organisation des juifs antisionistes.

La revue *Traces* a commencé à paraître en 1981. Elle avait pour finalité de rendre compte de la vie juive en Diaspora et défendait des positions anti-assimilationnistes, antisionistes et antireligieuses, luttant âprement et sans concession contre l'antisémitisme. Dans l'éditorial du premier numéro, on pouvait lire : « On demande tout à un juif, sauf d'être lui-même. Notamment dans les associations ou organisations auxquelles nous appartenons, notre identité juive n'est pas reconnue. Nous soutenons le combat des Occitans, des Basques, des Corses, des Bretons, comme nous nous sommes battus dans le passé pour l'indépendance de l'Algérie et des peuples colonisés, aussi nous affirmons notre droit à la parole. » Les rédacteurs du journal considéraient la vie juive en Diaspora comme une solution permanente. Selon eux, la Diaspora devait trouver sa propre voie : « Pour notre part, nous nous voulons les héritiers du courant universaliste dont les tentatives dispersées pour briser le monde clos imposé par l'establishment ont été enrayées. » Ils reconnaissaient également que ceux qui avaient voulu investir leur sensibilité juive dans un changement social n'avaient pas vu leur tâche facilitée par les échecs des expériences « socialistes » à travers le monde.

Cette tendance, qui concernait des juifs d'Europe de l'Est comme d'Afrique du Nord et d'Egypte, s'exprimait à travers la quête d'un patrimoine et d'une tradition culturels disparus tant dans les pays d'Europe de l'Est que dans les pays orientaux. Les ashkénazes regrettaient la vie et le patrimoine juifs d'avant la Shoah et recherchaient particulièrement les éléments révolutionnaires de cet héritage. Pour une grande majorité, c'était un monde qu'ils n'avaient pas connu directement si ce n'est par ce qu'en avaient dit leurs parents. A titre d'exemple, de jeunes juifs, ex-radicaux, nés pendant la Seconde Guerre mondiale, avaient traduit du yiddish le livre de Moshé Zalcmann, militant juif communiste, emprisonné après la guerre dans des camps de travail soviétiques, dans lequel il décrivait son combat et ses souffrances en tant que juif et révolutionnaire. Les traducteurs, anciens radicaux, se définissaient comme faisant partie de la « génération des juifs d'Europe nés en France ». Ils retrouvaient à travers le livre le lien avec leur passé, et dont la traduction n'était, selon eux, qu'« une façon paradoxale pour [eux] aujourd'hui d'inventer [leur] yiddishkeit, [leur] juiverie [2] ».

Les juifs d'Afrique du Nord et d'Egypte ont souvent la nostalgie de leur enfance et de la tradition à laquelle ils ont été arrachés, bien qu'ils n'en conservent qu'un vague souvenir. Ces dernières années, il a été écrit par des juifs orientaux un nombre conséquent d'ouvrages autobiographiques, révélant la singularité des valeurs du judaïsme oriental et l'importance de son expression authentique pour le destin d'Israël, le peuple juif et l'héritage juif dans le monde moderne.

Quête intellectuelle

Le vide laissé après la débâcle du gauchisme a été également comblé par la recherche intellectuelle et l'étude. La quête intellectuelle répond à des voies et à des sources différentes. L'une de ces voies se réalise dans la réflexion, la création philosophique juive et la pensée juive moderne. Une autre tendance met l'accent sur l'étude et la traduction de sources juives religieuses anciennes, à savoir la Torah, le Talmud, la littérature kabbalistique et hassidique, dont l'examen permet parfois d'établir le lien qui les rattache à la modernité. Un exemple symptomatique de cette seconde tendance est celui de la création par un ancien maoïste de la collection « Les Dix Paroles »[3]. Dans cette collection sont entre autres parus des volumes du Zohar traduits par Charles Mopsik et Eîn Yaacov — la source de Jacob — compilation d'Aggadoth* du Talmud de Babylone, traduit par Arlette Elkaïm-Sartre, juive et fille adoptive de Sartre, qui elle aussi fait partie de la même génération[4].

L'étude des textes religieux s'est parfois accompagnée d'un retour vers la religion, de l'apprentissage des commandements à l'appropriation de quelques-uns, pour déboucher parfois sur l'adoption d'un mode de vie intégralement religieux avec l'accomplissement scrupuleux de tous ses rites. Parmi ceux qui passèrent de l'étude des textes juifs à l'adoption de ses commandements, certains refusèrent d'y voir un « revirement religieux ». Benny Lévy fait partie de ceux qui sont passés de « Mao à Moïse » selon la formule de *Libération*[5]. Pour la revue juive américaine *Commentary*, c'était un passage du « maoïsme au Talmud »[6]. Néanmoins, Benny Lévy affirme sans ambiguïté : « Je ne me suis pas tourné vers les textes juifs parce que j'avais des besoins d'identité. Si j'avais des besoins d'identité à quinze ans, je n'en avais pas à trente-cinq. Je me suis tourné vers ces textes pour des raisons de pensée. Et même, ce qui rend la chose plus aiguë, pointue, ce sont des raisons philosophiques qui m'ont amené aux textes juifs[7]. »

La rencontre avec les écrits d'Emmanuel Levinas a revêtu pour cette génération une importance particulière.

---

* Commentaires, aphorismes, légendes du Talmud.

Benny Lévy et Alain Finkielkraut que leur quête intellectuelle avait menés dans des voies différentes, voire opposées, reconnaissent tous deux combien ils en furent profondément marqués. Emmanuel Levinas, né en Lituanie en 1905, est arrivé en France en 1923. Il fut influencé par Martin Buber, Franz Rosenzweig, Edmund Husserl et Martin Heidegger. La génération de 68 découvrit Levinas au milieu des années 70, et le fit « découvrir » à son tour au grand public juif et non juif français et européen, au début des années 80. Ces écrits jouissent, depuis, d'un certain écho et d'une grande estime parce qu'ils marquent la rencontre entre la culture occidentale et la tradition juive sous une approche talmudique et phénoménologique[8]. A la fin des années 80, plusieurs nouvelles organisations de « juifs laïques » ont vu le jour, certaines fondées par des « anciens de 68 ».

Le sursaut religieux

Un certain regain religieux s'est opéré en France avec l'arrivée des juifs d'Afrique du Nord. Il s'est manifesté par la création de nombreux restaurants et de boucheries cascher, l'apparition de Talmud Torah*, des yeshivot** et de nouvelles écoles juives. Ces différentes structures venaient répondre au besoin de préserver la tradition religieuse et aux aspirations sentimentales propres à la communauté nord-africaine. Malgré cela, il semble qu'un éloignement du judaïsme et de la religion soit désormais de plus en plus sensible au sein de la nouvelle génération qui connaît une forte proportion de mariages mixtes.

Les dernières décennies ont été témoins, particulièrement chez les jeunes, d'un renouveau religieux. Le vide idéologique consécutif au déclin du gauchisme et le renforcement de tendances mettant en avant l'identité juive ont

---

* Cours d'instruction religieuse à l'usage des jeunes juifs.
** Ecoles talmudiques.

créé des conditions plus favorables au réveil religieux, juif et non juif. Cette inclination a conduit, à un certain stade, les jeunes juifs à poursuivre leur quête des religions orientales. Un faible nombre seulement de juifs ex-radicaux de la génération de 68 se sont tournés, semble-t-il, vers la religion juive. En revanche, il semble que les générations suivantes soient davantage attirées par la religion. Ce phénomène apparaît symptomatique de ces dernières décennies dans le monde occidental.

La solution sioniste

Même après les désillusions des solutions universalistes, et malgré la notable amélioration des relations avec le sionisme et Israël, l'émigration en Israël n'a jamais constitué une des solutions les plus répandues. Seul un petit nombre d'anciens radicaux, semble-t-il, y recoururent[9]. Certains optèrent pour la solution nationale radicale en s'installant en Judée-Samarie, consécutivement parfois à un « retour religieux ». Cependant, beaucoup qui, autrefois, s'étaient abstenus d'aller en Israël s'y rendent désormais aujourd'hui, manifestant un intérêt et cherchant un moyen de collaboration potentiel. Cela ne les empêche pas d'être critiques à l'égard de la politique israélienne dans différents domaines — essentiellement en ce qui concerne le conflit israélo-arabe, les relations intercommunautaires, mais aussi envers ce qui apparaît aux yeux de certains comme un monopole abusif et une manipulation israélienne de la Shoah.

Malgré le peu de recul, on peut affirmer que la quête identitaire chez les juifs radicaux, qui dans les années 60 et au début des années 70 avaient été attirés par le gauchisme et les solutions universalistes, n'est pas seulement un phénomène de mode. Cela fait déjà plus de vingt ans que beaucoup d'entre eux ont mis en avant la composante juive de leur identité. Ce phénomène dure depuis trop longtemps pour que l'on puisse parler d'une « simple mode ». La ferveur de la génération de 68 a eu en effet pour conséquence qu'en marge de la communauté se soit façonnée une identité juive, fondamentalement laïque, puisant aux sources de la tradition juive mais ouverte à l'universalisme, attachée à Israël mais également critique à son égard. En marge de l'establishment religieux, et conjointement au « retour religieux », on observe un nouvel engouement pour l'étude de la Torah, des textes juifs, sans que l'on puisse parler d'un total revirement religieux, à travers la quête d'un sens moral du judaïsme et la préservation réitérée de sa tendance universaliste.

Ainsi s'incarne une autre forme d'appartenance et d'identification juives, revêtant une forme moins officielle, moins institutionnelle et plus personnelle. Peu de juifs parmi eux « font partie » des instances représentatives du judaïsme communautaire. Cependant, nul doute que beaucoup plus de juifs que ceux qui appartiennent au judaïsme institutionnel attribuent une importance existentielle, sentimentale, éthique et intellectuelle à leur judéité. Malgré ce « réveil » et ce « renouveau » chez les juifs français, on observe la prééminence de deux phénomènes : 1. Le judaïsme institutionnel ne représente qu'une infime partie de la communauté avec une faible proportion de jeunes. 2. Il existe un fort pourcentage de mariages mixtes. On ne peut faire l'impasse sur ces phénomènes si l'on veut restituer fidèlement ce qu'est le judaïsme français. Nous sommes témoins des premiers soubresauts d'un phénomène d'envergure sur la vie de la communauté juive, mais il est encore trop tôt pour en mesurer l'ampleur, susceptible de revêtir un sens profond dans les relations entre juifs et non-juifs, mais aussi entre Israël et la Diaspora.

Les radicaux et la Shoah

Pour un grand nombre de radicaux juifs « enfants de la guerre » et « enfants de rescapés », la Shoah constitue une épreuve personnelle qui les a marqués de son sceau indélébile. Ces épreuves et ces souvenirs étaient communs à de nombreux jeunes juifs français de la génération d'après la Shoah, même s'ils avaient opté pour des solutions individuelles, politiques et idéologiques différentes de celles des radicaux juifs.

La Shoah, produit mortifère du nazisme, était perçue par eux comme le « mal absolu » et l'« événement majeur du xxᵉ siècle ». Sur ce point, l'opinion des radicaux non juifs était parfois semblable à celle de leurs camarades juifs. En outre, la Shoah et ses répercussions constituaient une composante fondamentale de l'identité juive mais aussi de l'identité révolutionnaire des radicaux juifs.

Le lien à la Shoah a connu quelques bouleversements sur le plan individuel juif et communautaire, mais aussi au sein même de la société française. Depuis la seconde moitié des années 60, nous assistons à une remise en question et à un examen de conscience de la société sur ce que fut le régime de Vichy : dans la collaboration de Français à la déportation de juifs vers les camps d'extermination, comme dans l'aide prodiguée à l'Allemagne pour lutter contre les résistants. La raison pour laquelle la Shoah est devenue avec le temps un sujet pertinent et concret au sein même des débats publics est à rechercher dans l'émergence d'une nouvelle génération dépourvue de sentiments de culpabilité et cherchant à se démarquer de l'establishment et de la génération précédente. L'extrême gauche en fut l'une des manifestations authentiques et significatives — surtout entre la fin des années 50 et le début des années 60.

L'extrême gauche critiqua violemment l'inconstance et le manque de détermination de la gauche traditionnelle — les communistes et les socialistes — aux premiers stades de la lutte contre le fascisme et le nazisme. Aussi, l'opposition à la gauche traditionnelle au moment de la guerre d'Algérie contribua-t-elle également à l'émergence de la Nouvelle Gauche.

De plus, les radicaux juifs ne reniaient pas leur judéité. En cela, ils différaient des générations précédentes chez qui l'on pouvait parfois observer une dénégation, voire un abandon de leur identité. Ces phénomènes, comme par exemple le fait de masquer son appartenance juive ou de changer de patronyme, étaient perçus par les radicaux juifs de la génération de 68 comme un abandon des morts, ce qu'ils n'étaient de toute façon pas prêts à accepter. Ils dénoncèrent ces attitudes avec véhémence et mépris, même lorsqu'elles affectaient leur propre famille.

Nous avons cité en exergue du préambule un extrait d'une lettre d'Elie Wiesel « à un jeune juif d'aujourd'hui » écrite au début des années 70 au plus fort de la vague gauchiste. Wiesel insistait sur l'impact profond, souvent inconscient de la judéité sur le jeune juif « ignorant même ce que c'est que d'être juif » : « La contestation se confond avec les origines mêmes de l'histoire juive. Le mouvement contestataire moderne se situe dans cette ligne. D'autant que je le crois lié, lui aussi, aux répercussions bouleversantes de la Seconde Guerre mondiale ou, plus exactement, à l'holocauste. La méfiance, le refus de l'autorité, les troubles, les émeutes, la soif de vérité et de pureté, la détermination d'abolir uniformes et tabous, l'ombre du fait concentrationnaire plane sur les aspirations et agissements de vos camarades. Ils n'en sont peut-être pas conscients, mais leurs termes de références conviennent à ma génération plutôt qu'à la leur. [...] Que la contestation actuelle mette en relief beaucoup plus que le présent, j'en demeure convaincu. Son vocabulaire devrait vous donner à réfléchir : il vous ramène un quart de siècle en arrière [10]. »

Mémoire « *juive-universelle* » de la Shoah

La mémoire de la Shoah en Israël et particulièrement sa mémoire juive qui s'est également développée en Diaspora ont été façonnées progressivement comme les mémoires collectives des communautés ou d'une grande partie d'entre elles. En marge de la communauté, dans ses luttes et ses tensions, sont apparues les composantes d'une mémoire juive-universelle de la Shoah. Celle-ci a toujours émergé chez des individus qui avaient eux-mêmes façonné leur propre identité. Les deux idéologies qui furent appréhendées comme les « réponses universelles » au fascisme et à la Shoah, à savoir le communisme et la Nouvelle Gauche, n'étaient pas des réponses juives à la Shoah, même si des juifs avaient pris une part importante à leur développement. Elles négligeaient les spécificités juives dans leurs conclusions universelles, et perdirent, chacune en son temps, leur influence dans l'Europe de l'après-guerre.

La tentative de doter la mémoire de la Shoah de fondements universels s'est développée après la guerre dans la génération des survivants, chez des juifs proches du Parti communiste, des rescapés des organisations bundistes, et d'autres qui s'étaient engagés contre les Allemands. L'occultation de la spécificité juive de la Shoah et de la composante juive dans les mouvements de résistance était courante au sein des organisations communistes d'après guerre. Des communistes juifs qui avaient survécu à la guerre avaient cautionné, volontairement ou non, cette tendance. Toutefois, un grand nombre d'entre eux quitta au fil des années le Parti, parfois à la suite d'événements internationaux — la terreur du régime soviétique, l'invasion de la Hongrie en 1956 et de la Tchécoslovaquie en 1968 — ou encore en raison d'événements liés à la question juive ou à Israël.

La mémoire « juive-universelle » de la Shoah développée, entre autres, chez les juifs ayant appartenu à l'extrême gauche n'est ni institutionnalisée ni dogmatique. Elle revêt en général un caractère individuel et des manifestations diverses. Lorsque nous écrivons « mémoire juive-universelle de la Shoah », nous nous situons dans une optique universaliste, rattachée à l'individu en tant que tel, dont le juif, avec les conclusions qui découlent de la Shoah. Pour les tenants de la « mémoire juive-universelle de la Shoah », celle-ci revêt un sens qui transcende la question juive et le problème spécifique juif. Selon eux, elle est l'expression de la singularité de l'histoire juive, mais contrairement aux tenants de la mémoire sioniste de la Shoah, ils veulent en tirer principalement des leçons et des conclusions universelles, et justifier par là même leur combat contre le fascisme, l'oppression et l'injustice où qu'ils se trouvent.

Même après leur radicalisme militant, la Shoah n'a cessé de préoccuper les ex-radicaux juifs en tant qu'individus dans les structures juives ou dans le cadre de la politique française. Ils ont pris une part active depuis 1974 dans la résurgence dans « le présent, du passé non dégrossi de la période de la Shoah en France » selon les termes d'Henry Rousso. Dans toutes les affaires rattachées à la confrontation de la société française avec le passé de la Seconde Guerre mondiale, ils ont cherché à ce que les criminels de guerre soient jugés et à ce que soit révélée la part de responsabilité de la France dans l'extermination des juifs. Bien que presque toujours de gauche, ils critiquèrent avec la plus grande virulence les positions de François Mitterrand pendant et au sujet de la guerre. Ils protestèrent en particulier énergiquement contre son habitude de fleurir la tombe du maréchal Pétain le 11 novembre, jour de l'armistice de la Première Guerre mondiale. Ils lui avaient demandé de commémorer le 16 juillet, en souvenir des juifs français internés ce jour de 1942 au Vel' d'Hiv' d'où ils furent déportés vers les camps d'extermination.

Cédant à de multiples pressions, François Mitterrand avait été contraint d'accepter de décréter le 16 juillet comme jour de commémoration nationale, en souvenir « des persécutions, du racisme et de l'antisémitisme ». Jacques Chirac, à l'occasion du cinquante-troisième anniversaire de la rafle du Vel' d'Hiv', a accepté de reconnaître la responsabilité de l'Etat dans l'« erreur collective ». Il faut aussi mentionner le remarquable discours du Premier ministre Lionel Jospin le 20 juillet 1997, reconnaissant les fautes de la France envers les juifs, face au Mémorial du Souvenir, à l'occasion de la cérémonie du Vel' d'Hiv'. Ses propos incisifs impressionnèrent le grand public. Jamais un dirigeant français n'avait tenu de tels propos. Il mettait fin aux multiples tentatives de dénigrement et de séparation entre le régime de Vichy et l'Etat français du maréchal Pétain et la République française et ses diverses composantes. « Cette rafle fut décidée, planifiée et réalisée par des Français, déclara Jospin. Des responsables politiques, des administrateurs, des policiers, des gendarmes, y prirent leur part. Pas un soldat allemand ne fut nécessaire à l'accomplissement de ce forfait. Ce crime doit marquer profondément notre conscience collective[11]. »

Les ex-radicaux juifs œuvrèrent encore dans les années 80 et 90 contre les régimes totalitaires et contre l'oppression en divers endroits du monde. Certains tentèrent de s'opposer à ce qu'ait lieu en Argentine, sous la dictature militaire, la coupe du monde de football et s'insurgèrent contre le régime d'occupation soviétique en Afghanistan. Au début des années 90, quelques anciens radicaux juifs essayèrent de sensibiliser l'opinion publique et les gouvernements européens au génocide rwandais et à ce qui restait de l'ancienne Yougoslavie en appelant à des mesures d'urgence concrètes. Ils présentèrent même une liste au Parlement européen en faveur de la Bosnie. Bernard-Henri Lévy réalisa un film sur la Bosnie, et Bernard Kouchner, en tant que secrétaire d'Etat chargé de l'Action humanitaire, prit le risque de se rendre en Bosnie (il se rendit également au Rwanda).

En France après la Révolution de 1789 s'est instaurée une tradition de défense des droits de l'homme. Les juifs prirent une grande part aux organisations humanitaires et en furent parfois même les dirigeants. La mémoire juive-universelle de la Shoah a un impératif moral qui donne d'autant plus de poids à la lutte en faveur des droits de l'homme. Ainsi n'est-il pas surprenant que les anciens de 68 aient pris une part importante dans les organisations humanitaires luttant pour la défense des droits des minorités partout où la démocratie et les droits de l'homme étaient menacés.

La mémoire juive-universelle de la Shoah revêt une importance essentielle, censée nous conduire à examiner le lien entre particularisme juif et universalité — composante problématique de la vision collective juive. Il nous faut considérer les fossés — capables de se creuser encore davantage — entre la perception, le sens et les enseigne- ments de la Shoah pour les juifs israéliens et ceux de la Diaspora. Des travaux israéliens révèlent que peu de jeunes israéliens parviennent à formuler en des termes universels les leçons tirées de la Shoah.

L'enseignement sioniste de la Shoah peut se résumer ainsi : la nécessité de l'existence d'Israël, d'un Etat fort et stable, l'absence de sécurité en Diaspora et la nécessité pour tous les juifs s'y trouvant d'émigrer en Israël. Si nous voulons que la Shoah devienne une partie du patrimoine juif commun et que soit érigée une mémoire de la Shoah avec des composantes communes, il nous faut être conscients du fossé qui se creuse entre la mémoire juive- sioniste et la mémoire juive-universelle de la Shoah.

Il faut dire, rétrospectivement, trente ans après les événe- ments de Mai 68, que les anciens radicaux juifs ont trouvé un équilibre entre leur identité particulariste juive et fran- çaise et leur vision universaliste. La Shoah constitue légiti- mement une composante majeure de leur identité, un événement marquant, profond, authentique qui continue à nous hanter et à resurgir des profondeurs de l'âme. Mais il faut souhaiter que tout soit fait pour établir un plus grand équilibre entre les « leçons » sionistes et juives-uni- verselles de la Shoah. Dans l'enseignement et la perpétua- tion de la mémoire pour les jeunes générations, il est nécessaire de préserver l'approche fondamentale selon laquelle la valeur de la vie de l'homme en tant que tel est unique, qu'il soit juif, gitan, arménien, tibétain, bosniaque ou arabe. Le moyen pour y parvenir se trouve dans la combinaison de deux fondements apparemment contra- dictoires : d'un côté, la mise en relief de la singularité juive de la Shoah et, de l'autre, les inclinations qui nous portent, devant le malheur, à dénoncer l'oppression et les autres génocides qui ont émaillé l'histoire humaine et continuent de se perpétrer sous nos yeux. Ces deux fondements ne se contredisent pas mais sont complémentaires. C'est la jonction, la synthèse nécessaire entre le particulier et le général. Cette combinaison ajoutera un sens et dotera le souvenir de la Shoah d'une valeur d'autant plus universelle, morale et spirituelle, que sera plus justifiée l'injonction de ne pas oublier. Il n'est pas à craindre que cette synthèse conduise à relativiser la Shoah, ni à minimiser sa spécificité juive.

LISTE DES SIGLES

AMR   Alliance marxiste révolutionnaire
CCE   Commission centrale de l'enfance
CRIF   Conseil représentatif des institutions juives de France
FEJ   Front des étudiants juifs
FSJU   Fonds social juif unifié
FUA   Front universitaire antifasciste
GP   Gauche prolétarienne
JCR   Jeunesse communiste révolutionnaire
JSJ   Jeunesse socialiste juive
LCR   Ligue communiste révolutionnaire
MOI   Main-d'œuvre immigrée
MRAP   Mouvement contre le racisme et pour l'amitié entre les peuples
NRP   Nouvelle Résistance populaire
OJR   Organisation juive révolutionnaire
OSE   Œuvre de secours à l'enfance
UEC   Union des étudiants communistes
UEJF   Union des étudiants juifs de France
UJCMR   Union des jeunesses communistes marxistes révolutionnaires
UJJ   Union de jeunesse juive
UJRE   Union juive pour la résistance et l'entraide
VLR   Vive La Révolution

NOTES

Préambule

1. La communauté juive en Palestine avant la création de l'Etat d'Israël.

I. «Radicaux juifs» et «juifs radicaux» dans les années 60 et 70

1. Yaakov Talmon, *L'ère de la violence*, Tel-Aviv, Am Oved, 1975, pp. 263-264.

2. Le régime de de Gaulle ne tomba pas en fin de compte en mai 1968 mais en avril 1969. Douze années plus tard, en mai 1981, Mitterrand, qui en mai 68 avait été l'un des candidats opposés à de Gaulle, parvint à accéder au pouvoir. De nombreux gauchistes virent cela, du moins pendant un certain temps, comme leur victoire. Plusieurs analystes politiques affirment que la «révolution de 68» fut décisive pour la victoire de la gauche. Certains prétendent au contraire que Mai 68 n'a fait que retarder le processus de l'accession de la gauche au pouvoir d'une dizaine d'années, et qu'a posteriori il a été à l'origine des difficultés rencontrées par la gauche lors des élections. Voir à ce sujet Jean Baudrillard, «La gauche divine», *Le Monde*, 21-22 septembre 1983.

En revanche, il ne fait aucun doute que les mouvements d'extrême gauche ont contribué considérablement à l'affaiblissement du Parti communiste français qui représentait alors le plus fort parti de la gauche française.

3. Alain Delale, Gilles Ragache, *La France de 68*, Paris, Seuil, 1978, pp. 226-232.

307

Notes

4. Hervé Hamon, Patrick Rotman, *Génération*, 2 vol., Paris, Seuil, 1988, p. 659.
5. Nous relèverons ultérieurement les travaux isolés traitant de ce sujet.
6. Il se peut que la liste soit incomplète et non exhaustive. Mais elle mentionne les principaux acteurs des mouvements de gauche. Elle n'examine pas le phénomène d'un point de vue juif.
7. Marc Kravetz a joué aussi un rôle important en Mai 68. Il est également d'origine juive. Nous n'avons nulle intention de traiter en détail les organisations étudiantes et la Nouvelle Gauche, ni leur idéologie et leurs moyens d'actions. Les travaux et les différents ouvrages qui abordent la révolte étudiante mettent en relief, chacun sous une approche différente, un aspect de telle ou telle organisation. Mais tous font référence à ces personnalités. Parmi les dirigeants juifs des mouvements étudiants aux Etats-Unis, il faut citer Abbi Hoffman, Gerry Rubin, Marc Rudd.
8. Daniel Cohn-Bendit, *Le grand bazar*, Paris, Belfond, 1975, pp. 11-12.
9. La Ligue communiste révolutionnaire (LCR) est le prolongement de la Jeunesse communiste révolutionnaire (JCR). Encore active aujourd'hui, elle est liée à la IVᵉ Internationale, la plus grande organisation trotskiste internationale.
10. Alain Geismar raconte qu'on lui mit sous les yeux des journaux du Caire arguant de la filiation sioniste du mouvement de Mai 68, parce que des juifs se tenaient à la tête du mouvement contestataire. Lorsque Cohn-Bendit se rendit en 1970 en Israël il put entendre à la radio du Caire : « L'agent sioniste Cohn-Bendit est arrivé à Tel-Aviv. Celui qui a soutenu en France les organisations sionistes dévoile son véritable visage. » Les journaux d'extrême droite, particulièrement *Minute*, tentèrent de mettre en évidence les noms étrangers des leaders des manifestations de Mai 68. L'anecdote sur la Ligue et le yiddish, reprise par les organes d'extrême droite, fut fortement empreinte alors d'une coloration antisémite.
11. Voir plus loin, chapitre IV, au sujet de la communauté juive française.
12. Voir à ce sujet Haïm Adler, « La lutte étudiante, manifestation particulière de la culture de la jeunesse », *Mégamot*, vol. 18, 3ᵉ numéro, Jérusalem, 1972, pp. 313-323.
13. Perey S. Cohn, *Jewish Radicals and Radicals Jews*, Londres, Academic Press, 1980. C'est l'une des rares études exhaustives sur ce sujet, sans toutefois répondre à un grand nombre de questions fondamentales.

Notes

14. Yosef Gorny, *La quête de l'identité nationale*, Tel-Aviv, Am Oved, 1990, pp. 166-192.
15. Luc Rosenzweig, *La jeune France juive*, Paris, Libres-Hallier, 1980, p. 37.
16. Daniel Cohn-Bendit, *op. cit.*
17. Les interviews se sont déroulées dans le cadre de la recherche de Perey S. Cohn déjà citée. Je remercie Ely Ben-Gal de m'avoir permis d'y avoir accès.
18. Interview avec L.S. qui n'a pas été publiée.
19. En 1946, dans *Réflexions sur la question juive*, Sartre écrit : « Le juif est un homme que les autres hommes tiennent pour juif : voilà la vérité simple d'où il faut partir. En ce sens le démocrate a raison contre l'antisémite : c'est l'antisémite qui fait le juif. » Sartre affirme par ailleurs : « Qu'est-ce donc qui conserve à la communauté juive un semblant d'unité ? Pour répondre à cette question, il faut revenir à l'idée de situation. Ce n'est ni leur passé, ni leur religion, ni leur sol qui unissent les fils d'Israël. Mais s'ils ont un lien commun, s'ils méritent tous le nom de juif, c'est qu'ils ont une situation commune de juifs, c'est-à-dire qu'ils vivent au sein d'une communauté qui les tient pour juifs. En un mot, le juif est parfaitement assimilable par les nations modernes, mais il se définit comme celui que les nations ne veulent pas assimiler » (Paris, Gallimard, 1954, pp. 81-84). A la fin de sa vie, lors d'interviews avec Benny Lévy, Sartre revint sur son analyse de la question juive et reconnut qu'il avait méconnu le patrimoine culturel juif. Ces entretiens publiés par *Le Nouvel Observateur* firent alors grand bruit.
20. Interviews réalisées en 1982.
21. Voir par exemple Lazare Bitoun, « Israélites hier, juifs aujourd'hui », *Traces*, n° 3, 1981, pp. 78-79. Nous reviendrons ultérieurement sur le livre de Goldman, *Souvenirs obscurs d'un juif polonais né en France*, et sur le fameux slogan lié à Daniel Cohn-Bendit : « Nous sommes tous des juifs allemands. » « Juif » et non « israélite » !
22. Voir aussi le chapitre II.
23. Marc Kravetz, interviewé à Paris les 2 et 9 octobre 1983.
24. Interviews à Paris en septembre 1983. Même alors elle ne put s'expliquer cet état de fait, et en tant que sociologue, la chose lui parut encore plus stupéfiante.
25. Edith Deleage en septembre 1983.
26. Nous citerons parfois leurs propos, tout en conservant autant que possible leur exacte formulation. Les accents, les hésitations, les redites, les corrections et les silences revêtent à notre avis une grande importance. Mais nous sommes conscient de la difficulté qui

réside dans la restitution de ces éléments, précisément sous la forme d'un texte écrit comme celui-ci.

II. *L'obsession du passé. Radicaux, « enfants de la guerre », nés à la fin des années 30 et pendant la guerre*

1. D'autres militaient dans des mouvements sionistes, essentiellement dans les mouvements sionistes-socialistes. Pendant ces années-là, très peu de jeunes faisaient partie de mouvements juifs religieux. Il y avait aussi ceux qui cherchaient leur voie différemment, et pour qui toute structure politique, idéologique ou religieuse ne représentait rien d'essentiel.

2. Voir entre autres : Helen Epstein, *Children of the Holocaust*, New York, G.P. Putman and sons, 1979 ; Claudine Veigh, *Je ne lui ai pas dit au revoir*, Paris, Gallimard, 1969. Ces deux ouvrages sont des témoignages, le premier d'enfants de rescapés, le second d'enfants dont les parents sont morts pendant la Shoah. Sur le même sujet a été publié également en France : Nathalie Zajdde, *Souffle sur ces morts et qu'ils viennent. La transmission du traumatisme chez les enfants des survivants de l'extermination nazie*, Paris, la Pensée sauvage, 1993.

3. Interview de Daniel Cohn-Bendit, *Libération*, 10 décembre 1975.

4. *Ibid.* La définition, intéressante en elle-même, ne clôt pas le sujet, à notre avis, du lien de Cohn-Bendit à son identité juive.

5. Henri Empa, « Nous sommes tous des juifs allemands », *Les Nouveaux Cahiers*, n° 16, hiver, 1968-1969.

6. Le mouvement de Pierre Poujade ou l'Union de défense des commerçants et artisans.

7. Voir André Harris, Alain de Sédouy, *Juifs et Français*, Paris, Grasset, 1979, pp. 178-179.

8. Daniel Cohn-Bendit, *op. cit.*, pp. 31-33.

9. Pierre Goldman, *Souvenirs obscurs d'un juif polonais né en France*, Paris, Seuil, 1975, p. 111.

10. Pour les détails sur la constitution des réseaux de soutien contre la guerre d'Algérie, voir entre autres : H. Hamon, P. Rotman, *Les porteurs de valises. La résistance française à la guerre d'Algérie*, Paris, Albin Michel, 1979, où il est fait mention de l'action de Michèle Firk. Les auteurs, nés à la fin des années 40, ont également rejoint l'extrême gauche à la fin des années 60. Patrick Rotman a aussi été interviewé dans le cadre de cette étude.

11. Michèle Firk, *Ecrits réunis par ses camarades*, Paris, Eric Losfeld, 1969, p. 105.

12. *Ibid.*, p. 108.

13. *Ibid.*

14. Article paru dans *Jeune Afrique*, le 26 mars 1967, sous le titre « Tous des nègres ».

15. Il était inhabituel alors d'exprimer un avis personnel sur l'histoire de la Shoah. C'est également l'époque de l'explosion gauchiste. Ses propos viennent confirmer, selon nous, à quel point la Shoah était présente dans l'esprit de Michèle comme dans celui de ses contemporains.

16. Il ne faut pas voir dans ses propos une allusion aux « multiples shoah » susceptibles d'être perpétrées, comme il est possible de trouver parfois chez les tenants de l'universalisme. Michèle Firk parle ici de la relation avec l'autre, l'étranger.

17. L'article était destiné à la *Jeunesse d'Avant-Garde* (mars 1967) mais ne parvint pas à temps. Il fut publié dans le livre qui lui est dédié.

18. Michèle Firk, « Etoiles », *Cinéma 60*, n° 45, 1960.

19. Notre entretien avec A.K. fut des plus émouvants. En dehors d'un nom, d'un numéro de téléphone dont il n'était pas certain qu'il fût encore valable, nous ignorions tout de la femme que nous allions rencontrer. Après de multiples hésitations, elle accepta le principe de la rencontre, mais demanda à rester anonyme.

20. Nous aborderons par la suite la relation des radicaux juifs avec les Palestiniens. Il faut souligner qu'ils ne prirent qu'une part limitée, sauf à quelques rares exceptions près, à la mobilisation active et sur le terrain en faveur des Palestiniens. En cela A.K. est un parfait exemple.

21. Entretien, le 2 septembre 1985.

22. Voir Luc Rosenzweig, *op. cit.*, pp. 36-37.

23. Il convient de souligner que l'on perçoit chez quelques radicaux juifs un processus dans lequel le judaïsme acquiert progressivement de l'importance. Dans les familles intégrées en France, qui ne sont pas les familles d'immigrants, la judéité des enfants est plus fortement exprimée et revendiquée que celle des parents. L'article de Geismar fut publié dans *Information juive*.

24. *Génération, op. cit.*, I, pp. 312-328.

25. « *Never again* ». Plus jamais ça. La référence est bien sûr à la Seconde Guerre mondiale. Mais certaines personnalités et des organisations donnèrent à ces slogans d'autres significations.

26 Entretien, le 20 septembre 1983.

27 *Génération, op. cit.*, I, p. 591.

28. En tant que français et non en tant que juif, de ce fait, sa mère était femme de prisonnier de guerre, ce qui les sauva toutes les deux.

29. Malgré ses propos, il faut rappeler que, parmi les officiers de l'armée française en Algérie, il y avait aussi d'anciens résistants, dont certains avaient été internés dans des camps de concentration nazis.

30. Ainsi est-il possible d'expliquer entre autres les violentes réactions qu'Israël suscita en eux à travers la transformation négative de l'image du juif, qui de persécuté s'était mué en persécuteur.

31. Entretien à Paris, septembre 1983.

32. Voir l'histoire du navire-hôpital *Ile-de-Lumière* venu secourir des réfugiés vietnamiens en mer de Chine : Bernard Kouchner, *L'Ile-de-Lumière*, Paris, Ramsay, 1980. Au même moment, André Glucksmann servait d'intermédiaire dans la fameuse réconciliation entre Sartre et Raymond Aron. Ils se rendirent tous les trois auprès du président de la République afin qu'il intercédât en faveur des réfugiés.

33. *Génération, op. cit.*, II, pp. 544-546.

34. Entretien. Voir entre autres Alain Brossat, Sylvia Klingberg, *Le Yiddishland révolutionnaire*, Paris, Balland, 1983. Les auteurs de cet ouvrage comme ceux qui ont réalisé la série télévisée intitulée « Le Pays du yiddishland révolutionnaire » font partie des radicaux juifs dont traite notre étude. Selon nous, leur intérêt pour la lutte révolutionnaire juive s'inscrit dans la quête identitaire des années 70.

35. Parmi les chefs de file du Soviet de Munich en 1919 aux côtés de Kurt Eisner, Gustave Landauer et Ernst Toller. Il fut assassiné dans le camp de concentration d'Oranienburg en 1934 par les nazis.

36. Le processus du « retour aux sources » sera traité ultérieurement.

37. Ania Francos, *Sauve-toi Lola*, Paris, Bernard Barrault, 1983.

38. *Ibid.*, pp. 13-14.

39. *Ibid.*, pp. 23-24.

40. *Ibid.*, p. 25. Nous avons également trouvé d'autres témoignages des sentiments complexes, y compris de culpabilité, de ceux qui n'ont pas vécu la Shoah à l'encontre de leurs proches qui ont été déportés.

41. *Ibid.*, p. 47.

42. Entretien à Jérusalem, avril 1984.

43. Le changement ou la modification du patronyme en France est une procédure extrêmement compliquée qui peut prendre des années.

44. « Pas ici en Israël », ajoute-t-elle en riant. D'après ses propos, elle était indifférente à Israël et, pour avoir adhéré aux positions antisionistes de la gauche, ne se sentait pas concernée par ce qui s'y passait. Au cours de l'interview, elle avouera qu'elle se sentait tout de même impliquée, car son opposition à Israël était trop exa-

cerbée pour ne pas être suspecte. Elle ajoute : «J'ai exagéré en disant que je n'éprouvais que de l'indifférence à l'égard d'Israël. Dans une partie enfouie de moi-même, depuis la plus tendre enfance, j'ai toujours pensé qu'il était bien qu'Israël existât. Au cas où cela recommencerait... Sait-on jamais, j'ai toujours pensé que je pourrais y aller.»

45. « En Israël non plus je ne pouvais supporter ce qui se passait dans les Territoires, mais ça restait abstrait pour moi», a-t-elle ajouté.

46. Régine, comme beaucoup de juifs de gauche, a une image idéale, mystique à plusieurs points de vue, du juif, rattachée à une certaine vision de l'«éthique juive». Nous aborderons ce sujet ultérieurement.

47. Pierre Goldman, *op. cit.*

48. Hélène Cixous, *Un K. incompréhensible Pierre Goldman*, Paris, Christian Bourgois, 1979, p. 64.

49. « Il a symbolisé cette génération de manière particulièrement émouvante, il a incarné notre génération», a dit l'un de ses contemporains, Alain Krivine, leader de la plus grande organisation trotskiste française, la Ligue communiste révolutionnaire, lors d'un entretien en octobre 1983.

50. Raymond Aron, *La révolution introuvable*, Paris, Fayard, 1968.

51. Régis Debray, *Les rendez-vous manqués*, Paris, Seuil, 1975, p. 61.

52. Pierre Goldman, *op. cit.*, p. 27.

53. *Ibid.*, p. 37. Cette « pensée lancinante» s'exprime en de nombreux autres endroits du livre. Voir entre autres pp. 40, 42, 77, 79.

54. *Ibid.*, p. 35.

55. *Ibid.*

56. *Ibid.*, p. 33.

57. *Ibid.*, p. 39.

58. *Ibid.*, p. 43.

59. *Ibid.*, p. 56.

60. *Ibid.*, p. 103.

61. *Ibid.*, p. 73.

62. *Ibid.*, pp. 92-94.

63. *Ibid.*, p. 83.

64. On peut donner, comme certains ont essayé de le faire, une explication psychologique, voire psychanalytique, de ces actes délictueux.

65. *Ibid.*, p. 98.

66. *Ibid.*, p. 117.

67. *Ibid.*, pp. 121-123.

III. La douleur de la génération de la paix. Les « enfants des resca-pés », nés à la fin des années 40 et au début des années 50

1. La majorité des radicaux juifs, en dehors de ceux qui à la fin des années 50 et au début des années 60 arrivèrent d'Afrique du Nord ou d'Egypte, sont des enfants de rescapés, ou des survivants eux-mêmes.
2. Entretien, octobre 1983.
3. Entretien, septembre 1983.
4. Alain Finkielkraut, *Le juif imaginaire*, Paris, Seuil, 1980, p. 25.
5. *Ibid.*, p. 27.
6. *Ibid.*, pp. 22-23.
7. *Ibid.*, pp. 13-14.
8. *Ibid.*, pp. 17-18.
9. Régis Debray, *op. cit.*, p. 59.
10. *Ibid.*, p. 81.
11. *Ibid.*, p. 86. Ce fait constitue peut-être l'une des explications de la quête, pour cette génération, de changement, de sens et d'aventure, incarnée par la révolution. Il peut expliquer l'attrait pour beaucoup, dont Debray lui-même, pour le tiers-monde où ont lieu alors, selon eux, des événements déterminants dont dépend l'avenir du monde.
12. Alain Finkielkraut, *op. cit.*, pp. 15-16.
13. *Ibid.*, pp. 19-20.
14. Entretien, octobre 1983. Certains affirment qu'une partie de ces jeunes juifs, pour prouver leur fidélité au passé du juif opprimé, ont oublié le juif d'aujourd'hui. Etre juif signifie pour eux se battre systématiquement aux côtés des ennemis du juif actuel. Quelques-uns d'entre eux furent fidèles aux juifs du passé en s'identifiant aux ennemis des juifs d'aujourd'hui. A leurs yeux, Israël est un pays antijuif, ne correspondant pas à l'image du juif persécuté. Quant aux Palestiniens, ils représentent pour eux les « nouveaux juifs du Proche-Orient ».
15. *Ibid.*
16. Nadine Fresco, « La Diaspora des cendres », L'Emprise, *Nou-velle Revue de psychanalyse*, n° 24, automne 1981, pp. 205-220.
17. Alain Finkielkraut, *L'avenir d'une négation. Réflexions sur la ques-tion du génocide*, Paris, Seuil, 1982. Nadine Fresco, « Les redresseurs de morts », *Les Temps modernes*, juin 1980.
18. Nadine Fresco, *op. cit.*, p. 211.
19. *Ibid.*, p. 207. Voir par exemple l'entretien avec Régine Dikoïs-Cohen au chapitre II.
20. *Ibid.*, p. 208.

21. *Ibid.*, pp. 213-217.

22. Entretien, Paris, décembre 1983.

23. Edith Deleage, *L'imaginaire juif aujourd'hui, enquête sur les juifs ashkénazes nés en France à la fin de la guerre et dans l'immédiat après-guerre*, DEA, Paris VIII.

24. Annette Wieviorka, *L'écureuil de Chine*, Paris, Les Presses d'Aujourd'hui, 1979.

25. *Ibid.*, p. 208.

26. *Ibid.*, p. 7-11, et entretien, décembre 1983.

27. Annette Wieviorka, I. Niborski, *Les livres du souvenir*, Paris, Gallimard-Julliard, coll. « Archives », 1983.

28. Jean-François Steiner, *Treblinka*. *La révolte d'un camp d'extermination*, Paris, Fayard, 1966. Steiner raconte qu'au début les juifs se sont laissé arrêter par les Allemands sans opposer de résistance. Puis il décrit le soulèvement du camp de Treblinka. Le livre parut en France en 1966, avec une préface de Simone de Beauvoir.

29. Entretien, Paris, 5 octobre 1983.

30. Cette organisation de tendance trotskiste marxiste révolutionnaire s'est séparée de la IVᵉ Internationale en 1965. Elle fut plus extrémiste que d'autres dans son soutien aux Palestiniens et entra en contact avec le Front populaire démocratique pour la libération de la Palestine (le FPDLP), l'organisation de Nayef Hawatmeh. Jean-Louis, alors à la tête de son organisation, vint en visiteur avec d'autres militants dans un camp de Palestiniens en Jordanie appartenant au FPDLP, lors des vacances de Noël de l'hiver 1969-70.

31. Entretien.

32. Voir chapitre VI, note 24.

33. *Libération*, 16 octobre 1973.

34. Dans *Réflexions sur la question juive*, que Sartre écrivit au lendemain de la guerre, on trouve l'affirmation selon laquelle c'est l'antisémite qui fait le juif (voir chapitre I, note 19). Nous reviendrons sur ce sujet déjà abordé précédemment, parce qu'une partie des radicaux juifs ont défini leur judéité, du moins par le passé, en réaction à l'antisémitisme.

35. La télévision a par la suite déprogrammé l'émission au motif que les modes d'investigation et les gens interviewés ne convenaient pas.

IV. Portrait d'une génération. La communauté juive et la jeunesse juive en France (1945-1972)

1. David Weinberg, « The French Jewish Community after World War II : The Struggle for Survival and Self-Definition », *Forum*, n° 45,

été 1982. Pour ce qui est des études démographiques se référer à Doris Bensimon-Donath, Sergio Della Pergola, *La population juive de France : socio-démographie et identité,* Jérusalem, The Hebrew University of Jerusalem, 1984.

2. Isaac Pougatch, *Se ressaisir ou disparaître,* Paris, Editions de Minuit, 1955.

3. « Une enquête sur la situation du judaisme français », *Evidences,* nos 14, 15, 16, 1950-1951.

4. Jacques Paugan, *Génération perdue,* Paris, Laffont, 1977. Cette expression ne concerne ici en rien « une génération juive perdue ».

5. Différentes études évaluent le nombre de juifs en France en 1945 entre cent cinquante mille et cent quatre-vingt mille personnes, alors qu'ils étaient deux cent soixante-dix mille, voire trois cent cinquante mille selon certaines évaluations, avant la guerre.

6. On évalue le nombre de personnes déplacées arrivées en France entre 1945 et 1948 autour de trente-cinq mille, voire quarante mille. Le nombre d'orphelins en France après la guerre est estimé quant à lui autour de cinq mille.

7. David Lazar, *L'opinion française et la naissance de l'Etat d'Israël,* Paris, Calmann-Lévy, 1972.

8. Ces sujets n'ont jamais été traités et il est difficile d'évaluer l'ampleur et la signification qu'ils ont eues pour la communauté juive. Ce bref aperçu n'a pas la prétention de se substituer à une étude approfondie sur le développement de la communauté juive française dans l'après-guerre. Cette étude, qui reste à faire, comblerait une grande lacune.

9. Lors d'un colloque qui s'est tenu à Jérusalem en 1987, le nombre de juifs français a été évalué aux alentours de cinq cent trente mille personnes. Voir : Sergio Della Pergola, Leah Cohen, éd., « World Jewish Population : Trends and Policies », *Jewish Population Studies,* n° 23, Jérusalem, The Hebrew University of Jerusalem, 1992, p. 37.

10. On a beaucoup écrit ces dernières années sur ce sujet. Parmi les publications françaises, voir en particulier : Doris Bensimon-Donath, *L'intégration des juifs nord-africains en France,* Paris, Mouton, 1971 ; Doris Bensimon-Donath, *Immigrants d'Afrique du Nord en Israël,* Paris, Editions Anthropos, 1970 ; « Le second Israël (la question sépharade) », *Les Temps modernes,* n° 394 *bis,* 1979 (numéro spécial) ; *Yod,* vol. 2, fascicule I, octobre 1976 (numéro consacré aux juifs nord-africains).

11. Le militantisme radical, comme nous l'avons précisé au chapitre I, se rattache à plusieurs théories sur le lien entre juifs et révolu-

tion, comme l'hypothèse de la marginalité sociale, ou celle des changements sociaux et du statut de la minorité juive.

12. On a pu observer dans les années 60 et 70 un accroissement sensible du nombre d'élèves dans les écoles juives françaises, avoisinant, au milieu des années 80, les cent mille élèves. Mais il faut rappeler que leur pourcentage des écoles juives en France reste très faible.

13. L'OSE (Œuvre de secours à l'enfance) fut créée en Russie en 1912 et est apparue en France en 1933. Elle avait pour but d'aider et de protéger les enfants juifs pendant la guerre, et le cas échéant de les cacher et de leur faire passer les frontières françaises. Après la guerre, les orphelins et les enfants en difficulté furent élevés et éduqués dans les foyers et les homes de l'organisation.

14. Quelques membres éminents de la communauté juive actuelle sont d'abord passés par cette organisation. Elle perdit beaucoup de son importance à la fin des années 60, mais a repris un second souffle depuis le milieu des années 80.

15. A part les écoles, les mouvements de jeunesse et les organisations d'étudiants auxquels nous avons déjà fait référence, il faut également rappeler le rôle des cours d'instruction religieuse ou Talmud Torah, les centres communautaires et les centres aérés. Il faut y ajouter aussi, avec l'afflux massif des juifs d'Afrique du Nord, le DEJJ fondé en 1962 (Département d'études pour la jeunesse juive), affilié au FSJU (Fonds social juif unifié). Ce mouvement fondé en Afrique du Nord avait pour objectif l'acculturation des jeunes juifs d'Afrique du Nord. Son intense activité dans les années 60 tant à Paris qu'en province s'est affaiblie au cours des années 70.

16. David Weinberg, *Les juifs à Paris de 1933 à 1939*, Paris, Calmann-Lévy, 1974, pp. 56-57.

17. Ce mouvement publia un journal en français qui commença tout d'abord à être diffusé clandestinement en 1944. Il continua de paraître jusqu'en 1946. Il n'y eut en tout et pour tout que 36 numéros.

18. Ces actions, dont témoignent certains radicaux juifs, prirent le nom d'entrisme ou de noyautage.

19. Une militante trotskiste affirme : « La Nouvelle Gauche n'aurait pu exister en France sans les juifs, et particulièrement sans le Hashomer Hatsaïr. » Il faut rappeler que les organisations de la Nouvelle Gauche étaient composées en majorité de jeunes, dirigés eux-mêmes par d'autres jeunes. Ils s'affranchirent du paternalisme des adultes, à la différence des organisations de jeunesse et d'étudiants d'obédience communiste et socialiste.

20. Jacques Hermone, *Israël, la gauche et les juifs de la Table ronde*,

Paris, 1970, pp. 222-225. Les expressions utilisées par l'auteur à l'endroit de ces juifs sont d'une extrême violence, comme par exemple, ces « renégats », « kapos », « parjures », ou « collaborateurs avec l'ennemi ».

21. Il y avait également dans les Comités d'action lycéens (CAL) d'obédience trotskiste un nombre non négligeable de juifs. Voir l'entretien avec J.A., le 5 août 1982.

22. Voir les différents numéros de *L'Etoile rouge* parus entre 1970 et 1972, et l'entretien avec I.T., ancien membre de l'organisation. Ely Ben-Gal, représentant du Mapam en France alors, fut à l'initiative de la naissance de l'organisation. Ely Ben-Gal, *Mardi, chez Sartre*, Paris, Flammarion, 1992, pp. 119-122.

23. Annie Kriegel, *Communismes au miroir français*, Paris, Gallimard, 1974, pp. 179-196.

24. Le premier mariage mixte contracté dans sa famille a été celui de son neveu quelques mois auparavant. L'entretien s'est déroulé en 1972.

25. Entretien avec L.S. en 1972. Elle épousa par la suite un nonjuif. Elle affirmait alors qu'en aucun cas elle ne circoncirait son fils, ce qu'elle fit toutefois !

26. Entretien, septembre 1983.

27. La famille Rothschild était à la tête dans les années 60 des trois plus grandes organisations juives : Guy de Rothschild dirigeait le FSJU (dont David de Rothschild était le secrétaire). Alain tenait quant à lui les rênes du CRIF (Conseil représentatif des institutions juives de France) et dirigeait le Consistoire central. Wladimir Rabi a violemment critiqué, dans un article intitulé « L'establishment juif, structures et idéologies », « le phénomène Rothschild » portant ombrage, selon lui, à la communauté juive institutionnelle. Il étaye son propos en citant Alexandre Weil, écrivain connu en son temps et ami de Balzac et de Heine, qui stigmatisait déjà en 1844 l'hégémonie de la famille Rothschild sur le judaïsme français. Wladimir Rabi, « L'establishment juif. Structures et idéologies, Catalogue pour les Juifs de maintenant », *Recherches*, n° 38, septembre 1979.

28. Le révolutionnaire est souvent identifié au communiste, mais il faut rappeler que les organisations de la Nouvelle Gauche ont condamné et combattu énergiquement le PCF et le régime soviétique.

29. *L'Arche*, n°s 136-137, juin-juillet 1968.

30. Reine Silbert, « El Fatah à la Sorbonne », *L'Arche*, n° 136-137, pp. 15-16.

```
              Costa Coffee
           510 Mumbles Road
              Swansea
               SA3 4BU

Costa Coffee
VAT NO:243 292 864
KLEE 09/05/2011 15:18

Till 1  Sale 154659

  1 Latte Medio El               2.45*
                          ----------
                   TOTAL           2.45
                          ----------
                   CASH            2.45
                          ----------
                   CHANGE          0.00
                 * V.A.T.          0.41

          Tel:
     Thank you for your custom
==================================

Coffee Club Card : 633780******4552076*
Expiry: None

Txn Type: Points Issuance
Txn No: 219923  Seq No: 1090250

          Points Issued:     10

     ----------------------------
     Points Balance :    100
     ----------------------------

              APPROVED

  Thank you for using your Costa Card
```

31. Alain Geismar, Serge July, Edgar Morin, *Vers la guerre civile*, Paris, Publications premières, 1968, pp. 425-426.
32. Luc Rosenzweig, *op. cit.*, pp. 66-68.

V. « Les héros de mon enfance ont des noms bien précis : ceux de l'Affiche rouge. » Lien et identification aux victimes et aux héros de la Shoah

1. Henry Rousso, *Le syndrome de Vichy*, Paris, Seuil, 1990, deuxième édition revue et mise à jour.
2. *Ibid.*, pp. 119-121.
3. Sur le groupe Manouchian, voir entre autres Philippe Ganier Raymond, *L'Affiche rouge*, Paris, Fayard. 1975.
4. Pierre Goldman, *op. cit.*, pp. 33, 62.
5. *Ibid.*
6. Wladimir Rabi, *L'homme qui est entré dans la loi*, (Pierre Goldman), Paris, La Pensée sauvage, p. 52.
7. Pierre Goldman, *op. cit.*, p. 28.
8. Les extraits cités proviennent d'une lettre à Wladimir Rabi reproduite dans son livre, p. 52. *Lacombe Lucien* et *Les violons du bal* sont deux films traitant de la période de l'Occupation en France.
9. Pierre Goldman, *op. cit.*, p. 30. Il fait référence en note à quelques ouvrages rappelant la judéité de plusieurs combattants clandestins.
10. Robert Linhart, *L'établi*, Paris, Ed. de Minuit, 1978, pp. 9, 112, 149-150.
11. Régis Debray, *op. cit.*, p. 19.
12. Entretien avec M.K., le 2 octobre 1983.
13. Cet antagonisme est également sensible, comme nous l'avons vu, lors des événements de Mai 68.
14. Alain Brossat, Sylvia Klingberg. *op. cit.*
15. *Les révolutionnaires du Yiddishland*, une série de trois émissions, proposées par Michel Rotman et Gérard de Verbizier sur un projet d'Alain Brossat, Myriam Glykerman, Sylvia Klingberg, Bernard Suchecky, Gérard de Verbizier. Ce dernier, issu d'une famille noble, fut le seul membre non juif (sur onze) au comité central de la Ligue en 1968.
16. Moshé Zalcmann, *Histoire véridique de Moshé*, Paris, Encres, 1977. Deux des traducteurs ont été interviewés, les deux autres ont été cités dans le cadre de cette étude.
17. Maurice Szafran, *Les juifs dans la politique française*, Paris, Flammarion, 1990, p. 184.

18. *Ibid.*, pp. 182, 213-214.
19. Léopold Trepper, *Le Grand Jeu*, Paris, Albin Michel, 1975. Patrick Rotman a été interviewé lors de la préparation de cette recherche, et est l'un des cosignataires de *Génération*.
20. Pierre Goldman, *op. cit.*, pp. 29-30.
21. Entretien avec Eva Pasht, Paris, octobre 1983.
22. Entretien avec Jean-Louis Weissberg, Paris, octobre 1983.
23. Entretien avec Frédéric Degaz, Paris, octobre 1983.

VI. Le lien avec Israël

1. Raymond Aron, *De Gaulle, Israël et les juifs*, Paris, Plon, 1968.
2. Jacob Kaplan, *Judaïsme français et sionisme*, Paris, Albin Michel, 1976, p. 24.
3. En trois années, de 1969 à 1971, 12 287 juifs sont arrivés de France en Israël, comparativement aux 4 946 qui avaient émigré durant les quatre années précédentes (de 1965 à 1968), parmi les 39 000 émigrants français que l'on a pu recenser jusqu'en 1979, soit une moyenne annuelle de 1 219 émigrants. Il n'y a pas eu depuis de changement sensible dans le pourcentage d'émigrants français, si l'on se réfère à la moyenne annuelle. La France vient en dixième position dans le pourcentage du nombre d'émigrants juifs débarquant en Israël. Voir Eitan Sabatello, « L'Aliyah de France et l'intégration sociale des immigrants », *Sillages*, n° 3, octobre 1980.
4. Daniel Cohn-Bendit, *op. cit.*, p. 18.
5. Entretien, le 29 septembre 1983. Voir le chapitre III. Ce sentiment ambigu se retrouve également dans d'autres témoignages.
6. Entretien, septembre 1983.
7. André Harris, Alain de Sédouy, *op. cit.*, pp. 175-176.
8. Daniel Cohn-Bendit, *op. cit.*, pp. 13-20 : « L'idéologie nazie de la race supérieure, eh bien elle est étalée en permanence en Israël [...] La conséquence logique de la création de l'Etat d'Israël était d'opprimer, d'essayer de réduire à l'esclavage les Arabes et les Palestiniens. »
9. *Ibid.*, pp. 10-11.
10. *Ibid.*, p. 11.
11. Pierre Goldman, *op. cit.*, p. 62.
12. Quelques-uns purent en témoigner, alors qu'ils étaient encore militants dans des organisations gauchistes.
13. Ely Ben-Gal, *op. cit.*, pp. 158-159.
14. Entretien, Paris, octobre 1983.
15. Selon lui, Israël attaqua délibérément les Arabes pour rompre

le processus de radicalisation en Egypte et dans les autres pays arabes, à cause du problème palestinien et du caractère sioniste de l'Etat d'Israël.

16. Xavier Vallat (1891-1972), avocat et homme politique, membre des Croix-de-Feu, fut un farouche partisan d'Israël, où, pensait-il, tout juif devait émigrer.

17. Dans les années 60, Jean-Louis Tixier-Vignancour dirigeait l'organisation d'extrême droite l'Alliance républicaine qui prônait l'idée d'une France corporatiste et traditionaliste (expression pseudo-scientifique du fascisme) à l'image de la France de Vichy.

18. Alain Geismar, lors d'un entretien y fit également référence. Il pensait aussi qu'Israël n'était pas menacé en 1967. Il considéra également comme insupportable le soutien apporté par l'extrême droite à Israël, particulièrement celui de Vallat et de Tixier-Vignancour. Dans le journal de la Gauche prolétarienne, ce fait est également souligné au début des années 70 au moment où simultanément il stigmatisait la politique israélienne.

19. Plusieurs fois au cours de ces entretiens ont surgi des doutes et des interrogations quant à la possibilité qu'un juif puisse être fasciste.

20. Brochure de formation à l'usage des futurs militants, non datée, apparemment éditée entre 1968 et 1969.

21. Cité dans le travail d'Edith Deleage, p. 47.

22. *L'Idiot international* commença à paraître à la fin de 1969 en France et en Grande-Bretagne. Il cherchait à représenter les tendances de l'extrême gauche et ouvrait ainsi ses colonnes aux différents courants d'opinion. Il parvint, à une certaine époque, à atteindre les cent mille exemplaires, le plus grand tirage atteint par un journal d'extrême gauche. Voir les prochains paragraphes, et ceux consacrés dans le chapitre VII au procès de Leningrad, l'analyse détaillée d'Ely Ben-Gal sur la position de la presse d'extrême gauche en France à l'encontre d'Israël dans les années 1967-1970 : *Israël dans la presse d'extrême gauche en France (janvier 1967-décembre 1970)*, thèse de doctorat, université de Paris-Sorbonne, 1974.

23. Entretien avec Jean-Louis Weissberg, 5 octobre 1983. Des extraits de cet entretien figurent également dans d'autres chapitres.

24. Après l'interdiction de l'organisation UJCMR en juin 1968, une partie de ses militants, trouvant la Gauche prolétarienne trop « doctrinaire », fondèrent avec d'autres étudiants libertaires ayant autrefois appartenu au Mouvement du 22 mars l'organisation VLR. Ils entreprirent des actions concrètes comme la création d'un centre culturel pour la population portugaise dans une banlieue déshéritée près de Nanterre. En septembre 1970, VLR avec d'autres

321

groupes de jeunes vivant en communauté, associés à des homo-
sexuels radicaux et à des membres du MLF fondèrent le bihebdomadaire *Ce que nous voulons : Tout.*

25. Pierre Gagner, « Appel aux juifs », *Ce que nous voulons : Tout,*
n° 2, septembre 1970.

26. *Ce que nous voulons : Tout,* n° 4, novembre 1970.

27. *Le Cri du peuple,* n° 3, décembre 1970.

28. Entretien, Paris, 5 octobre 1983.

29. Déclaration des participants, Amman, 1ᵉʳ janvier 1970 ; cité
par la revue trimestrielle, *Sous le drapeau du socialisme,* n° 51, 1970.

30. *Génération, op. cit.,* II, p. 91. Mohammed Hamchari fut exécuté
plus tard par des agents du Mossad.

31. *Ibid.,* p. 93.

32. Maurice Szafran, *op. cit.,* p. 188.

33. *Génération op. cit.,* II, p. 94.

34. *Ibid.,* p. 90.

35. Marek Halter. *Le fou et les rois,* Paris, Albin Michel, 1976, pp. 9-
13.

36. *Libération* 16 octobre 1973. Fondé en 1973, il avait pour ambition de développer une nouvelle forme de journalisme en s'inspi-
rant des idées gauchistes. Le journal, qui connut plusieurs
transformations au fil du temps, est l'un des organes de presse les
plus importants en France. Il s'est également singularisé par le ton
de ses éditoriaux pendant la guerre de Kippour. Il était dit entre
autres que « la guerre israélo-arabe divisait profondément les progressistes en France ». « A la rédaction de *Libération,* les choses ne
sont pas si simples. Certains d'entre nous sont d'origine juive. Certains soutiennent les armées arabes. D'autres ont peur que la victoire arabe ne signifie un nouveau malheur pour le peuple juif.
Rationnellement, ils seraient d'accord avec la dialectique de l'histoire qui a fait de l'humilié de Varsovie un oppresseur des Palestiniens au Moyen-Orient, mais émotionnellement, ce n'est pas aussi
facile. Il nous apparaît comme une nécessité absolue que ces points
de vue, ces craintes s'expriment aussi dans ce journal. Que puissent
s'y exprimer tous ceux qui, sur autre chose qu'Israël et la Palestine,
sont du côté des droits des peuples, et qui lorsqu'il s'agit d'Israël ne
peuvent s'empêcher de souffrir. » Quelques jours plus tard éclata,
à travers les colonnes du journal, une violente controverse sur la
guerre.

37. Rassemblement des juifs antisionistes textes publiés,
octobre 1973.

38. Le Cercle Gaston Crémieux fut créé par des juifs de sensibilité
de gauche (et non gauchistes) voulant exprimer leur judéité non

pas à travers la religion ni le sionisme, mais en mettant en valeur l'héritage culturel du judaïsme. Ils accordaient une grande importance au maintien d'une Diaspora juive et luttaient pour les droits des minorités en France en voulant favoriser des échanges entre elles. Le noyau du mouvement était constitué d'intellectuels juifs originaires d'Europe de l'Est qui désiraient perpétuer la langue et la culture yiddish. Ils étaient pour la plupart plus âgés que les radicaux juifs de notre essai.

39. Il faut également inclure dans cette catégorie les organisations sionistes radicales fondées à la fin des années 60 sous l'influence de la vague gauchiste. Voir le chapitre IV.

40. De ces cercles ont émergé les principaux militants de l'association Des juifs contre la guerre du Liban en 1982.

41. *Combat pour la Diaspora*, 1979.

42. Le 28 octobre 1979, *L'Express* publiait une interview de Darquier de Pellepoix, second commissaire aux Affaires juives dans le gouvernement de Vichy à partir de mai 1942, intitulé : « A Auschwitz on n'a gazé que des poux ». Ses déclarations visant à banaliser et nier la Shoah déclenchèrent de violentes réactions. Dans le premier numéro était consacrée une place centrale à l'« affaire Darquier de Pellepoix », avec des critiques de la part de militants juifs communistes sur le PC, à côté de la rubrique culturelle. Le journal publiait également un questionnaire adressé aux principaux partis politiques quant à leur lien à l'antisémitisme, leur connaissance de la communauté juive française, ses droits en tant que minorité nationale et ses relations avec le Proche-Orient.

43. Maurice Szafran, *op. cit.*, p. 192.

44. *Le Monde*, 10 août 1982.

45. Puis la dépêche se poursuit ainsi : « Nous, révolutionnaires juifs et arabes unis, nous nous battrons jusqu'au bout contre les princes saoudiens et les sionistes belliqueux, gendarmes de l'impérialisme américain. »

46. Hans-Joachim Klein, *La mort mercenaire*, Paris, Seuil, 1980.

47. *Ibid.*, p. 45.

48. Du 3 au 7 octobre 1978, Hans-Joachim Klein se prêtait à une série d'interviews dans *Libération*.

49. Daniel Cohn-Bendit interviewa Klein dans le cadre d'une série télévisée avec les principaux leaders du mouvement contestataire et de la vague révolutionnaire des années 60 et du début des années 70. Au cours de cet entretien, Cohn-Bendit demanda à Klein pourquoi il avait rallié la cause palestinienne : « Après, disait-il, tu vas te battre aux côtés des Palestiniens. Avec ton histoire de famille, ta mère juive, tout ça, est-ce que c'était logique de te retrouver de

ce côté-là ? » Klein répondit : « Non, je ne pense pas. Je ne sais comment l'expliquer. Je m'impliquais émotionnellement dans cette histoire, alors que mon passé ne devait pas m'y conduire... Pourquoi les Palestiniens ? Un proverbe dit : "Plus la révolution est lointaine, plus elle est séduisante." »

50. Klein entendait par là l'assaut mené par les forces de sécurite allemandes contre les kidnappeurs palestiniens qui avaient pris en otages les athlètes israéliens à Munich.

51. Klein, *op. cit.*, pp. 63-64.

52. Klein fait référence à l'attentat contre lord Schif, l'un des propriétaires de Mark and Spencer à Londres, et à l'intention de Carlos de vouloir supprimer Yehudi Menuhin. Il ignorait, affirme-t-il, ses dérives antisémites, avant qu'il ne rejoigne la guérilla internationale.

53. Klein, *op. cit.*, pp. 240-241.

54. *Libération*, octobre 1978. Dans son livre et l'interview accordée à *Libération* en 1978, il définit comme stupides les allégations de *L'Aurore* selon lesquelles il se serait rangé du côté israélien et vivrait dans un kibboutz : « J'ai quitté la guérilla mais je n'ai pas retourné ma veste. C'est par fidélité à mes conceptions politiques que je l'ai quittée. »

55. Klein, *op. cit.*, p. 277.

56. *Ibid.*, pp. 277-278.

57. *Libération* 4 octobre 1978.

58. L'organisation trotskiste, la Ligue communiste révolutionnaire, qui continue toujours d'exister, avait décidé d'apporter son soutien aux accords d'Oslo signés entre Rabbin et Arafat le 13 septembre 1993. Des critiques ont cependant été émises quant à la forme de cet accord, et l'idée fut évoquée de refuser ces accords. Voir *Rouge*, n° 1557, 23 septembre 1993. Il faut souligner que la Ligue, même dans les années 70, ne se distinguait pas par son soutien inconditionnel aux Palestiniens, contrairement aux maoïstes par exemple.

VII. Le procès de Leningrad (1970), le massacre de Munich (1972), l'attentat de la rue Copernic (1980). La réaction des radicaux juifs aux manifestations antisémites

1. Le 11 février 1970, un autobus d'El Al était pris pour cible à Munich faisant un mort et onze blessés.

2. *L'Humanité rouge*, n° 86, 31 décembre 1970. Pendant que se déroulait le procès de Leningrad, le régime de Franco condamnait

à mort six combattants clandestins basques. Les organisations d'extrême gauche s'insurgèrent également contre cette condamnation à mort arbitraire. L'opinion publique occidentale, dans les deux cas, était contre la peine de mort.

3. Des mouvements de gauche, comme nous le verrons par la suite, condamnèrent la participation commune de gauchistes et de sionistes de gauche. Voir à ce sujet l'ouvrage d'Ely Ben-Gal, *Mardi, chez Sartre, op. cit.*, pp. 164-167. Et l'allocution de Sartre lors de la rencontre, pp. 302-308.

4. *La Cause du peuple*, 8 janvier 1971.

5. *Rouge*, n° 4, 28 décembre 1970.

6. *Rouge*, n° 5, 4 janvier 1971.

7. *Rouge*, n° 5, 4 janvier 1971.

8. *Rouge*, n° 6, 12 janvier 1971.

9. *Lutte ouvrière*, n° 122, 21 décembre 1970.

10. Pierre Victor, « Stalinisme et antisémitisme », *Lutte ouvrière*, n° 84, 8 avril 1970.

11. Un numéro spécial consacré aux minorités nationales parut dans l'organe du PSU, *Tribune socialiste*, en 1970.

12. *Tribune socialiste*, n° 480, janvier 1971.

13. *Politique Hebdo*, n° 13, 29 décembre 1970.

14. *Tout*, n°ˢ 6-7, janvier 1971. Sur les autres articles, au ton personnel, publiés dans la presse anarchiste au cours de l'années 1970, traitant des juifs, de l'antisémitisme et d'Israël, se reporter au chapitre VI.

15. *L'Idiot international*, n° 12, décembre 1970.

16. *La Cause du peuple, J'accuse*, n° 27, 14 septembre 1972.

17. *L'Aurore*, journal de droite, que d'aucuns définissaient comme étant d'extrême droite. Ici, comme pendant la guerre des Six Jours, apparaît la tentative de l'extrême gauche de vouloir mettre en relief le soutien qu'avait pu apporter l'extrême droite à Israël.

18. « La Résistance palestinienne à l'épreuve », *La Cause du peuple, J'accuse*, n° 25, 21 juin 1972.

19. *La Cause du peuple. J'accuse*, n° 28, 30 septembre 1972. L'article raconte comment une voiture avec à son bord sept passagers fut subitement broyée par un char israélien Centurion à l'entrée du village de Jouaya, à une douzaine de kilomètres à l'est de Tyr. Nous ne savons si les faits rapportés sont partiellement ou entièrement vrais. A côté du titre figurait la photo de la voiture écrasée, et il était précisé que l'information avait fait la une des journaux libanais.

20. Nous avons déjà abordé ce sujet dans notre analyse sur le lien à Israël dans le chapitre VI.

21. L'article se poursuit en donnant des détails sur des informa-

tions qui auraient été transmises et auraient filtré de sources israéliennes sur les camps de prisonniers.

22. Sartre assura la direction formelle d'autres journaux d'extrême gauche pour empêcher leur interdiction. Plus tard, Benny
Lévy (alias Pierre Victor), dirigeant de la GP, fut son secrétaire personnel et l'un de ses intimes dans les dernières années de son existence.

23. Voir le livre d'Ely Ben-Gal, *Mardi, chez Sartre, op. cit.*, pp. 200-
208. L'allocution de Sartre est reproduite en entier pp. 313-314.
Cet ouvrage apporte un éclairage supplémentaire sur la position de
Sartre sur Israël et le sionisme. Sur ses positions sur Israël et le
conflit israélo-arabe, voir entre autres « Pour la vérité », *Les Temps
modernes*, dossier sur le conflit israélo-arabe, n° 258 *bis*, pp. 5-12.

24. Nous ignorons pourquoi Sartre ne réagit qu'un mois plus
tard. Entre-temps paraissait le numéro 28 auquel nous avons fait
référence.

25. Voir Ely Ben-Gal, *Mardi, chez Sartre, op. cit.*, pp. 208-209, 198-
199.

26. Ce paragraphe s'inspire des lignes de *Génération, op. cit.*, II,
pp. 458-459, 665-666.

27. Michel Lenoir, « La trêve rompue », *Rouge*, n° 170, 9 septembre 1972. Il écrivait entre autres : « Apolitique, l'invitation à la
Rhodésie raciste, apolitique la vieille sympathie de monsieur Brun-
dage pour l'Allemagne nazie et sa conception des "élites" sportives
et autres... »

28. Joseph Krasny, *Rouge*, n° 171, 15 septembre 1972.

29. Il faut rappeler que le FPLP, le Front populaire de libération
de la Palestine, de Georges Habache, était considéré comme proche
des trotskistes, parce qu'il constituait un mouvement gauchiste au
sein des organisations palestiniennes avec le FPDLP, le Front démocratique et populaire de libération de la Palestine de Hawatmeh.

30. Yann Freder. « Pourquoi Septembre noir ? », *Rouge*, n° 171,
15 septembre 1972.

31. Selon un sondage d'opinion, près d'un Français sur deux a
vu dans l'attentat de la rue Copernic l'événement national majeur
de l'année 1980. D'aucuns prétendent qu'il contribua à la victoire
de la gauche en 1981. En revanche, l'attentat d'Anvers, qui ressem-
blait dans une large mesure à celui de la rue Copernic, fut accueilli
dans la plus grande indifférence, peut-être parce qu'il fut commis
par des Palestiniens et s'inscrivait ainsi dans le contexte proche-
oriental.

32. Nombre de ceux qui furent interviewés et qui étaient d'anciens militants de la Ligue déclarèrent qu'ils avaient vu en cela une

réaction naturelle de sa part, ce dont ils étaient à la fois satisfaits et fiers.

33. On put lire dans *Rouge* une critique à l'encontre des deux autres organisations trotskistes, l'OCI et LO, pour n'avoir pas participé comme elles se devaient aux manifestations à Paris et en province. Il précisa que LO ne fut représentée que lors de la manifestation du 7 octobre à Paris sans la préparation et l'engagement qui s'imposaient, et qu'elle ne fut que très faiblement représentée en province. Quant à l'OCI, elle fut totalement absente des manifestations parisiennes, bien que ses membres fissent partie du service d'ordre, *Rouge*, n° 39, 10-16 octobre 1980.

34. « Sionisme ou assimilation : le cercle vicieux », *Rouge*, n° 939, 10-16 octobre 1980. Bernard Cohen quitta la Ligue en 1981 et demeura quelque temps en Israël. Il fut un moment correspondant de *Libération* en Israël.

35. Le doute persiste quant à savoir si de telles formules et de telles idées étaient alors en vogue parmi les membres de la Ligue.

36. « La planète Copernic », *Combat pour la Diaspora*, n° 5, 1981. Il y était entre autres question de la place qu'occupaient les juifs dans la politique, et de leur collaboration avec l'occupant durant la Seconde Guerre mondiale, à la suite de la parution de l'ouvrage de Maurice Rajfus. *Des juifs dans la collaboration, l'UGIF : 1941-1944*, Paris, EDI 1981 (la préface est rédigée par l'historien Pierre Vidal-Naquet, reproduite également dans son livre *Les assassins de la mémoire*, Paris, La Découverte, 1987).

37. Jeanne Lamberger, « C'était demain », *Combat pour la Diaspora*, n° 5, 1981, pp. 28-33.

VIII. La Shoah, référent dans la lutte contre l'antisémitisme, le racisme et le fascisme. Analyse idéologique et conclusions politiques

1. Zeev Sternhell, Mario Sznajder, Maia Ashery, *Naissance de l'idéologie fasciste*, Paris, Seuil, 1989.

2. Paul Edwards (sous la direction de), *The Encyclopedia of Philosophy*, New York, Macmillan Publishing co., 1972, vol. 4, pp. 124-127.

3. Le 8 janvier 1968, au moment de l'inauguration de la nouvelle piscine de la faculté de Nanterre. Cohn-Bendit s'en était pris au ministre de la Jeunesse et des Sports pour avoir négligé dans son Livre blanc sur la jeunesse les problèmes sexuels des jeunes. Lorsque le ministre lui dit : « Avec la tête que vous avez, vous connaissez sûrement des problèmes de cet ordre. Je ne saurais trop vous

conseiller de vous tremper dans la piscine », Cohn-Bendit répliqua :
« Voilà une réponse digne des Jeunesses hitlériennes. »

4. A l'occasion de nombreux débats, y compris ceux retransmis
par la télévision française, les radicaux juifs n'hésitèrent pas à évoquer la responsabilité directe des Français dans le destin de leurs
familles et leur active participation dans la dénonciation de juifs.
Dans les années 60 et 70, cela contribua à soulever la chappe de
silence et à briser certains tabous.

5. A l'exception de l'Allemagne où la rupture entre la génération
de la Seconde Guerre mondiale et la suivante fut encore plus radicale, mais où cependant il ne restait presque pas de juifs.

6. Entretien, septembre 1983. Les citations qui suivent sont tirées
d'interviews d'anciens militants d'extrême gauche en France entre
1980 et 1983 jamais publiées jusqu'à présent.

7. Claudine Vegh, *op. cit.*, p. 207.

8. André Glucksmann, *La force du vertige*, Paris, Grasset, 1983,
p. 116.

9. Voir les citations des slogans et des titres qui apparurent dans
La Cause du peuple en novembre 1968.

10. On put lire plus tard que les autorités s'apprêtaient à procé-
der à des rafles parmi les militants et les sympathisants d'extrême
gauche afin de les regrouper ensuite dans des stades. Voir *Libération*,
25 février 1974.

11. Les organisations d'extrême droite allaient des intégristes
catholiques aux fascistes xénophobes dans la lignée de l'Action française, de groupes comme l'Alliance républicaine au mouvement
Occident particulièrement actif chez les étudiants. Il y avait encore
quelques résidus de l'OAS qui avait été de fait dissoute par les gaullistes entre 1960 et 1963, ainsi qu'Ordre nouveau.

12. Ni le PSU ni Lutte ouvrière n'avaient participé à la manifestation. Le PC et le MRAP avaient rallié les manifestants au dernier
moment. Les organisations d'extrême gauche qui avaient participé
à la manifestation étaient : la Cause du peuple, l'Humanité rouge,
l'Alliance marxiste révolutionnaire, Prolétaire-Ligue rouge, Révolution, la Ligue communiste révolutionnaire.

13. Le MRAP, Mouvement contre le racisme et pour l'amitié entre
les peuples, appelé jusqu'en 1977 Mouvement contre le racisme et
l'antisémitisme, issu du PC.

14. Daniel Bensaïd, « Non », *Rouge*, 21 juin 1973.

15. Entretien, septembre 1983.

16. N.S. Herman. *Israelis and Jewish : The Continuity of an Identity*,
New York, Random House, 1970 ; N.S. Herman, *Jewish Identity : A
Social Psychological Perspective*, New York, Sage Publications, 1977 ;

Notes

Yaïr Auron, *Les mouvements de jeunesse juifs en France : le judaïsme contemporain à travers le miroir de sa jeunesse*, doctorat de troisième cycle, Paris, Université de la Sorbonne nouvelle, 1979 ; Yaïr Auron, *Identité juive-israélienne*, Tel-Aviv, Sifriat Poalim, 1993.

17. Abraham Léon. *Le concept matérialiste de la question juive*, Paris, Etudes et Documentations internationales, 1980. Les idées d'Isaac Deutscher influencèrent également les mouvements trotskistes. Voir en particulier *Essais sur le problème juif*, Paris, Payot, 1969.

18. Abraham Léon, *op. cit.*, p. 146. Léon précisait : « Bien avant les étoiles de David de Hitler, la bourgeoisie polonaise introduisit les bancs des ghettos dans les universités. Des mesures "légales", plus discrètes mais non moins efficaces, rendirent l'accès des universités [polonaises] quasi impossible à la jeunesse juive. »

19. *Ibid.*, p. 149.

20. *Ibid.*, p. 173-175.

21. Robert Wistricht prétend que des révolutionnaires juifs comme Karl Marx, Léon Trotski, Victor Adler, Rosa Luxemburg ou encore Otto Bauer ne manifestèrent aucune compassion à l'égard des juifs persécutés ou humiliés, contrairement aux socialistes comme Edouard Bernstein ou Léon Blum. Robert S. Wistricht, *Revolutionary Jews from Marx to Trotsky*, Londres, Harrap, 1976, pp. 20-21.

22. Voir chapitre VII les réactions de l'extrême gauche au procès de Leningrad.

23. L'exemplaire en notre possession nous fut remis par un militant trotskiste français, annoté abondamment au fil de ses centaines de pages. Nathan Weinstock fut dépêché d'urgence de Belgique à Paris par les dirigeants de la Ligue au moment de la guerre des Six Jours, en raison du choc émotionnel accusé par les nombreux juifs de l'organisation.

24. Nathan Weinstock, *Le sionisme contre Israël*, Paris, Maspero, 1969.

25. Nathan Weinstock souligne que Mussolini s'éleva contre les théories racistes nazies même après l'accession de Hitler au pouvoir.

26. Nathan Weinstock, *op. cit.*, p. 27. Voir aussi p. 219 les pogroms perpétrés contre les survivants du judaïsme polonais après la guerre et particulièrement celui de Kielce.

27. Il condamna sévèrement le procès de Leningrad, voir chapitre VII.

28. Weinstock rappelle que le nombre de personnes déplacées et de réfugiés ne cessa de croître entre 1945 et 1947. La Grande-Bretagne, luttant alors contre l'immigration clandestine, avait maintenu en détention de nombreux juifs dans des camps de prisonniers sur l'île de Chypre. Sa flotte et son armée avaient persécuté sans relâche

les bateaux branlants de la Haganah [l'organisation armée dont s'était doté le Yishouv, le foyer juif de la Palestine mandataire. N.d.T.]. Entre 1945 et 1948, vingt-cinq mille juifs avaient été autorisés à s'installer aux Etats-Unis.

29. Nathan Weinstock, *op. cit.*, p. 220. Weinstock cite le compte rendu d'une commission d'enquête anglo-américaine, ainsi que le livre de Christopher Sykes, *Cross Roads to Israël : Palestine from Balfour to Bevin*, Londres, 1965. Il cite également plusieurs recherches sur la Shoah dont des travaux israéliens.

30. Voir à ce sujet le chapitre VI.

31. Nathan Weinstock, *op. cit.*, p. 563 et *passim*. Une autre faiblesse fondamentale, du sionisme cette fois, est l'absence de toute stratégie visant à séparer la masse israélienne de ses dirigeants.

32. Entretien, septembre, octobre 1983.

33. Daniel Bensaïd, « La question juive aujourd'hui », *Imprecor*, avril 1982.

34. Aussi est-il surprenant de lire ce qu'écrivit Yosef Nedve sur Deutscher dans son article « Le déracinement des intellectuels juifs », *Kivunim*, n° 17, novembre 1982, p. 57 : « La Shoah n'ébranla jamais son optimisme, et il continua à soutenir qu'il existait une solution internationale. Il nia l'existence de l'Etat d'Israël. [...] A la différence de Deutscher, Steiner fut, lui, profondément marqué par la Shoah et son souvenir le poursuit dans tout ce qu'il entreprend. » On pourrait également citer, en plus de la citation rapportée par Bensaïd, d'autres extraits qui viendraient illustrer le fort impact de la Shoah sur Deutscher et venant confirmer qu'il ne pouvait après elle nier l'existence de l'Etat d'Israël. Ses positions sur Israël furent incontestablement plus modérées et plus positives que ne le furent celles des trotskistes de la Nouvelle Gauche de la génération des années 60.

35. « A propos du sionisme, chacun ses trahisons, le Parti communiste international », *Rouge*, n° 47, 12 janvier 1970. Dans le même numéro, paraissait la liste des actions entreprises par des militants juifs contre le nazisme, tirée du livre de David Knout, *Contribution à l'histoire de la Résistance juive en France*, CDJC, 1948.

36. Voir *Libération*, 21 mai 1978. Des militants de Lutte ouvrière affirmaient qu'un grand nombre de ses membres et probablement la quasi-totalité étaient juifs. Nous écrivons « vraisemblablement » à cause du caractère clandestin de l'organisation.

37. *La Lutte des classes* (organe du groupe communiste), (IVe Internationale), numéros clandestins de l'Occupation (du n° 1, 15 août 1942, au n° 24, 4 août 1944). Le journal de Voix ouvrière s'appelait également *La Lutte des classes* (organe de l'Union communiste),

Notes

(IVe Internationale). Son slogan était : « Pour la reconstruction de la IVe Internationale ».

38. Entretien, Paris, octobre 1983. Son père, comme beaucoup d'autres de la même génération, quitta le PC en 1956 au moment de l'intervention russe en Hongrie.

39. Lutte ouvrière était une organisation trotskiste qui se démarqua sans aucune ambiguïté du terrorisme des organisations palestiniennes. Cela, au moment où les autres mouvements trotskistes, et dans une plus forte proportion encore les maoïstes, tentaient de justifier le terrorisme et parfois même de le soutenir. Lutte ouvrière s'appliqua à bien faire la distinction dans ses critiques entre le pouvoir et le peuple israélien. Elle émit également les plus strictes réserves sur le caractère national du Fatah, et dénonça énergiquement l'antisémitisme en URSS, allant même jusqu'à exprimer une reconnaissance de principe d'un Etat juif au Proche-Orient, fait exceptionnel au sein de l'extrême gauche au début des années 70.

40. Entretien, septembre 1983.

41. Sur la spécificité des articles et des lettres publiés dans les journaux anarchistes, se référer au chapitre VI.

42. Daniel Cohn-Bendit, *op. cit.*, p. 10.

43. Entretien avec A.K., septembre 1982.

Épilogue

1. Une partie des membres du rassemblement faisaient partie ou étaient simples sympathisants du Cercle Gaston Crémieux qui incarnait une idéologie néobundiste. Une autre partie se lança dans l'écriture, à la recherche de « sa propre voie » après des années de militantisme politique. Certains tentèrent d'œuvrer au sein de la communauté juive, d'autres de rejoindre les partis politiques traditionnels et l'establishment français.

2. A travers la quête de la spécificité juive chez les gauchistes juifs et ex-radicaux juifs, on remarque un intérêt pour les juifs révolutionnaires de la génération précédente, pour ceux qui se mobilisèrent pour l'Espagne républicaine et ceux qui s'engagèrent dans la résistance contre l'occupant nazi.

3. La collection « Les Dix Paroles » est publiée par les Editions Verdier appartenant à d'anciens maoïstes juifs et non-juifs. Elles ne dépendent d'aucune organisation et ne reçoivent aucune aide financière, elles n'existent que par la vente de leurs livres. Ainsi ont été publiés en français « Les grands textes de la tradition hébraï-

que », des traités du Talmud, des textes de Maïmonide et des ouvrages de philosophie juive contemporaine.

4. Arlette Elkaïm-Sartre a appris l'hébreu, ce qui lui a permis au bout de deux ans d'un travail intensif de traduire mille quatre cents pages en français.

5. « Une génération de Mao à Moïse », *Libération*, 21 décembre 1984.

6. « From Maoïsm to the Talmud », *Commentary*, décembre 1984. A la question de savoir s'il se considérait comme « repentant » à travers son retour au judaïsme, Benny Lévy répondit en substance : « Dans le sens où l'on utilise le plus souvent cette expression, je dois dire que non, car cela est un phénomène très inquiétant. Je frémis à la pensée des repentants américains en Israël. Il existe des Yeshivot qui sont des foyers de fanatisme et de bêtise. Je rejette cette étiquette dans son sens sociologique restreint. Mais si l'on considère cette expression dans son sens rabbinique, comme celui qui se tourne vers la signification originelle du peuple d'Israël, je répondrai que oui, incontestablement. »

7. Benny Lévy, interview, *Libération*, 21 décembre 1984.

8. Dans *Le Monde* du 23 novembre 1984, parurent de longues critiques sur les livres de Benny Lévy, *Le nom de l'homme*, et d'Alain Finkielkraut, *La sagesse de l'amour*, conjointement à un article sur la « mode de Levinas ». A notre grand regret, l'importante œuvre de Levinas n'est pas connue en Israël et seuls quelques rares textes ont été traduits en hébreu.

9. Le témoignage intéressant de Maurice Kriegel, qui a choisi d'émigrer en Israël après Mai 68, est reproduit dans *Juifs et Français*, *op. cit.*, pp. 312-322.

10. Elie Wiesel, « A un jeune juif d'aujourd'hui », *Entre deux soleils*, Paris, Seuil, 1990.

11. Voir l'article de Nitsan Horowitz, « Le Premier ministre français : les Français n'eurent pas besoin des Allemands pour persécuter les juifs pendant la Shoah », *Ha'aretz*, 21 juillet 1997, p. 14.

TABLE

Table

l'universalisme, 292. Quête intellectuelle, 293. Le sursaut religieux, 295. La solution sioniste, 296. Les radicaux et la Shoah, 297. Mémoire «juive-universelle» de la Shoah, 299.

*La composition de cet ouvrage
a été réalisée par NORD COMPO,
l'impression et le brochage ont été effectués
sur presse Cameron dans les ateliers de
Bussière Camedan Imprimeries
à Saint-Amand-Montrond (Cher),
pour le compte des Éditions Albin Michel.*

*Achevé d'imprimer en avril 1998.
N° d'édition : 17273. N° d'impression : 982076/4.
Dépôt légal : avril 1998.*